Աստծո Սրբությունը

Ար. Սի. Սփրոլ

ՀՏԴ 27
ԳՄԴ 86.37
Ս 988

Գլխավոր խմբագիր՝ Ա. Ռաֆայելյան
Թարգմանիչ՝ Վ. Հաղդաղյան
Էջադրող՝ Ա. Բիլյան
Նախագծի ղեկավար՝ Բ. Հարությունյան

Սփրոլ Ար. Սի.

Ս 988 Աստծո Սրբությունը / Ա. Ս. Սփրոլ.- Եր.: «Ճշմարտության խոսքը» կրթական հասարակական կազմակերպություն, 2024.- ... էջ:

Սրբությունը Աստծո բնության հատկանիշն է, որը գտնվում է Նրա էության հիմքում: Միայն այն ժամանակ, երբ մենք հանդիպում ենք Աստծուն Նրա սրբության մեջ, մեզ համար հնարավոր է դառնում տեսնել մեզ այնպիսին, ինչպիսին մենք իրականում կանք: Աստծո տեսակետը, որը ներկայացված է Եսայիա 6.1–4 հատվածներում, անհատին թողնում է խորը ակնածանք Նրա մեծության հանդեպ: Քրիստոնյայի համար անհնար է անտարբեր լինել, երբ նա բախվում է Աստծո սրբությանը: Քրիստոնյայի գործնական կյանքը բխում է Աստծո սրբության հասկացողությունից: Այս գրքի մեջ մենք կտեսնենք, թե ինչ կարևորություն է տալիս Աստված Իր սրբությանը: Եվ ընթացքում մենք կանդրադառնանք Աստծո սրբության ազդեցությանը մեր կյանքի վրա:

ՀՏԴ 27
ԳՄԴ 86.37

The Master's Academy International edition:
ISBN 979-8-9857166-6-5

Այս գրքում Աստվածաշնչից արված բոլոր մեջբերումները, բացառությամբ այլ կերպ նշվածների, վերցված են Աստվածաշնչի «Նոր Արարատ» թարգմանություններից: Օգտագործվում է թույլատվությամբ:
Սուրբգրային մեջբերումներում կան բառեր, որոնք շեղ են գրված: Շեղագրերն արված են այդ բառերն ընդգծելու համար:

Originally published in English in the U.S.A. under the title:
Holiness of God, by R. C. Sproul

Բնօրինակը տպվել է անգլերեն լեզվով ԱՄՆ-ում հետևյալ անվանումով՝
Հոլինես օֆ Գօդ, Ար. Սի. Սփրոլի կողմից:

ԱՍՏԾՈ ՍՐԲՈՒԹՅՈՒՆԸ

ԱՐ. ՍԻ. ՍՓՐՈՒ

Բովանդակություն

Երախտագիտություն

Իմ հատուկ երախտագիտությունն եմ հայտնում Ուենդել Հալիին այս ձեռնարկի նկատմամբ իր ջերմ և ազնիվ քաջալերության համար: Եթե այս գիրքը որևէ կերպով պարզ է, դրա պատիվը կնոջս՝ Ուեստային է պատկանում, ով իմ ամենից անաչառ և սիրալիր խմբագիրն է:

ԳԼՈՒԽ 1

ՍՈՒՐԲ ՍԿԻՀԸ

Ստիպված եղա սենյակից դուրս գալ: Մի խոր, անուրանալի կոչ քունս խանգարեց, մի սուրբ բան ինձ կանչեց: Միակ ձայնը գրասեղանիս վրա դրված ժամացույցի հավասարաչափ թակոցն էր: Դա շատ անորոշ ու անիրական էր թվում, կարծես՝ ջրակույտերի տակ խորասուզված սենյակից էր գալիս: Նոր էի քուն մտել, այնտեղ, ուր գիտակցության և անգիտակցության սահմանն է իջնում: Կախվել էի այն պահին, երբ մեկը անզորությունից կախվում է եզերքից, այն մի պահը, երբ դրսի աշխարհի ձայները դեռ ներխուժում են մեկի ուղեղի խաղաղության մեջ՝ գիշերվա իրադարձություններին հանձնված նախօրյակին: Կեսքուն, կիսարթուն.արթուն, բայց ոչ սթափ: Դեռ ներքին բնազդին ենթակա, որն ասաց. Ելի՛ր: Այս սենյակից դու՛րս գնա՛:

Կոչն ավելի ուժգնացավ, ավելի անհրաժեշտ դարձավ, ու անտեսելու՝ անհնար: Արթնության մի պայթյուն ինձ այնպես ցնցեց, որ ոտքերս օրորվելով հատակի վրա շուռ եկա: Մեկ ակնթարթում քունս փախավ, ու մարմինս կտրուկ գործողության անցավ: Մի քանի վայրկյանի ընթացքում հագնվեցի և իմ համալսարանի ննջասենյակից դուրս եկա: Արագ նայեցի ժամացույցին և մտքումս ժամն արձանագրեցի. տասը րոպե կար մինչ կեսգիշերը:

Գիշերվա օդը սառն էր, ու առավոտվա ձյունը կոտրատվող վերմակի էր վերածվել, դեպի դպրոցամերձ կենտրոն քայլելիս ոտքերիս տակ դրա փշրվելն էի զգում: Լուսինն իր ուրվականանման ծածկոցը համալսարանի շենքերի վրա էր տարածել, որոնց եզերքները հսկա սառույցներով էին զարդարել օդի մեջ ձերբակալված ջրի հոսանքները, սառույցի դաշույնները, որոնք սառած ժանիքների էին նմանվում: Ոչ մի մարդ, ճարտարապետ չէր կարող բնության այս ջրհորդանները գծագրել:

Հին կենտրոնական աշտարակի ժամացույցի անիվները սկսեցին աշխատել, ու, սլաքներն իրար հանդիպելով, ուղղահայաց գրկախառնվեցին: Զանգակների ղողանջը հնչելուց մեկ վայրկյան առաջ լսեցի ժամացույցի ատամների տխրագին մռնչոցը: Չորս երաժշտական ղողանջները հռչակեցին ժամի լրանալը: Դրանց հետևեցին ժամը տասներկուսի՝ իրար հաջորդող տասներկու հնչումները: Մտքումս հաշվեցի, ինչպես որ միշտ էի անում, ստուգելով, որ միգուցե դրանց հաշվի մեջ սխալ գտնվի: Բայց դրանք երբեք չէին սխալվում: Ճիշտ ինչպես մի բարկացած դատավորի մուրճը, որ մետաղին էր զարկվում, այն աշտարակից տասներկու զարկեր թնդացին:

Մատուռը հին կենտրոնական աշտարակի ստվերի տակ էր: Դուռը ծանր կաղնուց էր շինվել ու բարբարոսական կամարով էր: Դուռը բացեցի ու գավթից ներս մտա: Դուռը ետևիցս այնպիսի մի շառաչյունով փակվեց, որ եկեղեցու քարաշեն պատերից արձագանքեց:

Արձագանքը ինձ ցնցեց: Դա տարօրինակորեն անհամապատասխան էր մատուռի ամենօրյա պաշտամունքների ձայնին, ուր դռների բացվելու և փակվելու ձայները աշակերտների՝ իրենց նախատեսված տեղերին հասնելու հրմշտոցի ձայնից խեղդվում էին: Այժմ դռան ձայնը կեսգիշերվա ամայության մեջ տարածվել էր:

Մի պահ գավթում սպասեցի, մի քանի վայրկյան թույլ տվեցի աչքերս վարժվեն մթությանը: Լուսնյակի աղոտ ցոլքի լուռ գունապատկերը լուսամուտներից ներս էր թափանցում: Հազիվ նստարանների ու մեջտեղի անցքի շրջագիծն էի տեսնում, որը դեպի սրբարանի աստիճաններն էր ուղղորդում: Աղեղնաձև առաստաղի կամարներով ընդգծված տարածքի մի վեհաշուք զգացում ապրեցի: Թվում էր՝ դրանք հոգիս վեր էին բարձրացնում մի այնպիսի զգացումով, որ կարծես՝ մի հսկա ձեռք, վայր իջնելով, ինձ բռնած վեր էր բարձրացնում:

Դանդաղ ու կանխամտածված մոտեցա սրբարանի աստիճաններին: Գետնին զարկվող կոշիկներիս ձայնը սալահատակված փողոցներում գերմանական զինվորների կոշտ կոշիկներով քայլերթի սարսափազդու պատկերն էր հիշեցնում: Ամեն մի քայլափոխը միջանցքից արձագանքվում էր, մինչև որ գորգերով ծածկված սրբարանին հասա:

Այնտեղ ընկա ծնկներիս վրա: Տեղ էի հասել: Պատրաստ էի հանգիստս խանգարող ու ինձ կանչող Աղբյուրին հանդիպել:

Աղոթքի դիրքում էի, բայց ոչինչ չունեի ասելու: Լուռ ծնրադրեցի ու թույլատրեցի Աստծո սուրբ ներկայությունն ինձ լցնի: Միրտս արագ էր բաբախում: Մի սառը զգացում պատեց ողջ մարմինս: Վախն ինձ պարուրեց: Ինձ հափշտակող ներքին զգացումից փախչելուն տուրք չտվեցի:

Սարսափն անցավ, բայց շուտով հաջորդեց մի ուրիշ ալիք: Այս ալիքը տարբեր էր: Դա իմ հոգին մի անբացատրելի խաղաղությունով լցրեց, մի խաղաղություն, որը իմ տագնապահար հոգուն անմիջական հանգստություն բերեց: Միանգամից հանգտացա: Ցանկացա մնալ այնտեղ: Ոչինչ չասել: Ոչինչ չանել: Պարզապես Աստծո ներկայության մեջ ջերմանալ:

Այդ պահը կյանք վերափոխող էր: Հոգուս խորքում ինչ-որ մի բան մեկընդմիշտ հաստատվեց: Այդ պահից հետո չէր կարելի վերադառնալ, զորության անջնջելի դրոշմը անհետացնել: Ես Աստծո հետ էի առանձնացել՝ Սուրբ Աստծո հետ,երկյուղալի Աստծո հետ: Այն Աստծո, Ով կարող էր մի վայրկյանում ինձ ահով լցնել ու հաջորդ վայրկյանում՝ իր խաղաղությամբ: Ես գիտեի, որ այդ պահին Սուրբ սկիհից էի ճաշակել: Ներսումս մի նոր ծարավ էր ծնվել, որը երբևիցե այս աշխարհում չէր կարող հագեցվել: Վճռեցի ավելին սովորել, հետևել այս Աստծուն, ով մութ, բարբարոսաձև եկեղեցիների մեջ էր բնակվում, և Ով ինձ դյուրահաճ քնիցս արթնացնելու համար իմ ննջասենյակ էր թափանցել:

Ի՞նչն է համալսարանական մի աշակերտի պարտադրում ուշ ժամերին Աստծո ներկայությունը որոնել: Այդ երեկոյան դասարանում մի բան տեղի ունեցավ, որ ինձ դեպի մատուռ տարավ: Ես մի նորահավատ քրիստոնյա էի: Իմ ապաշխարությունը, հանկարծակի և նշանավոր լինելով, Դամասկոսի Ճանապարհի մի փորձառության վերարտադրում էր: Կյանքս տակնուվրա էր եղել, ու ես Քրիստոսի քաղցրության նկատմամբ եռանդով էի լցվել: Մի նոր հուզումով էի վառվում. Աստվածաշունչ սերտել, աղոթել սովորել, շնորհքի մեջ աճել…Խիստ փափագում էի կյանքս Քրիստոսին նվիրել: Հոգիս երգում էր. «Տե՛ր, ես ուզում եմ քրիստոնյա լինել»:

Բայց իմ վաղ քրիստոնեական կյանքում մի բան պակասում էր: Մեծ եռանդ ունեի, բայց դա մակերեսային էր, մի տեսակ պարզունակ, որն ինձ սահմանափակ անձ էր դարձնում: Մի տեսակ միանձնադավան (Unitarian) էի, Երրորդության Երկրորդ անձի նկատմամբ՝ միանձնադավան: Ես գիտեի, թե Հիսուսն Ով էր, բայց Հայր Աստված խորհրդավորության մեջ ծածկված էր: Նա թաքնված էր՝ որպես մտքիս մեջ հանելուկ ու հոգուս համար մի օտարական: Նրա երեսը մի մութ քողով ծածկված էր:

Փիլիսոփայության դասը դա փոխեց:

Դա այն դասընթացն էր, որն ինձ ամենաքիչն էր հետաքրքրում: Հազիվ էի համբերում, որ դրա ձանձրալի պահանջները անտեսեմ: Աստվածաշնչի մասնագիտությունն էի ընտրել ու մտածում էի, թե փիլիսոփայության վերացական տեսությունները ժամանակի կորուստ են: Պատճառների ու կասկածների մասին փիլիսոփաների կատարած վիճաբանություններ լսելը դատարկաբանություն էր թվում: Հոգուս համար նոր սնունդ չէի գտնում, ոչ էլ երևակայությունս բոցավառող որևէ մի բան, բացի բութ ու դժվար մտային հանելուկներից, որոնք ինձ անտարբեր էին դարձնում: Մինչև այն ձմեռային երեկոն:

Սուրբ սկիհը

Այդ օրվա դասավանդությունը Աուրելիոս Օգոստին անունով մի քրիստոնյա փիլիսոփայի մասին էր: Պատմության ընթացքում նա հռոմեական Կաթոլիկ եկեղեցու կողմից սրբացվել էր: Բոլորը նրան Սուրբ Օգոստինոս էին կոչում: Դասատուն աշխարհի ստեղծագործության նկատմամբ Օգոստինոսի տեսանկյունի մասին դասավանդեց:

Ես աստվածաշնչյան արարչության պատմությանը ծանոթ էի: Գիտեի, որ Հին Կտակարանը այս բառերով է սկսվում. «Սկզբում Աստված երկինքն ու երկիրը ստեղծեց»: Բայց երբեք արարչության նախնական գործունեության մասին խորը չէի մտածել: Օգոստինոսը փառավոր խորհուրդը քննեց ու հետևյալ հարցը հնչեցրեց. «Դա ինչպե՞ս եղավ»:

«Սկզբում…»

Կարծես թե դա «Ժամանակին կար ու չկար…»-ի պես մի հեքիաթի սկիզբ է: Դժվարությունն այն է, որ սկզբում ժամանակ գոյություն չուներ, որպեսզի «ժամանակին»-ը հասկանայինք: Սկզբի մասին մտածելիս, մենք պատմության մեջ եղած մի կետից ենք սկսում. Սինդրելլան մայր ու մի տատիկ ուներ: Նրա պատմությունը, որըն սկսվում է «Ժամանակ…»-ով, չի սկսվում բացարձակ սկզբից: Սինդրելլայից առաջ թագավորներ ու թագուհիներ, ծառեր ու ժայռեր, ձիեր ու նապաստակներ ու նարգիզներ են եղել:

Ի՞նչ կար Ծննդոց 1- ից առաջ: Մարդիկ, որոնց Աստված ստեղծեց, ո՛չ ծնողներ ունեին, ո՛չ էլ տատիկներ ու պապիկներ: Նրանք պատմական գրքեր չունեին, որովհետև պատմություն չունեին: Ստեղծագործությունից առաջ ո՛չ թագավորներ,ո՛չ թագուհիներ, ո՛չ ժայռեր ու ո՛չ էլ ծառեր կային: Ոչինչ գոյություն չուներ, անշուշտ բացի Աստծուց, ոչի՛նչ:

Այստեղ՝ փիլիսոփայության դասարանում, ես սաստիկ գլխացավ ունեցա: Նախքան աշխարհի սկսվելը ոչինչ չկար:

Բայց «ոչինչ»-ը ի՞նչ է: Երբևիցե փորձե՞լ ես մտածել ոչնչի մասին: Որտե՞ղ կարող ենք գտնել դրան: Ակնհայտորեն՝ ոչ մի տեղ: Ինչո՞ւ: Որովհետև դա ոչինչ է, և ոչինչը գոյություն չունի: Դա չի կարող գոյություն ունենալ, որովհետև, եթե դա գոյություն ունենար, ապա դա ինչ-որ մի բան կլիներ, ու ոչինչ չէր լինի: Դու էլ իմ նման սկսեցի՞ր գլխացավ ունենալ: Մի վայրկյան դրա մասին մտածի՛ր: Չեմ կարող քեզ ստիպել «դրա» մասին մտածել, որովհետև «դրա» մեջ ոչ մի բան չկա: Միայն կարող եմ ասել. «Ոչինչը չէ»:

Ուրեմն ինչպե՞ս կարող ենք ոչնչի մասին մտածել: Չենք կարող: Դա պարզապես անհնար է: Եթե ոչինչ-ի մասին ջանանք մտածել, ապա մենք մի ինչ-որ բանի մասին ենք մտածում: Ոչինչ-ի մասին մտածել ջանալով՝ սկսում եմ «դատարկ» օդի մասին երևակայել: Բայց օդը մի բան է: Այն կշիռ ու նյութ ունի: Ես դրանից տեղյակ եմ, որովհետև գիտեմ, թե ինչ է տեղի ունենում, երբ մեխը ավտոմեքենայիս անիվն է ծակում:

Ջոնաթան Էդվարդսը ասել է. «Ոչինչն այն է, ինչ որ քնած ժայռերն են մտածում»: Դա էլ շատ չի օգնում: Որդիս ինձ ոչինչ-ի մի ավելի լավ սահմանում առաջարկեց, երբ որ նա տարրական դպրոցի աշակերտ էր, դպրոցից վերադառնալուց հետո նրան հարցրի. «Տղա՛ս, այսօր ի՞նչ սովորեցիր»: Նա պատասխանեց՝ «Ոչինչ»: Ուստի «ոչինչ»-ի ամենալավ բացատրությունը, որը կարող եմ տալ, այն է, որ իմ որդին ամեն օր տարրական դպրոցում էր սովորում:

Հնարամտության մասին մեր ունեցած հասկացողությունն իր մեջ պարունակում է ձևավորումներ, ներկերի մշակում, կավ, թղթի վրա գրված նոտաներ կամ ուրիշ նյութեր: Մեր փորձառությամբ մենք անկարող ենք յուղանկարիչ գտնել, ով առանց ներկի է նկարում, կամ մի հեղինակ, ով առանց բառերի է գրում, կամ էլ մի երգահան, ով առանց նոտաների է հորինում: Արվեստագետները պետք է մի ինչ-որ բանով սկսեն: Արվեստագետը ուրիշ նյութերը ձևավորում, կերպավորում և վերամշակում է: Բայց նրանք երբեք ոչինչ-ի հետ չեն համագործակցում:

Սուրբ Օգոստինոսը ուսուցանեց, թե Աստված աշխարհը ոչինչից ստեղծեց: Ստեղծագործությունը մի կախարդանքի է նմանեցնում, երբ գլխարկի միջից նապաստակ են հանում: Միայն թե Աստված նապաստակ չուներ, նույնիսկ գլխարկ էլ չուներ:

Հարևանս վարպետ հյուսն է: Նրա մասնագիտություններից մեկը աճպարարների համար պահարաններ պատրաստելն է: Իր արհեստանոցը տանելով՝ նա ինձ իր պատրաստած պահարանները ցույց տվեց: Գաղտնիքը հայելիների կանխամտածված օգտագործում է: Երբ աճպարարը բեմի վրա քայլում է ու մի դատարկ տուփ կամ դատարկ գլխարկ է ցույց տալիս, ձեր տեսածը միայն տուփի կամ գլխարկի կեսն է: Օրինակ՝ վերցնե՛նք դատարկ գլխարկը: Այդ գլխարկի ճիշտ մեջտեղում մի հայելի է տեղադրված: Հայելին, գլխարկի դատարկ կողմն անդրադարձնելով, դրա արտացոլանքն է ներկայացնում: Այս պատրանքը գլխարկի երկու դատարկ կողմերի տեսողության տպավորություն է ստեղծում: Իրականության մեջ դու միայն գլխարկի կեսն ես տեսնում: Մյուս կեսի մեջ բավարար տեղ կա, որ սպիտակ աղավնիներ կամ մի գիրուկ նապաստակ թաքցնեն: Այդքան էլ հաճելի չէ նրանց արածը, այդպես չէ՞:

Աստված աշխարհը հայելիներով չստեղծեց: Դա անելու համար նա նախապես աշխարհի կեսը, նաև մի շատ մեծ հայելու կարիք պիտի ունենար, որ մյուս կեսը ստեղծեր: Ստեղծագործությունը յուրաքանչյուր իրադարձության, ներառյալ հայելիներին, կենդանություն է տալիս: Աստված աշխարհը ոչնչից ստեղծեց: Մի ժամանակ ոչինչ չկար, ապա հանկարծ Աստծո հրամանով տիեզերքը ստեղծվեց:

Նորից ենք հարցնում, Նա ինչպե՞ս արարեց: Աստվածաշնչի տված ակնարկն այն է, որ Աստված տիեզերքին իրականության շունչ տվեց: Օգոստինոսը դա «աստվածային հրահանգ» (divine imperative) կամ «աստվածային հրովարտակ» (divine fiat) կոչեց:

Երբ Օգոստինոսը խոսում էր fiatի մասին, նա այն փոքրիկ իտալական մեքենան նկատի չուներ: Բառարանը fiat բառը սահմանում է որպես այն հրամանը կամ կամքի այն արարքը, որը մի բան է արարում:

Ներկա պահին ես այս գիրքը IBM ընկերության կողմից ստեղծված համակարգչով եմ գրում: Դա իր բոլոր մասերով մի հիանալի ու շատ բարդ սարք է: Այս մեքենան այնպես է ծրագրված, որ հատուկ հրամաններին պատասխան է տալիս: Եթե մեքենագրության ընթացքում սխալվեմ, ես ջնջիչի կարիք չեմ ունենա: Իմ սխալները ճշտելու համար, պարզապես մի կոճակ սեղմելով, համակարգիչը սխալներս կուղղի: Համակարգիչս հատուկ հրահանգով է աշխատում: Բայց իմ հրահանգների զորությունը սահմանափակ է: Միայն զորեղ հրահանգները նրանք են, որոնք համակարգչի մեջ ծրագրված են: Շատ կուզենայի պարզապես համակարգչիս ասեի՝ պատվիրելով. «Մինչ ես խաղալու եմ գնում, դու այս ամբողջ գիրքն ինձ համար գրի՛ր»: Իմ մեքենան դա չի կարող անել: Ես կարող եմ համակարգչիս վրա բղավելով իմ ամենազորավոր հրամանները տալ՝ ասելով. «Այս գիրքը գրի՛ր», բայց այդ մեքենան դա կատարելու ունակություն չունի. շատ ավելի համառ է:

Աստծո հրովարտակները այսպես սահմանափակ չեն: Նա պարզապես Իր աստվածային հրահանգով կարող է ստեղծել: Նա կարող է ոչնչից մի բան արարել, օրինակ՝ մահից կյանք: Նա կարող է Իր ձայնով այս բաները ստեղծել:

Տիեզերքի մեջ հնչած առաջին ձայնը Աստծո ձայնն էր, որ հրամայեց «Լույս լինի»: Ճիշտ չէ ասել, թե սա տիեզերքի մեջ առաջին ձայնն էր, որովհետև մինչև ձայնի ստեղծումը, դրան պարունակող տիեզերք գոյություն չուներ: Աստված բացարձակ դատարկության մեջ գոչեց: Միգուցե դա մի տեսակ նախնական բացականչություն էր՝ ուղղված դատարկ խավարին:

Հրամանով ելևէջներ ստեղծվեցին, որպեսզի Աստծո ձայնը հեռու և ավելի հեռու՝ անջրպետի մեջ տանեն: Բայց ձայնալիքները շատ երկար ժամանակ պիտի պահանջեին: Այս հրամանի արագությունը լույսի արագությանը գերազանցեց: Հենց որ բառերը Արարչի բերանից դուրս եկան, գործողություններն սկսեցին տեղի ունենալ: Այնտեղ, ուր Նրա ձայնը արձագանքեց, անբացատրելի փայլով ու հրեշտակների երգերի համաչափությամբ, երևացին աստղերը: Աստվածային զորության ուժգնությունը մի հուժկու նկարչի ներկապնակից ցայտած՝ երփներանգ ներկերի նման, երկնակամարի վրա ժայթքեց: Գիսաստղերը իրենց վառվռուն պոչերով երկնքի մեջ սկսեցին սլանալ:

Պատմության մեջ ստեղծագործության երկունքը առաջին իրականությունն էր: Դա նաև ամենաշլացնողն էր: Գերագույն Ճարտարապետը Իր բարդ գծագրություններին հառած՝ աշխարհի սահմանները հիմնելու հրամաններ արձակեց: Նա խոսեց, և ծովերը դռների ետևում պահվեցին, ու ամպերը ցողերով լցվեցին: Նա Պեղիադիոսին կապեց ու Օրիոնի գոտին պնդացրեց: Նա նորից խոսեց, ու երկրագունդը կատարելապես ծաղկած այգիներով լցվեց: Կոկոնները գարնան նման դուրս ժայթքեցին: Սալորենու մանուշակի գույնը կոմարի և դեղնածաղկի պայծառության հետ պարեցին:

Աստված մեկ անգամ ևս խոսեց, ու ջրերը կենդանի եղող բաներով արգասավորվեցին: Խխունջը ստվերոտ փշաձկան ետևում թաքնվեց, մինչ մարռլինը, իր պոչով ջրերի ալիքների մակերեսին կոտրատվելով, հանդես եկավ: Դարձյալ Նա խոսեց ու մռնչացող առյուծների ու բառաչող ոչխարների ձայն լսվեց: Չորքոտանիներ, ութոտանի սարդեր, ու թևավոր միջատներ երևացին: Եւ Աստված ասաց. «Դա բարի է»:

Հետո Աստված գետնին կռացավ ու զգուշությամբ մի կտոր կավ ձևավորեց: Նա դրան քնքշաբար իր շրթունքներին մոտեցրեց ու դրա մեջ շունչ փչեց: Կավը սկսեց շարժվել: Այն սկսեց մտածել: Այն սկսեց զգալ: Այն սկսեց պաշտել: Այն ողջ էր ու Իր Արարչի պատկերով ստեղծված:

Մեռելներից Ղազարոսի հարությունը նկատի՛ առեք: Ինչպե՞ս Հիսուսը դա կատարեց: Նա գերեզմանից ներս չմտավ, ուր Ղազարոսի փտող մարմինն էր դրվել: Նա բերանացի շունչ չհաղորդեց: Նա գերեզմանից հեռու կանգնեց ու բարձր ձայնով աղաղակեց. «Ղազարո՛ս, դու՛րս եկ»: Ղազարոսի երակներում արյան շրջանառությունը գործեց, և նրա ուղեղի ալիքներն սկսեցին տրոփել: Կյանքի մի ճիգով, Ղազարոսն իր գերեզմանը թողած, դուրս քայլեց: Սա արարչական հրամանի ու աստվածային հրահանգի զորությունն է:

Որոշ արդի վերլուծաբաններ հավատում են, թե աշխարհը ոչնչից է ստեղծվել: Նկատե՛ք «Աշխարհը ոչնչից ստեղծվեց» ու «Տիեզերքը ոչնչով ստեղծվեց» ասածների միջև եղող տարբերությունը: Այս տեսանկյունով՝ գլխարկի միջից նապաստակ է դուրս գալիս առանց այն գլխարկում եղող նապաստակի, առանց գլխարկի ու առանց աճպարարի: Արդի տեսանկյունը աստվածաշնչյան տեսանկյունից շատ ավելի հրաշալի է: Դա թելադրում է, որ ոչինչ-ը մի բան ստեղծեց: Առավել ևս պնդում է, թե ոչնչից ամեն բան ստեղծվեց, հիրավի դա զարմանալի հայտարարություն է:

Վստահաբար այս գիտական օրերում չկան այնպիսի լուրջ մարդիկ, որոնք կասեն, թե ոչինչ-ն է տիեզերքը ստեղծել, այնպես չէ՞: Ընդհանրապես նրանք այսպես չեն կարծում, և միգուցե, իրենց տեսանկյունի մասին իմ ասածը լսելով, նույնիսկ կվրդովվեն: Անկասկած նրանք կբողոքեն իրենց առաջադեմ դիրքի մասին իմ ծռմռած հեգնության դեմ: Շա՛տ լավ, դա ճշմարիտ է, որ նրանք չեն ասում, թե ոչինչ-ը արարեց տեիզերքը, այլ նրանք ասում են, թե տիեզերքը պատահականությամբ (by chance) ստեղծվեց: Բայց պատահականությունը ոչինչ է: Դա ո՛չ կշիռ, ո՛չ չափեր, ու ո՛չ էլ զորություն ունի: Դա լոկ մի բառ է, որ մենք թվաբանական կարողություններ բացատրելու համար ենք գործածում: Դա ոչ մի բան չի կարող անել, որովհետև ոչինչ է: Ասելով, թե տեիզերքը պատահականությունով է ստեղծվել, հավասար է ասելու, թե դա ոչինչից առաջացավ:

Դա մտային խելագարություն է: Որքա՞ն է տիեզերքի՝ պատահականությունով ստեղծված լինելու հավանակնությունը:

Սուրբ Օգոստինոսը հասկացել էր, որ աշխարհը չէր կարող պատահականությամբ ստեղծվել: Նա գիտեր, թե այդ գործն անելու համար իշխանություն ունեցող մի բանի կամ անձի ստեղծագործության զորության կարիքը կար: Նա գիտեր, որ ոչնչից չէր կարող մի բան գոյանալ: Նա հասկացել էր, որ մի տեղ, մի կերպ, մի բան կամ մեկը պետք է էության (լինելու) զորությունը ունենար: Եթե ոչ՝ ուրեմն հիմա ոչ մի բան գոյություն չէր ունենա:

Աստվածաշունչն ասում է. «Սկզբում Աստված»: Այն Աստվածը, Ում պաշտում ենք, այն Աստվածն է, որ միշտ եղել է: Միայն Նա կարող է էակներ ստեղծել: Նա պատահականություն չէ: Նա անեղծ էակ է, այն Մեկը, Ով ամեն ինչ Իրենով ստեղծելու զորությունն ունի: Հավիտենականը միայն Նա է: Միայն Նա մահվան վրա զորություն ունի, միայն Նա կարող է Իր հրովարտակով ու Իր հրահանգի զորությամբ աշխարհներ արարել: Այսպիսի զորությունը դղրդացնող ու երկյուղալի է: Դա պատվի և խոնարհ պաշտամունքի է արժանի:

Օգոստինոսի բառերն էին. «Աստված աշխարհը ոչնչից պարզապես Իր ձայնի զորությամբ ստեղծեց», որ ինձ կեսգիշերին դեպի մատուռ տարան:Ես գիտեմ, թե ինչ է նշանակում դարձի եկած: Ես գիտեմ՝ ինչ է նշանակում վերստին ծնված: Նաև ես հասկանում եմ, որ անձը կարող է միայն մեկ անգամ վերստին ծնվել: Երբ Սուրբ Հոգին մեզ Քրիստոսով նոր կյանքի է կոչում, Նա Իր գործում կանգ չի առնում: Նա շարունակում է մեզ վրա աշխատել: Նա շարունակում է մեզ փոխել:

Աշխարհի ստեղծագործության մասին մտածելու՝ դասարանում ունեցած փորձառությունս, երկրորդ անգամ վերստին ծնվելուն էր նման: Դարձի գալու նման էր, ոչ միայն դեպի Որդի Աստծուն, այլ Հայր Աստծուն: Հանկարծ Հայր Աստծուն ճանաչելու փափագ ունեցա: Ցանկացա Նրան Իր վեհափառության, Իր զորության ու Իր վսեմ սրբության մեջ ճանաչել:

Իմ դարձը ՝ դեպի Հայր Աստված, առանց բարդությունների չեղավ:

Թեպետ խորապես տպավորված էի աշխարհը ոչնչից ստեղծող Աստծո գաղափարից, բայց մեր աշխարհի վշտերից վրդովված էի: Դա չարությամբ լցված մի աշխարհ է: Իմ հաջորդ հարցը այս էր, թե ինչպես կարող է բարի Աստված այսպիսի ախտավոր աշխարհ ստեղծել: Մինչ Հին Կտակարանն էի սերտում, կանանց ու երեխաների սպանության նկատմամբ Աստծո տված հրամաններից, ուխտի տապանակին դիպչող Ոզային հանկարծակի սպանելուց և Աստծո նկարագրի դաժան կողմը հայտնաբերող ուրիշ նման պատմություններից էի նեղվում: Ինչպե՞ս կարող էի երբևիցե այսպիսի մի Աստծո սիրել:

Այն մեկ մտապատկերը, այն կենտրոնական խորհուրդը, որ անընդհատ Սուրբ Գրքում հանդիպում էի, այս գաղափարն էր, թե Աստված սուրբ է: Այս բառն ինձ անծանոթ էր: Վստահ չէի, թե դա ինչ էր նշանակում: Սկսեցի այս հարցն ավելի ջանասիրաբար և շարունակաբար ուսումնասիրել: Մինչև օրս դեռ Աստծո սրբության մասին հարցերով լցված եմ: Համոզված եմ, որ դա քրիստոնյայի հետ պայքարող ամենակարևոր գաղափարներից մեկն է: Դա Աստծո և քրիստոնեության մասին մեր ամբողջական հասկացողության համար նախահիմքն է:

Աստվածաշնչյան ուսմունքի մեջ սրբության գաղափարը այնքան կենտրոնական է, որ Աստծո մասին ասվել է. «Սուրբ, Նրա անունն է» (Ղուկաս 1:49): Նրա անունը սուրբ է, որովհետև Նա սուրբ է: Նա միշտ չէ սուրբ հարգանք ստանում: Նրա անունը այս աշխարհի ցեխի հետ ոտնակոխ է լինում: Դա որպես հայհոյանք ու խայտառակության հարթակ է գործածվում: Աստծո հանդեպ աշխարհի ունեցած անպատվությունն ակնհայտ է Նրա անվան հանդեպ վարմունքից: Ո՛չ մի հարգանք: Ո՛չ մի պատիվ: Ո՛չ մի երկյուղածություն՝ Նրա առջև:

Եթե մի խումբ քրիստոնյաների հարցնեի, թե ո՞րն է եկեղեցու նախապատվությունը, վստահ եմ, թե զանազան պատասխաններ պիտի ստանայի: Ոմանք պիտի ասեին՝ ավետարանչություն, մյուսները՝ հանրային գործունեություն, և դեռ ուրիշներ՝ հոգևոր խնամք: Բայց ես դեռ չեմ լսել որևէ մեկի խոսքն այն բաների մասին, որոնք Հիսուսի նախապատվություններն էին:

Ո՞րն է Տերունական աղոթքի առաջին խնդրանքը: Հիսուսն ասաց. «Արդ, դուք այսպես աղոթք արեք. Հայր մեր, որ երկնքումն ես…» (Մատթեոս 6:9): Աղոթքի առաջին տողը խնդրվածք չէ: Դա անձնական ուղերձ է: Աղոթքը շարունակվում է. «Սուրբ լինի Քո անունը, գա Քո արքայությունը» (Մատթեոս 6:9-10): Հաճախ մենք շփոթում ենք «Սուրբ լինի Քո անունը», բառերը «Սուրբ է Քո անունը» բառերի հետ: Այդ պարագայում այս բառերը պարզապես Աստծուն փառաբանություն վերագրող բառեր պիտի լինեին: Բայց Հիսուսն այդպես չասաց: Նա դրանք որպես խնդրանք արտասանեց՝ առաջին խնդրանքը: Մենք պետք է աղոթենք, որ Աստծո անունը սուրբ ԼԻՆԻ, որ Աստված սուրբ նկատվի:

Այդ աղոթքի մեջ մի տեսակ հաջորդականություն կա: Աստծո արքայությունը երբեք չի գա այնտեղ, ուր Նրա անունը սուրբ չի համարվում: Նրա կամքը երկրի վրա չի կատարվել այնպես, ինչպես երկնքում, եթե Նրա անունը պղծվում է այստեղ: Երկնքում Աստծո անունը սուրբ է: Հրեշտակները սուրբ շշնջյունով են անունը փափսում: Երկինքը մի տեղ է, ուր Աստծո հանդեպ հարգանքը ամբողջական է: Հիմարություն է Աստծո արքայությունը որոնել այնտեղ, որտեղ Նա հարգված չէ:

Այն թե ինչպես ենք Հայր Աստծո էությունն ու նկարագիրը հասկանում, ազդում է մեր կյանքի բոլոր ոլորտների վրա: Դրա ազդեցությունը մեր կյանքի, այսպես ասած, «կրոնական» ոլորտից շատ ավելի լայնածավալ է: Եթե ողջ տիեզերքի Ստեղծողը Աստված է, հետևաբար Նա ողջ տիեզերքի Տերն է: Աշխարհի ոչ մի բաժին նրա տիրույթից դուրս չէ: Դա նշանակում է, որ իմ կյանքի ոչ մի մաս Նրա տիրույթից դուրս չպիտի լինի: Նրա սուրբ նկարագիրը տնտեսական, քաղաքական, մարզական, սիրային հարաբերությունների մասին ասելիք ունի: Ինչպես նաև այն ամենի մասին, ինչի հետ մենք գործ ունենք:

Աստված ամենուր է: Չկա մի տեղ, ուր կկարողանանք Նրանից թաքնվել: Նա մեր կյանք է ներթափանցում, Իր փառապանծ սրբությամբ: Ուրեմն մենք պետք է ձգտենք հասկանալ, թե ինչ է սուրբ լինելը: Մենք չենք կարող դրանից խուսափել: Առանց դրան ո՛չ մի պաշտամունք, ո՛չ մի հոգևոր աճ, ո՛չ մի ճշմարիտ հնազանդություն չի կարող լինել: Դա մեր՝ քրիստոնյաներիս նպատակներն է սահմանում: Աստված հրամայել է. «Սու՛րբ եղեք, որովհետև Ես սուրբ եմ» (Ղևտացիս 11:44):

Այդ նպատակին հասնելու համար, հարկավոր է հասկանանք, թե ինչ է սրբությունը:

Սուրբ սկիհը

Թո՛ւյլ Տանք Աստծո Սրբությունը Դիպչի Մեր Կյանքին

Մինչդու վերհիշում և անդրադառնում ես Աստծո սրբության մասին քո սովորածին, պատասխանիր հետևյալ հարցերին:
Մի տետրի մեջ գրիր Աստծո սրբության մասին հարցերի քո պատասխանները կամ կիսվիր ընկերոջդ հետ:

1. Երբ մտածում ես, թե Աստված սուրբ է, քո մտքով ի՞նչ է անցնում:
2. Բացատրի՛ր այն պահը, երբ Աստծո սրբությունը նվաճեց քեզ:
3. Արդյո՞ք հրապուրված ես Աստծո սրբությունով:
4. Եկող շաբաթվա ընթացքում ինչպե՞ս կարող ես սուրբ լինել:

ԳԼՈՒԽ 2

ՍՈՒՐԲ, ՍՈՒՐԲ,ՍՈՒՐԲ

Նրա շուրջը եռեքպատիկ շրջանակ հյուսիր
Ու աչքերդ սուրբ ահավորությամբ փակիր
Որովհետև նա մեղրածորից է սնվել
Ու դրախտի կաթից արբել:

Սամուել Թեյլոր Քոլրիջ

Հսրայելում հինկտակարանյան մարգարեն միայնակ մարդ էր: Նա Աստծո կողմից տառապալի գործի համար առանձնացված չարքաշ անհատ էր: Նա որպես մի տեսակ դատախազ- փաստաբան էր ծառայում՝ երկնքի ու երկրի Գերագույն Դատավորի խոսնակ, ով նշանակված էր մեղավորներին դատապարտյալի աթոռին ներկայացնել:

Մարգարեն գիտունների քննարկման համար իր տեսանկյունները գրող մի երկրավոր փիլիսոփա չէր, ոչ էլ հանրության զվարճանքի համար թատերգությունների հեղինակ էր: Նա մի պատգամաբեր էր, տիեզերական Թագավորի մունետիկ: Նրա հայտարարությունները սկսվում էին հետևյալ բառերով. «Այսպես է ասում Տերը»:

Մարգարեների կենսագրական պատմությունը մարտիրոսների պատմության պես է կարդացվում: Նրանց կենսագրությունը Երկրորդ համաշխարհային պատերազմում Երրորդ բանակի զոհերի մասին տրված լուրերին է նմանվում: Մի մարգարեի կյանքի ակնկալված երկարությունը հավասար էր պատերազմի մեջ ծառայող զինվորականի կյանքի տևողությանը:

Երբ Հիսուսի մասին ասվում է. «Նա անարգված և մարդկանց երեսից ընկած, հարվածների տեր և ցավի տեղյակ եղավ» (Եսայիա 53:3), պարզ է, որ Նա Աստծուց այսպիսի տառապանքների դասված մարդկանց երկար շարքին էր պատկանում:

Միայնակությունը մարգարեի անեծքն էր, նրա տունը հաճախ քարայրն էր: Անապատը նրա և Աստծո հանդիպման ավանդական վայրն էր: Երբեմն մերկությունը նրա հանդերձն էր, մի փայտի կտորը՝ փողկապը: Նրա երգերը արցունքներով էին ստեղծվում:

Ամովսի որդի Եսայիան այսպիսի մի մարդ էր:

Հին Կտակարանի հերոսների շարքում, Եսայիան աստղապայծառ փայլով է հանդես գալիս: Նա մարգարեների մարգարեն ու առաջնորդների առաջնորդն էր: Նրա գրվածքի մեծածավալ լինելու պատճառով, նա «ավագ մարգարե» է կոչվում:

Որպես մարգարե՝ Եսայիան տարօրինակ էր: Մարգարեների մեծամասնությունը համեստ ծագում ուներ՝ գյուղացիներ, խաշնարածներ, երկրագործներ: Բայց Եսայիան ազնվական էր: Նա ճանաչված դիվանագետ էր ու պալատական դասի հանդեպ իրավասություն ուներ: Նա իշխանների ու թագավորների հետ էր ընկերակցում: Աստված նրան գործածեց մի քանի թագավորների՝ Ոզիայի, Հովաթամի, Աքազի և Եզեկիայի հետ խոսելու համար:

Իսրայելի մարգարեին ուրիշներից առանձնացնողը իր կանչվածությունն էր: Նրա կոչումը մարդկանցից չէր: Նա չէր կարող այդ աշխատանքին դիմել: Պետք էր, որ նա բնորոշվեր, ուղղակի և անմիջականորեն Աստծուց ընտրվեր: Աստծո կոչը գերիշխող էր, դա չէր կարող մերժվել: (Երեմիան փորձեց իր կոչը մերժել, բայց անմիջապես Աստծուց հիշեցում ստացավ, թե Աստված էր նրան իր մոր արգանդից ընտրել: Ապա միաժամանակ պաշտոնավարելուց հետո, երբ Երեմիան փորձեց հրաժարվել, Աստված նրա հրաժարականը մերժեց): Մարգարեի պաշտոնը ցմահ էր: Որևէ կասեցում կամ թոշակի գնալ չկար:

Հին Կտակարանում Եսայիայի կոչը բոլոր ուրիշ գրված կոչերից հավանաբար ամենաերևելին է: Ասվում է, թե դա Ոզիա թագավորի մեռնելու տարում տեղի ունեցավ:

Ոզիա թագավորը Ք.ա. 8-րդ դարում մեռավ: Նրա

թագավորությունը հրեական պատմության մեջ նշանակալի էր: Նա Հուդայի վրա իշխող լավ թագավորներից մեկն էր: Նա Դավթի պես չէր, բայց ոչ էլ հյուսիսի ապականված թագավորների, ինչպես՝ Աքաաբը: Ոզիան տասնվեց տարեկանում էր թագադրվել: Նա հիսուներկու տարի Երուսաղեմում թագավորեց: Մտածե՛ք, հիսուներկու տարի: Անցյալ հիսուներկու տարվա ընթացքում Միացյալ Նահանգները Թրումենի, Էյզենհաուրի, Քենեդիի, Ջոնսոնի, Նիքսոնի, Ֆորդի, Կարտերի, Րեյգանի, Բուշի, Քլինթոնի և Բուշի պաշտոնավարությունների ականատեսն է եղել: Իսկ Երուսաղեմում բազմաթիվ ժողովուրդներ իրենց ամբողջ կյանքի ընթացքը միայն Ոզիայի թագավորության տակ էին ապրում:

Աստվածաշունչն ասում է, որ Ոզիան իր թագավորությունը աստվածապաշտությամբ սկսեց. «Տիրոջ աչքին հաճելին» անելով (Բ. Մնացորդաց 26:4): Նա Աստծուն հետևեց, և Աստված նրան օրհնեց: Նա պաղեստինցիների և ուրիշ ազգերի դեմ պատերազմելիս հաղթեց: Նա Երուսաղեմի աշտարակները կառուցեց ու քաղաքի պատերը ամրացրեց: Նա անապատում հսկայական ջրանցքներ փորեց և երկրագործությունը խիստ տարածեց: Նա Հուդայի զինվորական ուժը գրեթե վերականգնեց Դավիթ թագավորի օրոք եղող զինուժի մակարդակի չափին: Իր պաշտոնավարության ընթացքում Ոզիան սիրված ու հարգված թագավոր էր համարվում:

Ոզիայի պատմությունը տխուր վերջավորություն ունեցավ: Նրա կյանքի վերջին տարիները նմանվեցին շեքսպիրյան ողբերգության հերոսի կյանքին: Նա իր գործունեության ընթացքում ձեռք բերած մեծ հարստությունից ու ուժից հպարտացավ, մեղքով ապականվեց: Նա փորձեց Աստծո դերը խաղալ: Նա հանդգնորեն տաճար մտավ ու գոռոզաբար իրենը համարեց այն իրավունքները, որ Աստված միայն քահանաներին էր տվել: Երբ տաճարի քահանաները նրա սրբապիղծ արարքը փորձեցին կանգնեցնել, Ոզիան խիստ բարկացավ: Մինչ նա զայրացած գոռում էր նրանց վրա, նրա ճակատի վրա բորոտություն հայտնվեց: Աստվածաշունչը նրա մասին ասում է. «Նա բորոտ էր, մի առանձին տանն էր բնակվում…որովհետև Տիրոջ տանից արտաքսվել էր»: (Բ. Մնացորդաց 26:21): Երբ Ոզիան մեռավ, չնայած նրա վերջին տարիների ամոթին, դա ազգային ողբի ժամանակաշրջան էր: Հավանաբար այսպիսի ազգային և անձնական ողբի ժամանակ մխիթարություն փնտրելով էր, որ Եսայիան տաճար գնաց: Սակայն նա իր որոնածից շատ ավելին ստացավ, որովհետև. «Ոզիա թագավորի մեռած տարին տեսա Տիրոջը բարձր և վերացած աթոռի վրա նստած, և Նրա քղանցքը լցրել էր տաճարը»: (Եսայիա 6:1):

Թագավորը մեռել էր: Բայց , երբ Եսայիան տաճար մտավ, նա մի ուրիշ թագավոր տեսավ, Գերագույն Թագավորին, այն Մեկին, Ով հավիտենապես Հուդայի գահի վրա էր նստել: Նա Տիրոջը տեսավ:

Եսայիա 6:1-ի մեջ «*Տեր*» (Lord) բառի ուղղագրությանն ուշադրություն դարձրեք: Անգլերեն լեզվով այդ բառը սկսվում է մեծատառով, ու ապա շարունակվում փոքրատառերով: Սա հետո՝ այս հատվածի մեջ ու հաճախ էլ Սուրբ Գրերի մեջ «*ՏԵՐ*» (LORD) բառից տարբեր է: Երբեմն «*ՏԵՐ*» բառը ամբողջությամբ մեծատառերով է գրվում: Սա ուղղագրական սխալ կամ թարգմանության վրիպում չէ: Անգլերեն թարգմանությունների մեծամասնությունն այս ուղղագրական գործիքն են օգտագործում ու երբեմն «*ՏԵՐ*» (Lord) և ուրիշ պարագաներում էլ որպես «*ՏԵՐ*» են գործածում: Այս տարբերության պատճառը բնագիր եբրայերենով երկու տարբեր բառերի գործածությունն է, որոնք թե՛ հայերենով և թե՛ անգլերենով, երկուսն էլ «*Տեր*» բառով են թարգմանվել:

Երբ «*Տեր*» բառը փոքրատառերով է գործածվում,

թարգմանիչնը Աստվածաշնչի բնագիր եբրայերեն լեզվից «*ԱԴՈՆԱՅ*» (Adonai) բառն է թարգմանում: Ադոնայ նշանակում է «գերիշխան»: Դա Աստծո անունը չէ: Դա Աստծո տիտղոսներից մեկն է, որը Հին Կտակարանում արդարացի կերպով Աստծուն տրված ամենագերազանց տիտղոսն է: Իսկ երբ «*ՏԵՐ*» բառը մեծատառերով է հայտնվում, նշանակում է, թե այդ բառը Հին Կտակարանում «*Յահվե*» (YHWH) բառի թարգմանությունն է: Յահվե բառը Աստծո սուրբ անունն է, որով Աստված բոցավառվող մորենու միջից Իր ինքնությունը հայտնեց Մովսեսին: Այս անարտասանելի անունն է, անասելի անունն է, այն Իսրայելի կյանքում հայհոյություն դառնալուց պաշտպանված սուրբ անունն է: Սովորաբար այդ անունը չորս բաղաձայներից է կազմված՝ ԵՀՎՀ: Ուրեմն դա ճանաչված է որպես քառահնչյուն (tetragrammaton), այսինքն անարտասանելի չորս տառեր:

Օրինակ՝ այս բառերի տարբերությունը տեսնում ենք Սաղմոսների գրքում: Սաղմոս 8-ի մեջ կարդում ենք. «Ով ՏԵՐ, մեր Տերը, ինչ փառավոր է Քո անունը բոլոր երկրի վրա»: (Սաղմոս 8:1) Հրեան այս սաղմոսով ասում էր. «Ով Եհովա, մեր Ադոնայ, ինչ գերազանց է Քո անունը բոլոր երկրի վրա»: Կամ կարելի է ասել. «Ով Աստված, մեր գերիշխանը, ինչ գերազանց…»: Դարձյալ Սաղմոս 110-ի մեջ կարդում ենք. «Տերն իմ Տիրոջն ասաց՝ իմ աջ կողմը նստիր…»: (Սաղմոս 110:1) Այստեղ սաղմոսերգուն ասում է. «Աստված իմ գերիշխանին ասաց՝ իմ աջ կողմը նստիր»:

«ՏԵՐ» բառը Աստծո անունն է, իսկ «Տեր» բառը նրա տիտղոսն է: Նախագահ Ջորջ Բուշի մասին խոսելիս հասկանում ենք, թե նրա անունը Ջորջ է, իսկ «նախագահ» բառը նրա տիտղոսն է: Եթե մեր երկրի ամենաբարձր պաշտոնը նախագահական պաշտոնն է, այդպես էլ Իսրայելի մեջ ամենաբարձր պաշտոնն ու տիտղոսը Գերիշխանի պաշտոնն էր: Ադոնայ տիտղոսը Աստծո համար էր վերապահված: Դա այն տիտղոսն էր, որ Նոր

Կտակարանում Հիսուսին տրվեց: Երբ Քրիստոս «Տեր» է կոչվում, Նա Հին Կտակարանի Ադոնայ իմաստի հավասարությամբ է անվանվում: Հիսուսը թագավորների Թագավոր ու տերերի Տեր է կոչվում ու միայն Հայր Աստծո՝ երկնքի ու երկրի գերագույն Գերիշխանի համար վերապահված տիտղոսն է ստացել:

«ՏԵՐ» և «Տեր» բառերի գործածության տարբերությունը Աստծո սուրբ բնությունը արտահայտելու նկատմամբ ժողովրդի ունեցած հոգածությունն է հայտնաբերում: Որոշ կերպով դա նմանվում է իմ այն ուղղագրությանը, երբ ես Աստծուն վերագրված դերանունները մեծատառով եմ գրում: Աստված անպատմելի սուրբ է, ուստի ես չեմ համարձակվում Նրան լոկ «նա» կոչել, թեպետ իմ երիտասարդ ընթերցողները միգուցե նեղվեն այս հնաբարո ուղղագրական գործածությունից: Ինձ համար սա Սուրբ Աստծո հանդեպ հարգանքի և ակնածանքի արարք է:

Երբ Եսայիան տաճար եկավ, երկրի վրա գերիշխանության տագնապ էր տիրում: Ոզիան մեռել էր: Եսայիայի աչքերը բացվեցին՝ ազգի իրական թագավորին տեսնելու: Նա Աստծուն՝ գերիշխանին, գահի վրա բազմած տեսավ:

Մարդկանց արտոնված չէ Աստծո երեսը տեսնել: Սուրբ Գիրքը զգուշացնում է, թե ոչ մեկը չի կարող Աստծուն տեսնել և կենդանի մնալ: Մովսեսի խնդրանքն ենք հիշում, երբ նա Աստծո սուրբ լեռն էր բարձրանում: Մովսեսը սքանչելի հրաշքների ականատես էր եղել: Նա վառվող մորենու միջից խոսող Աստծո ձայնն էր լսել: Նա Նեղոս գետի՝ արյան վերափոխվելու, ականատեսն էր դարձել: Նա երկնքից իջնող մանանայի համն էր առել, ամպի ու կրակի սյունն էր տեսել: Նա փարավոնի կառքերի՝ Կարմիր ծովի ալիքներով հեղեղվելն էր տեսել: Բայց նա դեռ չէր հագեցել: Նա ավելին էր փափագում: Նա հոգևոր գերագույն փորձառություն ունենալ էր ցանկանում: Լեռան վրա նա Տիրոջը խնդրեց՝ ասելով. «Թող Քո երեսը տեսնեմ: Ինձ Քո փառքը ցույց տուր»: Այս խնդրանքը մերժվեց.

Եւ Եհովան ասաց. «Իմ բոլոր բարությունը քո առջևից պիտի անցկացնեմ, և Տիրոջ անունը քո առաջին պիտի կանչեմ, և որին որ ողորմեմ, կողորմեմ, և որի վրա, որ գթամ, կգթամ»: Եւ ասաց. «Դու իմ երեսը չես կարող տեսնել, որովհետև մարդ չի կարող ինձ տեսնել և ապրել»: Եւ Եհովան ասաց. «Ահա ինձ մոտ մի տեղ կա. այդ ժայռի վրա կանգնի՛ր: Եւ կլինի, որ իմ փառքն անցնելիս, քեզ ժայռի խոռոչի մեջ կդնեմ և քեզ իմ ձեռքովը կծածկեմ, մինչև որ ես անցնեմ: Հետո իմ ձեռքը վեր կառնեմ, և իմ ետևը կտեսնես, բայց իմ երեսը չի տեսնի»: (Ելից 33:19-23)

Երբ Աստված Մովսեսին ասաց, թե նա կարող էր Իր ետևը տեսնել, «ետև» բառի տառացի ընթերցումը կարելի է թարգմանել որպես Նրա «ետևի մասը»: Աստված Մովսեսին արտոնեց Իր ետևից տեսնել, բայց ո՛չ երբեք Իր երեսը: Երբ Մովսեսը սարից իջավ, նրա երեսը փայլում էր: Ժողովուրդը վախեցել էր ու սարսափահար նրանից փախչում էր: Մովսեսի երեսը փայլում էր, նրանք չէին կարողանում նայել նրան: Ուստի Մովսեսն երեսը մի քողով ծածկեց, որպեսզի ժողովուրդը կարողանար իրեն մոտենալ: Այս սարսափի փորձառությունը այն մարդու երեսին էր ուղղված, ով այնքան մոտեցավ Աստծուն, որ սկսեց Նրա փառքն արտացոլել: Սա Աստծո ետևի մասից եղող փառքի արտացոլումն էր, ու ոչ թե Նրա երեսի լուսափայլ փառքը: Եթե ժողովուրդը Աստծո ետևի մասի փառքի արտացոլման տեսարանից այդքան սարսափահար էր, ապա ինչպե՞ս կարող է որևէ մեկն իր հայացքն ուղղակի Նրա սուրբ երեսին հառել:

Սակայն յուրաքանչյուր քրիստոնյայի նպատակն է տեսնելն այն, ինչ որ Մովսեսին արգելվեց: Մենք ուզում ենք Նրան երես առ երես տեսնել: Մենք ուզում ենք Նրա աստվածային երեսի լուսարձակ փառքը ըմբոշխնել: Դա յուրաքանչյուր հրեայի հույսն էր, մի հույս, որը Իսրայելի ամենանշանավոր և ամենասիրելի օրհնության աղոթքի մեջ է ներտպված.«Տերը օրհնի քեզ և պահի քեզ: Տերն Իր երեսը քեզ վրա պայծառեցնի ու ողորմի քեզ: Տերն Իր երեսը քեզ վրա բարձրացնի և խաղաղություն տա քեզ»: (Թվոց 6:24-26):

Իսրայելի օրհնության աղոթքում բյուրեղացված այս հույսը, քրիստոնյաների համար լոկ հույսից շատ ավելին է, դա մի խոստում է: Հովհաննեսն իր առաջին նամակում ասում է. «Հիմա մենք Աստծո որդիք ենք, և տակավին հայտնի չէ, թե ինչ պիտի լինենք, բայց գիտենք, թե երբ որ Նա հայտնվի, Նրա նման կլինենք, որովհետև Նրան կտեսնենք ինչպես որ է»: (Ա. Հովհաննես 3:2): Ահա Աստծո խոստումը, թե Նրան կտեսնենք ինչպես որ է: Աստվածաբանները այն «Երանելի տեսություն» են կոչում: Մենք Աստծուն կտեսնենք այնպիսին, ինչպիսին որ է Նա: Սա նշանակում է, որ մի օր մենք Աստծուն երես առ երես կտեսնենք: Մենք մի վառվող մորենու կամ մի ամպի սյունի արտացոլած փառքը չենք տեսնի: Մենք Նրան կտեսնենք, ինչպիսին Նա է՝ Նրա կատարյալ և աստվածային էությամբ:

Այժմ մեզ համար անհնար է Աստծուն Իր կատարյալ էությամբ տեսնել: Նախքան դրա երբևէ հնարավոր լինելը, մենք պիտի մաքրվենք: Երբ Հիսուսը Երանելիներն էր ուսուցանում, Նա մի յուրահատուկ խմբի այսպես խոստացավ. «Երանի սրտով մաքուրներին, որովհետև Նրանք Աստծուն կտեսնեն»: (Մատթեոս 5:8): Այս աշխարհում մեզանից ոչ մեկը սրտով մաքուր չէ: Մեր անմաքրություններն են մեզ արգելում Աստծուն տեսնել: Դժվարությունը մեր աչքերի մեջ չէ, այլ մեր սրտի հետ է կապված: Միայն երկնքում, կատարելապես մաքրված ու լիովին սրբացած, կարողություն կունենանք Նրան երես առ երես տեսնել:

Սերովբեները անմաքուր սրտով բեռնավորված մեղավոր

մարդ արարծներ չեն: Սակայն, որպես հրեշտակներ՝ նրանք

> Սերովբեները կանգնած էին Նրանից վերև, որոնցից ամեն մեկը վեց թև ուներ: Երկուսով ծածկում էր իր երեսը և երկուսով ծածկում էր իր ոտները և երկուսով թռչում էր: (Եսայիա 6:2)

տակավին ստեղծված էակներ են ու նույնիսկ երկնային զորքի ընկերակիցներ լինելու վսեմ դիրքով հանդերձ, նրանք պետք է իրենց աչքերը ծածկեին Աստծո երեսին ուղղակի նայելուց: Նրանք զարմանալի ու սքանչելի կերպով են ստեղծվել ու Արարչի կողմից նրանց մի զույգ թև է տրվել, որ Նրա փառահեղ ներկայության մեջ դրանցով իրենց երեսները ծածկեն:

Սերովբեները մի երկրորդ զույգ թևեր էլ ունեն: Երկրորդ զույգ թևերով նրանք իրենց ոտքերն են ծածկում: Սրանք երկնային տաճարում նրանց քայլելու համար մի տեսակ հրեշտակային կոշիկներ չեն: Ոտքերի ծածկոցը մի ուրիշ նպատակի համար է , որը բոցավառվող մորենու մոտ Մովսեսի ունեցած փորձառությունն է հիշեցնում.

> Եւ Տիրոջ հրեշտակը կրակի բոցով երևաց նրան մորենու միջից և նա տեսավ, որ ահա մորենին կրակով վառվում էր, բայց մորենին չէր սպառվում: Եւ Մովսեսն ասաց. «Մեկ դառնամ ու տեսնեմ այս մեծ տեսարանը, թե ինչո՞ւ մորենին չի այրվում»: Եւ Տերը տեսավ, որ նա դարձավ տեսնելու, և Աստված մորենու միջից կանչեց նրան և ասաց. «Մովսե՛ս, Մովսե՛ս»: Եւ նա ասաց. «Ահա ես»: Եւ ասաց. «Այս տեղին մի՛ մոտենա, կոշիկներդ հանի՛ր ոտքերիցդ, որովհետև այս տեղը, որի վրա դու կանգնել ես սուրբ տեղ է»: (Ելից 3:2-5)

Աստված Մովսեսին պատվիրեց կոշիկները հանել: Մովսեսը սուրբ տեղի վրա էր կանգնել: Տեղը Աստծո սուրբ ներկայությամբ էր սրբացվել: Կոշիկներ հանելու արարքը Մովսեսի համար այդ վայրի՝ հողեղեն երկիր լինելը գիտակցելու նշան էր՝ հողեղեն: Երբեմն մեր արարված լինելը ներկայացնելու համար մարդկային ոտքերը «կավե ոտքեր» են կոչվում: Երկրին մեզ միացնողը մեր ոտքերն են:

Սերովբեները երկրավոր չեն: Նրանց ոտքերը կավից չեն շինված: Որպես հրեշտակներ՝ նրանք հոգևոր էակներ են: Բայց և այնպես, նրանք մնում են որպես արարծներ, ու Եսայիայի տեսիլքի պատկերացումը ցույց է տալիս, որ նրանք բարձրանիստ Աստծո ներկայության մեջ, գիտակցելով իրենց արարված լինելը, պետք է իրենց ոտքերը ծածկեին:

Այստեղ Եսայիայի տեսիլքի կենտրոնական խնդրին ենք հանդիպում: Սերովբեների երգն այս հատվածի հիանալի պատգամն է հայտնաբերում. «Եւ մեկը կանչում էր մյուսին և ասում. Սուրբ, Սուրբ, Սուրբ է Զորաց ՏԵՐԸ, բոլոր երկիրը լիքն է Նրա փառքով»: (Եսայիա 6:3): Այս երգը այս մեկ սուրբ բառի եռակի կրկնությունն է: Այս երգը երեք հաջորդական անգամներով է երգվում, ու դա եկեղեցու ամենապանծալի քայլերգն է: Այս երգը Եռասրբություն (Trisagion) է կոչվում, որը պարզապես «երեք անգամ սուրբ» է նշանակում:

Սուրբ բառի եռակի կրկնության նշանակությունը կարելի է հեշտությամբ նկատել: Դա Եբրայական գրականության ու բանաստեղծության մեջ գործածվող յուրահատուկ լեզվաբանական ոճ է: Կրկնությունը մի տեսակ շեշտում է: Մենք էլ մի կարևոր բան շեշտելու համար մեր ընտրության տակ մի քանի այսպիսի գործիքներ ունենք: Կարելի է կարևոր բառերը ընդգծել կամ շեղագիր և կամ էլ թավագիր տպել: Կարող ենք նաև բառի կամ նախադասության վերջում բացականչության նշան ավելացնել կամ չակերտների մեջ առնել: Սրանք բոլորը, հատկապես՝ շեշտված բաները, ընթերցողի ուշադրությունը գրավող միջոցներ են:

Հին Կտակարանում հրեան շեշտելու մի ուրիշ ձև ևս ուներ: Կրկնությունն էր: Հիսուսին էլ ենք տեսնում այսպիսի շեշտաձև գործածելիս, ուր Նա այս բառերով ասում է. «Ճշմարիտ, ճշմարիտ ասում եմ ձեզ»: Այստեղ ճշմարիտ բառի կրկնակի գործածությունը ցույց է տալիս, թե այն ինչ որ Հիսուսը պիտի ասեր, խիստ կարևոր էր: «Ճշմարիտ» թարգմանված բառը հին «Ամեն» բառն է: Սովորաբար մենք «Ամեն» բառը լսելիս մտածում ենք այն բառի մասին, որ մարդիկ քարոզի կամ աղոթքի վերջում են արտասանում: Դա պարզապես նշանակում է. «Դա ճշմարիտ է»: Հիսուսը դա ավելի շատ որպես նախաբան գործածեց, քան՝ պատասխան:

Կրկնառճի գործածության մի զվարճալի օրինակը Ծննդոց 14-ի մեջ է գտնվում: Այս հատվածը Սիդդիմ ձորում թագավորների պատերազմի պատմությունը կուպրի հորերի մեջ ընկնող մարդկանց մասին է նշում: Որոշ թարգմանիչներ դրանց ասֆալտի հորեր կամ նավթի հորեր, կամ պարզապես հորեր են թարգմանել: Ինչո՞ւ են թարգմանությունները շփոթել: Դրանք, իսկապես, ինչպիսի՞ հորեր էին: Եբրայերենը անորոշ է: Նախագիր հատվածը հորի համար գործածված բառն է գործածում և ապա պարզապես այն կրկնում է: Իրականության մեջ պատմությունը ասում է հոր հորերի մեջ ընկան: Հրեան, այս ասելով, նկատի ուներ՝ հորեր ու հորեր կային: Որոշ հորերը ավելի հորանման էին, քան ուրիշ հորերը: Այս հորերը՝ հոր-հորերը, ամենից ավելի հորանման էին: Մի բան է հորի մեջ ընկնել, իսկ հոր-հորի մեջ ընկնելը լրիվ ուրիշ է: Իսկ եթե դու հոր-հորի մեջ ընկնես, կնշանակի, թե դու շատ խորը դժվարության մեջ ես ընկել:

Մի քանի ուրիշ պարագաներում Աստվածաշունչը մի բան երրորդ աստիճանով է կրկնում: Մի բանի երեք անգամ հաջորդական կրկնությունը դրան գերադրական աստիճանի բարձրացնում ու գերիմաստալի շեշտ է կցում: Օրինակ՝ Հայտնության մեջ օդի մեջ թռչող ու բարձր ձայնով կանչող հրեշտակի (Անգլերենով՝ արծվի) միջոցով Աստծո ահավոր դատաստանն է հայտարարվում, որն ասում է. «Վա՜յ, վա՜յ, վա՜յ նրանց, որ բնակված են երկրի վրա»: (Հայտնություն 8:13) Կամ Երեմիայի՝ տաճարի մեջ տված հեգնական քարոզի մեջ լսում ենք, երբ նա մարդկանց կեղծավորությունը բացահայտելով ասում է. «Մի՛ հուսաք սուտ խոսքերի ասելով՝ Տիրոջ տաճարը, Տիրոջ տաճարը, Տիրոջ տաճարը»: (Երեմիա 7:4)

Սուրբ Գրքի մեջ միայն մեկ անգամ Աստծո մի ստորոգելին երրորդ աստիճանի է բարձրացվում: Միայն մեկ անգամ Աստծո մի յուրահատկությունը երեք անգամ հաջորդաբար է կրկնվում: Աստվածաշունչն ասում է, որ Աստված Սուրբ, Սուրբ, Սուրբ է: Ոչ թե նա լոկ սուրբ է, կամ նույնիսկ սուրբ, սուրբ է: Այլ, թե Նա Սուրբ, Սուրբ, Սուրբ է: Աստվածաշունչը երբեք չի ասում, թե Աստված սեր, սեր, սեր է, կամ ողորմած, ողորմած, ողորմած է, կամ զայրացած, զայրացած, զայրացած է, կամ արդար, արդար, արդար է: Իսկ դա ասում է, որ Նա Սուրբ, Սուրբ, Սուրբ է, ու թե բոլոր երկիրը նրա փառքով լիքն է:

> Եւ դրանդիքի հիմերը երերացին աղաղակողի ձայնից, և տունը ծխով լցվեց: (Եսայիա 6:4)

Վերջերս, եկեղեցու այն անդամների հետ, ովքեր եկեղեցի հաճախելը դադարեցրել էին, հարցում կատարվեց: Ըստ հարցման, նրանք ասել էին, թե իրենց եկեղեցի չգնալու հիմնական պատճառն այն է, որ իրենց համար եկեղեցի գնալը դարձել էր ձանձրալի: Մարդկանց համար տպավորիչ և հուզիչ պաշտամունք գտնելը դժվար է: Այստեղ նշում ենք, թե երբ Աստված տաճարումը երևաց, դռներն ու դրանդիները երերացին: Դրանդիների ներքին բաղադրությունն ու անկենդան դռները, փայտն ու մետաղը, որ ոչ կարող էին լսել ու ոչ էլ խոսել Աստծո ներկայության մեջ, երերալու բավարար զգայարան ունեցան: Այս հատվածը իր բառացի իմաստով նշանակում է, որ դրանք դղրդացին: Դրանք իրենց կանգնած տեղում սկսեցին դողալ:

> «Եւ ես ասացի. «Վա՜յ ինձ, որովհետև կորած եմ, որովհետև պիղծ շրթունքով մարդ եմ ու պիղծ շրթունքով ժողովրդի մեջ եմ բնակվում», և իմ աչքերը Զորաց ՏԵՐ Թագավորին տեսան»: (Եսայիա 6:4)

Դողացող բաները միայն տաճարի դռները չէին: Այդ շենքում ամենաշատ դողացողը Եսայիայի մարմինն էր: Երբ որ նա կենդանի Աստծուն տեսավ, տիեզերքի վրա տիրող միապետը Իր բոլոր սրբությամբ նրա աչքի առջև հայտնվեց, ու Եսայիան բացականչեց. «Վա՜յ ինձ»:

Եսայիայի բացականչությունը նոր ականջին շատ խորթ է հնչում: Ներկայումս մարդկանցից հազվադեպ ենք ՎԱՅ բառը լսում: Որովհետև այս բառը հնադարյան ու հնաձև է, որոշ արդի թարգմանիչներ նախընտրել են դա մի ուրիշ բառով փոխարինել: Սա մի լուրջ սխալ է: ՎԱՅ բառը խիստ կարևոր ու աստվածաշնչյան բառ է, որը չենք կարող աչքաթող անել: Դա մի հատուկ իմաստ ունի:

Երբ վայ-երի մասին ենք մտածում, հին ողբերգությունների մեջ նկարագրված տառապանքներն ենք հիշում: «Փաուլինի վտանգներ» ողբերգությունն իր հերոսուհուն է ցուցադրում, ով անխիղճ տանտիրոջ վախից, որ իր պարտքը պահանջելու էր եկել, իր ձեռքերն էր ոլորում: Կամ «Զորեղ մկան» մասին ենք մտածում, ով իր ընկերուհուն ազատելու համար իր ամպից դուրս է թռչում, երբ նրա ընկերուհին՝ Օլիքան, Հարիի կողմից գնացքի երկաթուղուն էր կապվել ու նա՝ «Վա՜յ ինձ» էր աղաղակում:

ՎԱՅ բառը ուրիշ հնացած բացականչական բառերի պես,

ինչպես՝ ավաղ, եղուկ կամ արդարև բառերը, հին մատյաններին են անցել: Այսպիսի բառերի գործածությունը դեռ պահող լեզուներից մեկը Եդիշը կամ հրեական լեզուն է: Արդի հրեաները որևէ մի բանից հիասթափվելիս «Օ, Վայ» են բացականչում: Սա «Օ, վայ ինձ» բացականչության համառոտ ձևն է: Եդիշի կամ հրեական լեզվով «Օ, Վայ» արտահայտությունը «Ո՜հ, վայ ինձ» է նշանակում:

Եսայիայի բացականչության ամբողջական ուժգնությունը Աստվածաշնչում մի յուրահատուկ լեզվառճի գործածության ենթահողի մեջ է տեսնվում: Երբ մարգարեները իրենց խոսքերն էին ասում, այդ աստվածային արտահայտություններից ամենահաճախ գործածված ձևը պատգամախոսության ոճն էր: Պատգամները Աստծուց տրված հայտարարություններ էին, որոնք կարող էին վատ կամ բարի լուրեր լինել: Երբ Հիսուսը լեռան վրա քարոզեց, Նա պատգամի ոճով ասաց. «Երանի՜ սգավորներին», «Երանի՜ նրանց, որ սոված ու ծարավ են»: Նրա ունկնդիրները հասկացան, որ Նա մարգարեի բանաձև էր գործածում, որով այդ պատգամը լավ լուր էր ավետում:

Հիսուսը նաև պատգամի բացասական ձևը գործածեց: Երբ Նա բարկանալով փարիսեցիներին հերքեց, նրանց գլխի վրա Աստծո դատաստանը հայտարարելով, ասաց. «Վա՜յ ձեզ, դպիրնե՛ր ու փարիսեցինե՛ր, կեղծավորնե՛ր» (Մատթեոս 23:13-29) Նա այնքան հաճախ կրկնեց դա, որ սկսեց կրկնաղոթքի պես հնչել: Մի մարգարեի շուրթերից «վայ» բառը կործանման հայտարարություն էր: Աստվածաշնչում քաղաքներ, ազգեր, անհատներ են կործանվում, ու այս բոլորը «Վայ» պատգամով են կործանվում:

Եսայիայի՝ Վայի գործածությունը արտակարգ էր: Երբ որ նա Տիրոջը տեսավ, Աստծո դատաստանն իր անձի վրա հայտարարեց: Նա գոչեց. «Վայ ինձ»: Ու Աստծո անեծքը կանչելով՝ ինքն իր գլխի վրա դատապարտության և կործանման նզովք արտասանեց: Մի բան էր մարգարեի համար ուրիշին Աստծո անունով անիծել, բայց լրիվ այլ էր, երբ մարգարեն այդ անեծքն իր վրա էր դնում:

Կործանման անեծքից անմիջապես հետո, Եսայիան գոչեց. «Ես կորած եմ»: Նախընտրում եմ ավելի հին թարգմանությունը, որովհետև ասվում է. «Ես լուծարվեցի»: Կարող ենք տեսնել, թե ինչու նոր թարգմանություններում «Ես լուծարվեցի» բառերը «Ես կորած եմ» բառերով են փոխարինել: Ոչ ոք այսօր այսպիսի լուծարքի մասին չի խոսում: Բայց այս բառը իր իմաստով շատ ավելի ցուցադրական է, քան կորած եմ բառը:

Լուծարվել նշանակում է զոդազծից անջատվել, քրքվել: Արդի հոգևբանները Եսայիայի արտահայտածը անհատական քայքայում են անվանում: Քայքայել ճիշտ հենց այդ բառի իմաստն է, որը նշանակում է միությունը ավերել: Մի բան միացնել նշանակում է, կտորները իրար կողքի դնելով, մեկ ամբողջություն դարձնել: Երբ դպրոցները իրար են միացնում, երկու տարբեր ցեղերից եկող երեխաներին միասին հավաքելով, մեկ դասարան են կազմում: Ողջամիտ բառը այս արմատից է ստացվում, որը խոսում է մի անհատի մասին, ում կյանքը և մտքերը ամբողջական են. ողջամիտ է: Արդի խոսակցական լեզվում ասում ենք. «Նրա ամեն ինչը տեղն է»:

Եթե մի ողջամիտ մարդ կար, այն Ամովսի որդի Եսայիան էր: Նա մի ամբողջական մարդ էր, ողջամիտ անհատ: Իր ժամանակակիցները նրան ամբողջ ազգի մեջ ամենից ավելի ուղղամիտն էին համարում: Նա՝ որպես առաքինության տիպար, խիստ հարգված էր: Հետո նա հանկարծակի Սուրբ Աստծո մի նշույլը տեսավ: Այդ մեկ ակնթարթում, նրա ամբողջ հպարտությունը փշրվեց: Մի կարճ պահի նա բացահայտվեց, ու բացարձակ սրբության չափանիշի սևեռման տակ մերկացվեց: Մինչև այն ժամանակ, երբ Եսայիան ինքն իրեն ուրիշ մահկանացուների հետ էր համեմատում, կարողանում էր իր նկարագրի մասին բարձրախոհ կարծիք պահպանել: Այն վայրկյանին, երբ նա իր անձը գերազույն չափանիշի հետ համեմատեց, նա կործանվեց՝ բարոյապես ու հոգեպես բնաջնջվեց: Նա լուծարվեց: Նա կտրտվեց: Նրա ամբողջականության զգացումը փլուզվեց:

Այս հանկարծակի կործանման անդրադարձումը Եսայիայի բերանի հետ էր կապված: Նա գոչեց. «Ես պիղծ շուրթերով մարդ եմ»: Տարօրինակ է: Կարելի էր նրանից սպասել հետևյալ խոսքերը. «Պիղծ սովորություններով մարդ եմ» կամ «Պիղծ մտքերով մարդ եմ»: Բայց դրա փոխարեն նա անմիջապես ուշադրությունն իր բերանին դարձրեց: Իրականում նա ասաց. «Ես կեղտոտ բերան ունեմ»: Իսկ ինչո՞ւ նրա բերանի վրա կենտրոնանալ:

Միգուցե Եսայիայի արտահայտության բանալին կարելի է գտնել Հիսուսի խոսքերում, երբ Նա ասաց, որ մարդկանց բերանից ներս մտածը չէ, որ պղծում է նրանց, այլ նրանց բերանից դուրս եկածն է նրանց պղծողը: Կամ կարող ենք լեզվի մասին Տիրոջ եղբայր Հակոբոսի տված ճառին նայել.

> «Լեզուն էլ կրակ է՝ այդ անիրավության աշխարհը. այսպես է լեզուն դրված մեր անդամների մեջ. որ դա բոլոր մարմինն ապականում է և կրակով վառում է մեր գոյության անիվը, և ինքը գեհենից է բորբոքված: Որովհետև գազանների և թռչունների և սողունների և ծովում լինողների բոլոր բնությունը մարդկային բնությունից նվաճված է և նվաճվում է: Բայց մարդկանց լեզուն ոչ ոք չի կարող նվաճել. մի անզուսպ չար է՝ մահաբեր թույնով լցված: Դրանով Տիրոջն ու Հորն ենք օրհնում, և դրանով մարդկանց, որ Աստծո պատկերովն են ստեղծված, անիծում ենք: Միևնույն բերանից օրհնություն և անեծք են դուրս գալիս. պետք չէ, եղբայրնե՛րս, որ սա այսպես լինի: Մի՞թե մի աղբյուրից՝ նույն ակից, քաղցր և դառն

ջուր կբխի: Մի՞թե կարելի է, եղբարնե՛րս, որ թզենին ձիթապտուղ բերի, կամ որթը՝ թուզ. այնպես էլ՝ աղի աղբյուրը չի կարող քաղցր ջուր հանել»:

Լեզուն անզուսպ, չար ու մահացու թույնով լիքն է: Եսայիայի անդրադարձը սա էր: Նա գիտակցեց, թե ինքը այս երկսայրաբանության (dilemma) մեջ մենակ չէր: Նա հասկացավ, որ ամբողջ ազգը կեղտոտ բերանով էր վարակվել ու ասաց. «Ես պիղծ շուրթերով ժողովրդի մեջ եմ բնակվում»: Մեկ ակնթարթում Եսայիան մեղքի մասին մի նոր և արմատային հասկացողություն ունեցավ: Նա տեսավ դա, թե՛ իր մեջ, թե՛ բոլորի մեջ ներս թափանցած:

Մենք մի տեսանկյունից բախտավոր ենք: Աստված մեզ չի հայտնվում այնպես, ինչպես Եսայիային հայտնվեց: Ո՞վ կարող էր դիմանալ: Սովորաբար Աստված մեր մեղավոր լինելը մեզ քիչ-քիչ է հայտնում: Մենք մեր անձնական պղծությունը աստիճանաբար ենք հասկանում: Աստված Եսայիային իր պղծությունը միանգամից ցույց տվեց: Զարմանալի չէր, որ նա կործանված համարեց իրեն:

Եսայիան այսպես բացատրեց. «Աչքերս Զորաց Տիրոջը՝ Թագավորին տեսան» (Եսայիա 6:5): Նա Աստծո սրբությունը տեսավ: Իր կյանքում առաջին անգամ Եսայիան իրապես հասկացավ, թե Աստված Ով էր: Նույն պահին, առաջին անգամ իր կյանքում Եսայիան իրապես հասկացավ, թե ինքն ով էր:

> «Եւ սերովբեներից մեկը թռավ ինձ մոտ՝ ձեռին մի կրակի կայծ, որ ունելիով սեղանի վրայից էր առել. և դրանով իմ բերանին դիպավ և ասաց. «Ահա սա քո շրթունքներին դիպավ, և քո անօրենությունը հեռացավ, և քո մեղքը քավվեց» (Եսայիա 6:6-7):

Եսայիան գետնին տապալված էր: Նրա մարմնի

յուրաքանչյուր ջիղը դողում էր: Նա աղոթելով թաքնվելու մի տեղ էր որոնում՝ ինչ-որ կերպ երկիրը նրան ծածկեր կամ տաճարի առաստաղը իր վրա ընկներ, կամ որևէ մի բան, որ նրան Աստծո սուրբ հայացքի տակից դուրս հաներ: Ադամին հակառակ, Եսայիան Եվա չուներ, որ նրան մխիթարեր, ոչ էլ թզենու տերևներ, որ նրան ծածկեին: Նա զուտ բարոյական նեղության մեջ էր, այն տեսակը, որ մարդու սիրտն է հանում ու նրա հոգին կտոր-կտոր է անում: Հանցանք, հանցանք, հանցանք: Նրա ամեն մի ծակոտուց անողոք հանցանք էր դուրս թափվում:

Սուրբ Աստված նաև շնորհքի Աստված է: Նա Իր ծառային փորի վրա շարունակ անմխիթար վիճակում չթողեց: Նա այդ մարդուն մաքրելու և նրա հոգին վերականգնելու անմիջական քայլեր կատարեց: Նա սերովբեներից մեկին գործի անցնելու հրաման տվեց: Հրեշտակային արարածը արագ շարժվեց և ունելիով դեպի սեղանը թռավ: Սերովբեն վառվող կրակից շառագունած ածուխը վերցրեց, որը նույնիսկ հրեշտակի համար շատ տաք էր, ու դեպի Եսայիան թռավ:

Հրեշտակը սպիտակավառ տաք ածուխը մարգարեի շրթունքների վրա սեղմեց ու դրանք այրեց: Շրթունքները մարդու մարմնի ամենազգայուն անդամներն են, համբույրի ժամադրավայրն են: Այստեղ Եսայիան զգաց, որ սուրբ կրակը իր բերանն էր այրում: Մարմնի այրոցի գարշահոտությունը լցրեց նրա ռունգերը, բայց այդ հոտառության զգացումը տաքության տանջալի ցավից բթացավ: Սա ծայրահեղ ողորմություն ու մի ցավալի մաքրագործության արարք էր: Եսայիայի վերքը խանձվում էր, ու իր բերանի կեղտը վառվում էր: Նա սուրբ կրակով զտվում էր:

Այս աստվածային մաքրագործության արարքով Եսայիան քավության փորձառություն ձեռք բերեց, որը իր շուրթերի սրբագործությունից շատ ավելին էր: Նա ամբողջովին մաքրվեց, մինչև ծուծը ներվեց, բայց՝ ոչ առանց ապաշխարանքի պիռելի ցավի: Նա արժանի շնորհքից ու հեշտ «Ես տխուր եմ» արտահայտությունից շատ ավելի խորը գնաց: Նա իր մեղքի համար ողբում էր, բարոյական ողբն էր ողողել նրան, ու Աստված նրան բուժելու համար մի հրեշտակ ուղարկեց: Նրա մեղքը հեռացվեց: Նրա արժանապատվությունը աներեր մնաց: Նրա հանցանքը վերցվեց, բայց նրա մարդեղությունը չվիրավորվեց: Նրա զգացած դատապարտությունը ամոքիչ էր: Նրա պատիժը դաժան ու անսովոր չէր: Մի վայրկյանում շուրթերի այրոցը հավիտենական բժշկություն բերեց: Մի վայրկյանում քայքայված մարգարեն նորից ամբողջական դարձավ: Նրա բերանը զտվեց: Նա մաքրվեց:

> «Եւ ես լսեցի Տիրոջ ձայնը, որ ասում էր. «Ո՞ւմ ուղարկեմ, և ո՞վ կգնա մեզ համար». և ես ասեցի. «Ահա ես, ինձ ուղարկիր»: (Եսայիա 6:8)

Եսայիայի տեսլիքը մի նոր ծավալ ստացավ: Մինչ այս նա Աստծո սրբությունն էր տեսել, սերովբեների երգն էր լսել, ու իր շուրթերի վրա վառվող ածուխն էր զգացել: Այժմ, առաջին անգամ, նա Աստծո ձայնը լսեց: Հանկարծ հրեշտակները լռեցին, և այդ ձայնը ամբողջ տաճարում թնդաց, այն ձայնը, որի մասին Սուրբ Գիրքն ուրիշ տեղ շատ ջրերի ձայնի պես է նկարագրում: Այդ ձայնը ներթափանցող հարցերով էր արձագանքվում. «Ո՞ւմ ուղարկեմ, և ո՞վ կգնա մեզ համար»:

Այստեղ մի օրինաչափություն կա, ու այդ օրինաչափությունը պատմության մեջ կրկնվում է: Աստված հայտնվում է, ժողովուրդը վախից դողում է, Աստված ներում ու բուժում է, Աստված ուղարկում է: Կոտրվածությունից դեպի միսիոներական դաշտ.

Այս է մարդկային օրինաչափությունը: Երբ Աստված հարցրեց. «Ո՞ւմ ուղարկեմ», Եսայիան այդ խոսքի ուժգնությունը հասկացավ: Ուղարկվել՝ Աստծո համար որպես պատվիրակ ծառայել, աստվածության խոսնակ լինել էր նշանակում: Նոր Կտակարանում ԱՌԱՔՅԱԼ նշանակում է ուղարկված մեկը: Նոր Կտակարանի ԱՌԱՔՅԱԼԻ համեմատելին Հին Կտակարանի մարգարեն էր: Աստված մարգարեի միայնակ ու չարքաշ պաշտոնը ստանձնող մի կամավոր էր որոնում:

Եսայիայի պատասխանը տեսեք. «Ահա՛ ես, ինձ ուղարկիր»: «Ես այստեղ եմ» ու «Ահա՛ ես» նախադասությունների միջև կարևոր տարբերություն կա: Եթե նա ասեր. «Ես այստեղ եմ», դա միայն նրա տեղը պիտի ցույց տար: Բայց նրա հետաքրքրությունը Աստծուն իր տեղի մասին տեղեկություն տալուց շատ ավելին էր: Նա ասաց. «Ահա՛ ես»: Այս բառերով Եսայիան կամավորի քայլ կատարեց: Նրա պատասխանը պարզապես այս էր. «Ես կգնամ: Ուրիշ տեղ մի՛ նայիր: Ինձ ուղարկիր»:

Եսայիայի պատասխանի մեջ երկու կարևոր կետերի պետք է ուշադրություն դարձնենք: Առաջինը, որ նա մանկապարտեզի պատմության Համփթի-Դամփթին չէր: Այդ մանկական երգի մեջ նշված պրն. Դամփթիի ընկնելը ողբերգական էր, որովհետև երբ որ նա վայր ընկավ ու ջարդվեց, այն ամբողջ թագավորության մեջ ոչ ոք զորություն չունեցավ նրա կտորներն իրար միացնել ու նրան վերակազմել: Սակայն, նա Եսայիայից ավելի դյուրաբեկ չէր: Եսայիան մի ընկած ձվի պես կտոր-կտոր ջարդվեց: Բայց Աստված նրան նորից վերականգնեց: Աստված կարող է ջարդված մարդուն առնել ու նրան ծառայության գործին ուղարկել: Նա մի մեղավոր մարդու վերցրեց ու նրան մարգարե դարձրեց: Նա մի կեղտոտ բերանով մարդու առավ ու նրան Աստծո խոսնակ դարձրեց:

Երկրորդ կարևոր բանը, որ այս կատարվածից սովորում ենք այն է, որ Եսայիայի հոգու վրա կատարված Աստծո շնորհքի գործը նրա անձնական ինքնությունը չկործանեց: Եսայիան ասաց. «Ահա՛ ես»: Եսայիան տակավին կարողանում էր «Ես» դերանունով խոսել: Նա տակավին իր ինքնությունն ուներ: Քավ լիցի, որ Աստված որոնի մեկի «էությունը» կործանելը, ինչպես քրիստոնեական աղավաղումներից ոմանք այդպես են պնդում, Աստված անձը փրկագնում է: Նա անձին բուժում է, որպեսզի այն ծառայության համար, որ անհատը կանչվել է, գործածվի ու այն իրականացնի: Եսայիայի անձը վերաշինվեց, ոչ թե բնաջնջվեց: Նա դեռ Ամովսի որդի Եսայիան էր, երբ որ տաճարը թողեց: Նա նույն անձն էր, բայց նրա բերանը մաքրվել էր:

Հոգևոր ծառաները իրենց կոչումով նշելի են: Բոլոր քարոզիչները կեղծավոր կոչվելու համար խոցելի են: Իրոք, որքան քարոզիչներնը իրենց քարոզչության մեջ Աստծո խոսքին հավատարիմ են գտնվում, այնքան ավելի նրանք ենթակա են դառնում որպես կեղծավոր ամբաստանվելու: Ինչո՞ւ: Որովհետև մարդիկ որքան շատ են Աստծո խոսքին հավատարիմ լինում, այդքան ավելի նրանց պատգամը վեհ է դառնում: Որքան ավելի վեհ է պատգամը, այնքան ավելի նրանք դրան հնազանդվելուց հեռու են:

Ես ներսումս գալարվում եմ, երբ եկեղեցիներում Աստծո սրբության մասին եմ խոսում: Կարող եմ ժողովրդի պատասխաններն ակնկալել: Նրանք տաճարը թողնում են այնպես համոզված, կարծես նրանք մի սուրբ մարդու ներկայության մեջ էին գտնվել: Որովհետև նրանք ինձ՝ Աստծո սրբության մասին քարոզելիս լսեցին, նրանք ենթադրում են, որ ես պետք է իմ քարոզած պատգամի պես սուրբ լինեմ: Այդ պահին է, երբ ուզում եմ. «Վայ ինձ» գոչել:

Վտանգավոր է ենթադրել, որ եթե մի մարդ սրբության ուսումնասիրությանն է մղվել, ուրեմն նա սուրբ մարդ է: Այստեղ մի հեգնանք կա: Վստահ եմ՝ պատճառը, որ ես Աստծո սրբությունը հասկանալու խոր քաղց ունեմ, ճիշտ այն է, որ ես սուրբ չեմ: Ես պիղծ մարդ եմ, մի մարդ, ով ավելի ժամանակ է անցկացնում տաճարից դուրս, քան թե այդտեղից ներս: Բայց Աստծո վեհափառության համը բավարար ճաշակել եմ, որ ավելին փափագեմ: Գիտեմ, թե ինչ է նշանակում ներված մարդ լինել, ու ծառայության համար ուղարկված լինելն ինչ է նշանակում: Հոգիս ավելին է փափագում: Հոգիս ավելիի կարիք ունի:

Թու՛յլ Տանք Աստծո Սրբությունը Դիպչի Մեր Կյանքին

Մինչ դու Աստծո սրբության մասին քո սովորածին ես անդրադառնում ու վերհիշում, պատասխանիր հետևյալ հարցերին: Մի տետրի մեջ Աստծո սրբության մասին քո պատասխանները գրիր կամ դրանք ընկերոջդ հետ կիսվիր:

1. Երբևիցե Աստծո ներկայության մեջ ողողվելու փորձառություն ունեցե՞լ ես, որտեղ «ջախջախվել ես»:
2. Եսայիայի պատասխանը Աստծո սրբության հայտնաբերմանը՝ «Վա՜յ ինձ» էր: Ի՞նչ է եղել քո պատասխանը:
3. Ի՞նչ ձևերով պիտի նաև դու Աստծո սրբության կրակով զտվես:
4. Ըստ այս գլխի բացատրության, Աստծո սրբության ո՞ր հատկանիշն է պատաճառ դառնում, որ դու Նրան ավելի կատարյալ կերպով պաշտես:
5. Աստծո հանդեպ քո պաշտամունքն արտահայտելու համար այս գրքի վերջին երգը գործածի՛ր:

ԳԼՈՒԽ 3

ՎԱԽԱԶԴՈՒ ԽՈՐՀՐԴԱՎՈՐՈՒԹՅՈՒՆԸ

Ի՞նչն է, որ ճառագայթում է անձիցս ներս ու առանց վիրավորելու` սրտիս հարվածում: Ես թե՛ սառած եմ ու թե՛ շառագունած: Սառած եմ, որովհետև ես դրան նման չեմ, շառագունած եմ, որովհետև ես դրա նման եմ:

Սուրբ Օգոստինոս

Ահա այս գրքի երրորդ գլխին ենք հասել, ու դեռ չենք սահմանել, թե ինչ է նշանակում սուրբ:

Երանի կարողանայի այս քայլը մի քիչ ավելի հետաձգել: Սրբությունը սահմանելու դժվարությունները շատ են: Սրբության մասին այնքան շատ բան կա, ու դա այնքան օտար է մեզ, որ այդ արարքը գրեթե անկարելի է թվում: Իրականում, սուրբ բառը օտար բառ է: Բայց նույնիսկ, երբ մենք օտար բառերի ենք հանդիպում, հույս ենք ունենում, որ օտար լեզվի մի բառարան դրա պարզ իմաստը կբացատրի: Մեր ունեցած դժվարությունն այն է, որ սուրբ բառը բոլոր լեզուների մեջ օտար բառ է: Այս գործի համար որևէ բառարան հստակ չէ:

Սահմանման հետ կապված մեր դժվարությունն ավելի է բարդանում, երբ Աստվածաշունչը սուրբ բառը մեկից ավելի իմաստով է գործածում: Աստվածաշունչը սուրբ բառը Աստծո բարության շատ մոտ կերպով է գործածում: Սովորաբար սուրբ բառը սահմանվում է որպես «մաքրություն, ամեն արատից զուրկ, ամբողջությամբ կատարյալ ու յուրաքանչյուր մանրամասնության մեջ անբիծ»:

Մաքրությունը առաջին բառն է, որ մեզանից շատերի մտքին է գալիս, երբ լսում ենք սուրբ բառը: Վստահաբար, Աստվածաշունչը այս բառը այսպիսի իմաստով է գործածում: Բայց Աստվածաշնչում մաքրության գաղափարը կամ բարոյական կատարելությունը, լավագույն դեպքում, դրա երկրորդական իմաստն է: Երբ սերովբեները իրենց երգն էին երգում, նրանք Աստծուն «մաքուր, մաքուր, մաքուր» ասելուց շատ ավելին էին ասում:

Սուրբ բառի առաջին իմաստը «զատված»-ն է: Դա գալիս է հին բառից, որը «կտրվել» կամ «հատվել» է նշանակում: Սրա հիմնական իմաստը ժամանակակից լեզվով թարգմանելու համար կարելի է «Իրարից բաժանել» նախադասությունը գործածել: Միգուցե ավելի ճշգրիտ կլինի ասել՝ «մի հատված ուրիշներից բարձր»: Երբ մի հագուստ կամ մի ուրիշ ապրանք ենք գտնում, որը բարձրակարգ, գերազանց ու գերադաս է, ասում ենք, թե դա իր որակով մյուսներից բարձր է:

Աստծո սրբությունը պարզապես զատված լինելուց ավելին է: Նրա սրբությունը նաև գերազանց է: Գերազանց բառը տառացի կերպով «մագլցելով անցնել» է նշանակում: Դա «սովորական սահմաններն անցնել» է նշանակում: Մի բանի մեջ գերազանցել, այդ բանից ավելի բարձրանալ ու որոշ սահմանից ավելի անցնել է նշանակում. երբ Աստծո գերազանցության մասին խոսելիս Նրա՝ մեզանից առավել ու բարձր լինելու մասին ենք խոսում: Գերազանցությունը Նրա գերակայությունն ու բացարձակ մեծությունն է բացատրում: Նա աշխարհից ավելի բարձր է: Նա աշխարհի վրա բացարձակ զորություն ունի: Աշխարհը Նրա վրա որևէ զորություն չունի: Գերազանցությունն Աստծո սպառիչ փառահեղությունն ու Նրա վսեմացած վեհությունն է բացատրում: Դա յուրաքանչյուր արարածից Նրան բաժանող այն անհուն տարածությունն է նշում: Նա ամեն այլ բաներից անհուն չափով բարձր է:

Երբ Աստվածաշունչը Աստծուն սուրբ է կոչում, դա առաջնակարգ նշանակում է, թե Աստված գերազանցաբար առանձին է: Նա մեզնից այնքան բարձր ու հեռու է, որ գրեթե ամբողջությամբ մեզ համար օտար է: Սուրբ լինել նշանակում է «ուրիշ» լինել՝ մի հատուկ կերպով տարբեր: Այս նույն հիմնական իմաստը նաև գործածվում է, երբ սուրբ բառը երկրավոր բաների համար է կիրառվում: Ուշադրությա՛մբ նայեք հետևյալ շարքերի առարկաներին, որոնց Աստվածաշունչը սուրբ է կոչում.

Սուրբ երկիր
Սուրբ շաբաթ
Սուրբ տեղ
Սուրբ քթանե պատմուճան
Սուրբ տուն
Սուրբ տասանորդ
Սուրբ բուրվառ
Սուրբ հաց
Սուրբ սերմ
Սուրբ ուխտ
Սուրբ ժողովք
Սուրբ ազգ
Սուրբ օծության յուղ
Սուրբ հոբելյան
Սուրբ դաշտ
Սուրբ ջուր
Սուրբ տապանակ
Սուրբ քաղաք
Սուրբ բառ
Սրբեր
Սրբության Սրբոց

Այս շարքն ամբողջական չէ: Այն միայն ծառայում է մեզ ցույց տալու, որ սուրբ բառը, բացի Աստծուց, շատ ուրիշ բաների համար էլ է գործածվում: Յուրաքանչյուր դեպքում սուրբ բառը բարոյական կամ առաքինի որակավորումից մի ուրիշ բան է արտահայտում: Այն բաները, որ սուրբ են, դրանք առանձնացված բաներն են, մյուսներից՝ ջոկված: Դրանք հասարակ չեն ու նվիրված են Տիրոջ ու Նրա ծառայության համար:

Շարքում տրված բաները իրենք իրենցով սուրբ չեն: Սրբանալու համար նախ պետք է, որ դրանք Աստծուն նվիրվեն կամ Նրա միջոցով սրբվեն: Միայն Աստված է Ինքն իրենով սուրբ: Միայն Աստված է կարող մի ուրիշ բան սրբացնել: Միայն Աստված է կարող այնպես հպվել մի բանի, որ հասարակ լինելուց դարձնի յուրահատուկ, տարբեր ու առանձին:

Հին Կտակարանում սրբացված բաներին ուշադրություն դարձրեք: Այն ինչ որ սուրբ է, յուրահատուկ նկարագիր ունի: Դա իր հասարակ գործածությունից ջոկված է: Դրան դիպչել չի կարելի, դա ուտել չի կարելի, դա հասարակ բաների համար գործածել չի կարելի: Դա յուրահատուկ է:

Մաքրություն, որը ներսդ է գալիս: Մենք այնքան ենք վարժվել սրբությունը մաքրության կամ բարոյական կատարելության գաղափարի հետ հավասարեցրել, որ երբ սուրբ բառն է հայտնվում, մենք այն նույն գաղափարն ենք որոնում: Երբ բաները սրբացվում են, երբ դրանք նվիրվում են, դրանք մաքրության համար են ջոկվում: Դրանք մաքուր կերպով պիտի գործածվեն: Դրանք պիտի մաքրություն ու պարզ ջոկվածություն արտացոլեն: Մաքրությունը սրբության գաղափարից զատված չէ, այլ դրա մեջ է ներառված: Բայց կետը, որ պիտի հիշենք այս է՝ սրբության գաղափարը մաքրության գաղափարի մեջ երբեք չի լրացվում: Դա ընդգրկում է մաքրությունը, բայց դրանից շատ ավելին է: Դա մաքրություն և գերազանցություն է: Դա գերազանց մաքրությունն է:

Երբ սուրբ բառը գործածում ենք Աստծուն ներկայացնելու համար, մի ուրիշ դժվարության ենք հանդիպում: Հաճախ Աստծուն ներկայացնելիս, մենք Նրա նկարագրի յուրահատկություններն ենք նշում, որոնք նաև Նրա ստորոգելիներն են: Ասում ենք Աստված հոգի է, Նա ամեն բան իմանում է, նա սիրող է, արդար է, ողորմած է, շնորհալի է և այլն: Հակում ունենք այս ստորոգելիների երկար շարքին նաև սուրբ լինելու գաղափարը՝ որպես մի հավելյալ ստորոգելի, ավելացնել: Բայց, երբ սուրբ բառը Աստծո համար ենք գործածում, դա որպես միայն մեկ ստորոգելի չի նշվում: Ընդհակառակը, Աստված ընդհանուր իմաստով է սուրբ կոչվում:

Այս բառը Նրա աստվածության հոմանիշն է: Այսինքն սուրբ բառը նշում է այն ամենը, ինչ Աստված է: Դա հիշեցնում է, որ Նրա սերը սուրբ սեր է, Նրա արդարությունը սուրբ արդարություն է, Նրա ողորմությունը սուրբ ողորմություն է, Նրա գիտությունը սուրբ գիտություն է, Նրա Հոգին Սուրբ Հոգի է:

Տեսանք, որ սուրբ բառը մեր Աստծո գերազանցությունն է նշում, այն իմաստով որ Նա աշխարհից բարձր ու հեռու է: Նաև տեսանք, որ Աստված կարող է վայր իջնել ու այս աշխարհում, հատուկ բաներ նվիրագործելով ՝ սրբացնել: Հասարակ բաներին Նրա հպումը հանկարծակի դրանք ոչ հասարակ է դարձնում: Դարձյալ ասում ենք, որ այս աշխարհում ոչ մի բան ինքն իրենով սուրբ չէ: Միայն Աստված է կարող մի բան սրբացնել: Միայն Աստված է կարող նվիրագործել:

Երբ ոչ սուրբ բաներին սուրբ ենք կոչում, կռապաշտություն ենք անում: Հասարակ բաներին այն պատիվը, ակնածանքը, պաշտամունքն ու փառաբանությունն ենք մատուցում, որ միմիայն Աստծուն են պատկանում: Արարչի փոխարեն արարածին պաշտելը կռապաշտություն է:

Նախկինում կուռք շինողները շահաբեր աշխատանք ունեին: Որոշ կուռքեր փայտե էին, ուրիշներ՝ քարե, որոշներ էլ արժեքավոր մետաղներից էին շինվում: Կուռք պատրաստողը շուկա էր գնում ու ամենալավ մթերքն էր գնում, ապա, իր արհեստանոցը վերադառնալով, դրանց վրա իր հմտությունն էր բանեցնում: Նա երկար ժամեր աշխատելով ու իր ամենալավ գործիքներն օգտագործելով, այդ նյութերից կուռքեր էր շինում: Իր աշխատանքն ավարտելուց հետո, նա իր արհեստանոցի հատակն էր սրբում և խնամքով իր գործիքները պահարանների մեջ պահում: Դրանից հետո նա ծնկի էր գալիս ու սկսում էր իր ձևավորած կուռքի հետ խոսել: Երևակայե՛ք՝ մի անբարբառ փայտի կամ քարի կտորի հետ խոսել: Երբեք չէր կարող այդ կուռքը նրա ասածները լսել: Այն որևէ պատասխան չէր կարող տալ: Որևէ օգնություն չէր կարող հասցնել: Դա խուլ, անբարբառ, անբան, ու անկարող էր: Սակայն ժողովուրդը կուռքին սուրբ զորություն էր վերագրում ու պաշտում:

Որոշ կռապաշտներ մի քիչ ավելի առաջադեմ էին: Նրանք քարե արձաններ կամ կռասյուներ չէին պաշտում: Նրանք սկսել էին արևին կամ լուսնին ու նույնիսկ մի վերացական գաղափարի պաշտել: Դրանք բոլորն էլ ստեղծված են: Հնարավոր է դրանք շատ տպավորիչ լինեն, բայց ստեղծված են, ավելի բարձր ու հեռու չեն կարող անցնել: Դրանք սուրբ չեն:

Կուռքին պաշտելը՝ որևէ բանի սուրբ համարելն է, երբ դա սուրբ չէ: Հիշե՛ք, որ միայն Աստված կարող է սրբացնել: (Երբ մի հոգևոր պաշտոնյա մի ամուսնություն կամ Հաղորդության հացն է «նվիրագործում», նշանակում է, որ նա միայն հայտարարում է այն, ինչ որ Աստված արդեն իսկ նվիրագործել էր: Սա մարդկային նվիրագործման արտոնյալ գործածությունն է): Երբ մի մարդ ջանում է նվիրագործել այն, ինչ որ Աստված չի նվիրագործել, դա նվիրագործության ճիշտ արարք չէ: Դա պղծություն է: Դա կռապաշտություն է:

Քսաներորդ դարի սկզբում, մի գերմանացի մտավորական սրբության մասին տարօրինակ ու հետաքրքիրսերտողություն պատրաստեց: Այդ մարդու անունը Ռուդոլֆ Օթթո էր: Օթթոն ջանաց սրբությունը գիտական ձևով սերտել: Նա քննեց, թե տարբեր մշակույթների ու ազգերի ժողովուրդները ինչպես էին վարվում, երբ որևէ սուրբ բանի էին հանդիպում: Նա քննեց ժողովրդի մարդկային զգացումները՝ նրանց համար սուրբ թվացող բաների հանդիպելիս:

Առաջին կարևոր բանը, որ Օթթոն գտավ, այն էր, որ ժողովուրդն այդ սուրբ բաները բացատրելու դժվարություն ուներ: Օթթոն նկատեց, որ թեպետ այդ սրբության վերաբերյալ որոշ բաներ կարելի էր ասել, բայց միշտ մի տարր կար, որ բացատրությանը դիմադրում էր: Ոչ թե այդ տարրը անտրամաբանական էր, այլ ավելի գերտրամաբանական էր, մեր մտքի սահմաններից ավելի բարձր: Սրբության հետ մարդու փորձառության մեջ հավելյալ բան կար, մի բան, որ բառերով բացատրելն անհնար է: Սա այն էր, որին Օթթոն հավելյալ (plus) կոչեց: Հավելյալը սրբության հետ ունեցած փորձառության այն մասն է, որ մարդիկ բառերով արտահայտելիս կակազում են: Այն հոգևոր տարրն է, որ համարժեք բացատրությանը հակառակվում է:

Օթթոն սրբության համար մի հատուկ բառ հորինեց: Նա դրան մնձասքանչ խորհուրդ (mysterium tremendum) կոչեց: Այս գաղափարը պարզ թարգմանությամբ «երկյուղալի խորհուրդ» է նշանակում: Օթթոն սա այսպես է նկարագրում.

> Այդ զգացումը, երբեմն, որպես քնքուշ ալիքի օրոր, վրա է հասնում ու մտքի վրա խոր պաշտամունքի խաղաղ զգացում սփռում: Հնարավոր է դա փոխվի ու, հոգու ավելի մնայուն մտադրություն դառնալով, հուզիչ ու հնչուն կերպով շարունակվի, մինչև որ մեռնի, գնա ու հոգին իր ամենօրյա ամբարիշտ ու անկրոն փորձառությանը վերադառնա: Հնարավոր է հոգու խորքից կարկամելով ու ցնցումներով հանկարծակի պայթի ու վեր փրփրի, կամ ամենատարօրինակ գրգռումների, արբեցնող մոլեգնության, տեղափոխության, ու կամ էլ մտքի ցնծության առաջնորդի: Դա իր վայրի ու դիվային կերպերն ունի ու կարող է գրեթե սարսափի ու դողի զարհուրելի խորքերում խորտակի: Դա բիրտ ու բարբարոսական նախորդներ ու վաղ բացահայտնություններ ունի և նորից կարող է որպես մի շատ գեղեցիկ, մաքուր ու փառավոր բան զարգանալ: Դա կարող է, ում կամ ինչի ներկայության առջև գտնվող, արարածի լռության, դողի, կամ նրա

անխոս խոնարհության վերածվել: Նրա ներկայության մեջ, որը անարտահայտելի և բոլոր արարածներից վեր եղող խորհրդավորություն է:

Մեր մեջ սրբի առաջացրած վախի պատճառով Օթթոն մեծասքանչության (tremendum) (երկյուղալիություն) մասին խոսեց: Սուրբը մեզ մի տեսակ զարհուրանքով է լցնում: Հաճախ այսպիսի խոսքեր ենք գործածում. «Արյունս սառեց» կամ «Մարմինս սողոսկեց»:

Սևամորթների երգերից «Այնտե՞ղ էիր, երբ Տիրոջս խաչեցին» երգն ենք հիշում: Այս երգի կրկներգը ասում է. «Երբեմն դա պատճառում է ինձ դողալ…դողալ…դողալ»:

Մենք սրբի մասին խճճված զգացումներ ունենալու հակում ունենք: Մենք դրանով և՛ հրապուրված ենք, և՛ նույն պահին՝ դրանից վանված: Մի բան մեզ դրան է ձգում, մինչ միևնույն ժամանակ մենք ուզում ենք դրանից փախչել: Չենք կարողանում որոշել, թե որ կողմով գնալ: Մեր մի մասը սրբությանն է ձգտում, մյուսը՝ արհամարհում է: Մենք չենք կարող դրա հետ ապրել, և չենք էլ կարող առանց դրան ապրել:

Սրբի հանդեպ մեր մտքերը ոգիների պատմությունների ու վախազդու շարժապատկերների հանդեպ ունեցած մտքերի նման է: Երեխաներն իրենց ծնողներից խնդրում են, որ նրանց վախենալու ոգիների պատմություններ պատմեն, մինչև որ վախից խնդրեն, որ ծնողները իրենց պատմությունը դադարեցնեն: Ես կնոջս՝ սարսափ ֆիլմեր նայելը, ատում եմ: Նա սիրում է նայել դրանք, մինչև որ սկսում է սարսափ պատկերը տեսնել, կամ պետք է ասել՝ մինչև որ նրանց չի տեսնում: Ամեն անգամ, նույն փորձությունն ենք անցնում: Նախ՝ նա իմ արմունկից է կառչում ու իր եղունգները մարմնիս մեջ մխրճում: Միայն հանգիստ եմ զգում, երբ նա իր ձեռքն իմ բազուկի վրայից վերցնում է, որպեսզի երկու ձեռքով աչքերը փակի: Հաջորդ քայլն այն է, երբ իր աթոռը թողնելով, սրահի ետևն է գնում, որպեսզի իր թիկունքը հաստատուն պատին հենի: Այնտեղ նա վստահ է, որ ոչ մի բան իր ետևից դուրս չի ցատկի ու նրան բռնի: Վերջին քայլը սրահից դուրս գալն ու նախասրահի մեջ ապաստան գտնելն է: Դեռևս ասում է, թե ինքը սիրում է այսպիսի սարսափ ֆիլմեր դիտել: (Սրա մեջ մի տեղ ինչ-որ մի աստվածաբանական օրինակ պետք է լինի):

Միգուցե սրբի մասին մարդկանց ունեցած այս խառն զգացումների տարօրինակ պատկերացումը ռադիոյի աշխարհից ենք ստանում: Նախքան հեռուստացույցի հայտնվելը, ռադիոյի ծրագրերը տնային զբոսահաճության գագաթնակետն էին: Ամեն օր օճառի ընկերություններից հովանավորված թատերգություններ էինք վայելում: ԴԱՉ օճառի ընկերությունը մեզ տվեց «Մա Փրկինզ» թատերգությունը: Ուրիշ օճառի ընկերություններ մեզ տվեցին «Մեր աղջիկ Սանդեյը», «Մի մարդու ընտանիքը», «Լորենզո Ջոնզ և նրա կինը», «Բեյլե» և մի շարք ուրիշ թատերգություններ:

Երեկոյան ծրագրերը ավելի աշխուժությամբ ու արկածախնդրությամբ լի էին, օրինակ «Միայնակ անտառապահ»-ը, «Սուփերմեն»-ը, «Թենեսի Ջեդ»-ը, «Հոփ Հարինգթոն»-ը, և այլն: Իմ ամենաշատ սիրած ծրագրերը խորհրդախաղ ծրագրերն էին ինչպես «Գանգբաստրզ»-ը, «Շվաք»-ը, և «Կախակայում»-ը:

Վախենալու ծրագրերից ամենավախենալին մի ճռճռացող դռան բացվելու ահարկու ճռոցի ձայնով էր սկսվում: Դրա ձայնը գրատախտակի վրա եղունգներով քերթելու ձայնին էր նմանվում: Դա իմ գլխում մի հին, բորբոսնած մառանի դռան բացվելու պատկերն էր արթնացնում: Այդ ճռճռացող դռան ձայնի հետ հայտարարողի քաղցրահնչուն ձայնն էր լսվում, ով «Ներքին սրբություն» էր ասում:

Ի՞նչն է ներքին սրբություն բառերի վախազդուն: Այս բառերը ի՞նչ են նշանակում: Ներքին սրբություն նշանակում է՝ պարզապես «սրբի մեջ»: Ոչ մի բան մեզ համար ավելի զարհուրելի ու մեր մտքի համար ավելի սոսկալի չէ, քան թե սրբության մեջ բերվելը: Այստեղ մենք սկսում ենք դողալ՝ մինչ մեծասքանչ խորհրդավորության ներկայության մեջ ենք բերվում:

Սուրբ Աստծո խորհրդավոր նկարագիրը լատիներեն Աուգոստ (august) բառի մեջ է պարփակվում: Վաղ քրիստոնյաները դժվարանում էին այս տիտղոսը կայսրին տալ: Քրիստոնյաների համար ոչ մի անհատ արժանի չէր Աուգոստ տիտղոսին: Միայն Աստված էր կարող պատշաճաբար Աուգոստ մեկը կոչվել: Աուգոստ լինել նշանակում էր երկյուղ ներշնչող կամ երկյուղալի: Ծայրագույն իմաստով երկյուղալին միայն Աստված է:

Սրբի հետ մարդկային փորձառության սերտողության ընթացքում Օթթոն գտավ, որ սրբի հետ շփվելիս, մարդկանց մեջ առաջացած ամենահստակ զգացումը արարած լինելու հաղթահարող ու ջախջախող գիտակցություն է: Այսինքն, մենք մեր արարված լինելը ամենաշատ հասկանում ենք այն ժամանակ, երբ մենք Աստծո ներկայության մեջ ենք: Երբ մենք Բացարձակին ենք հանդիպում, անմիջապես գիտակցում ենք, որ մենք բացարձակ չենք: Երբ մենք Անհունին ենք հանդիպում, գիտակցում ենք, որ մենք սահմանափակ ենք: Երբ Հավիտենականին ենք հանդիպում, իմանում ենք, որ ժամանակավոր ենք: Աստծուն հանդիպելը հակադրությունների ուսումնասիրություն է:

«Ուրիշ»-ի հետ մեր հակադրությունը ջախջախիչ է: Հիշում ենք Երեմիա մարգարեին ու Աստծո դեմ նրա խոսքերը. «Դու ինձ համոզեցիր, Ո՛վ Տեր, և ես համոզվեցի, Դու ինձանից զորավոր եղար և հաղթեցիր»: (Երեմիա20:7):

Այստեղ այնպես է երևում, թե Երեմիան մի խիստ կակազով էր զարկվել: Սովորաբար Աստվածաշունչն իր արտահայտությունների մեջ համառոտ է ու մի տեսակ լեզվական խնայողությամբ է խոսում: Երեմիան այս օրենքը խախտում է ու չափազանց բացահայտ բանն է կրկնում: Նա ասում է. «Դու համոզեցիր ինձ ու ես համոզվեցի»: Այս նախադասության երկրորդ մասը կրկնություն ու լրիվ բառերի վատնում է: Իհարկե, Երեմիան համոզվել էր: Եթե Աստված էր նրան համոզել, ինչպե՞ս կարելի էր չհամոզվել: Եթե Աստված էր հաղթել նրան, ինչպե՞ս կարելի էր, պարտված լինելուց բացի, այլ բան լինել:

Բայց միգուցե Երեմիան ուզում էր վստահ լինել, որ Աստված հասկացել է իրեն, երբ ինքը իր տրտունջն էր բարձրացրել: Միգուցե նա եբրայական կրկնության բանաձևն է գործածում, որպեսզի իր շեշտադրումն արտահայտի: Երեմիան համոզված ու պարտված էր: Նա Աստծո բացարձակ զորության առջև անօգնական ու անկարող էր զգում: Այս պահին Երեմիան իր արարված լինելը գերադասաբար գիտակցում էր:

Հիշել, որ մենք արարածներ ենք, հաճելի բան չէ: Դժվար է մեր մտքերից Սատանայի նախնական փորձության բառերը ջնջել, որ ասաց. «Աստվածների պես կլինեք»: (Ծննդոց 3:5): Սատանայի այս ահռելի սուտը այն մի սուտն է, որը մենք անձկությամբ սիրում ենք, կարողանում ենք հավատալ դրան: Եթե կարողանայինք աստվածների պես լինել, մենք անմահ, անսխալական ու անդիմադրելի կլինեինք: Մենք մի շարք ուրիշ զորություններ էլ կունենայինք, այն ինչ որ ներկայումս չունենք ու ոչ էլ կարող ենք ունենալ:

Մահը մեզ վախեցնում է: Երբ ուրիշի մահն ենք տեսնում, մենք հիշում ենք, որ մենք էլ ենք մահկանացու, որ մի օր մահը մեզ պիտի հասնի: Դա մի մտածմունք է, որը ջանում ենք մեր մտքերից դուրս հանել: Մենք անհանգստանում ենք, երբ ուրիշի մահը, անհաճո ձևով, մեր կյանքերից ներս է խուժում ու մեզ հիշեցնում, որ ապագայում՝ մի անհայտ օրում, պիտի հանդիպենք: Մահը մեզ հիշեցնում է, որ մենք արարածներ ենք: Սակայն, որքան որ մահը վախեցնող է, համեմատած Սուրբ Աստծո հետ հանդիպելուն, ոչնչություն է: Երբ մենք Նրան ենք հանդիպում, մեր արարվածության ամբողջությունը մեզ վրա ջախջախվում է, ու մեր մասին մեր ունեցած առասպելը փշրվում է: Այն առասպելը, որ մենք կիսաստվածներ ենք, երկրորդ կարգի աստվածություններ, ովքեր ջանում են հավիտյան ապրել:

Որպես բարոյական արարածներ՝մենք ամեն տեսակ վախերի ենք ենթակա: Մենք մտահոգ մարդիկ ենք, ու տրված ենք վախերին: Ոմանք կատուներից են վախենում, ուրիշները՝ օձերից, որոշները՝ մարդաշատ վայրերից կամ վերասլաց բարձունքներից: Այս վախերը մեզ կրծում են ու մեր ներքին խաղաղությունը խաթարում:

Մի յուրահատուկ վախ կա, որից բոլորս ենք տառապում: Դա օտարավախություն (xenophobia) է կոչվում: Օտարավախությունը օտարներից կամ որևէ անծանոթ կամ տարօրինակ բանից վախենալն (ու երբեմն էլ նրանց ատելն) է: Աստված մեր օտարավախության ծայրագույն ենթական է: Նա ծայրագույն օտարական է: Նա սուրբ է, իսկ մենք՝ ոչ:

Մենք Աստծուց վախենում ենք, որովհետև Նա սուրբ է: Մեր վախը այն առողջ վախը չէ, ինչ որ Աստվածաշունչը մեզ քաջալերում է ունենալ: Մեր վախը նվաստ վախ է, զարհուրանքից ծնված: Աստված մեզ համար չափազանց մեծ է, Նա չափազանց երկյուղալի է: Նա մեզանից բարդ պահանջներ ունի: Նա խորհրդավոր Օտարական է, Ով մեր ապահովությունն է վտանգում: Նրա ներկայության մեջ մենք դողում ու երերում ենք: Նրան անհատապես հանդիպելը, հավանաբար, մեր ամենամեծ վերքն է:

Թու՛յլ Տանք Աստծո Սրբությունը Դիպչի Մեր Կյանքին

Մինչ դու Աստծո սրբության մասին քո սովորածին ես անդրադառնում ու վերհիշում, պատասխանիր հետևյալ հարցերին: Մի տետրի մեջ Աստծո սրբության մասին քո պատասխանները գրիր կամ դրանք ընկերոջդ հետ կիսվիր:

1. Ինչպե՞ս է Աստված քեզ համար երկյուղալի խորհրդավորություն:
2. Արդյո՞ք Աստծո խորհրդավորությունը մխիթարում կամ վախեցնու՞մ է քեզ:
3. Աստծո սրբության խորհրդավորությունն ըմբռնելով՝ դու քո մասին ի՞նչ ես մտածում:
4. Եկող շաբաթվա ընթացքում ինչպե՞ս պիտի պաշտես Աստծուն՝ Իր խորհրդավոր սրբության համար:

ԳԼՈՒԽ 4

ՄՐԲՈՒԹՅԱՆ ԽՈՑԸ

Ուստի այդ ահավորությունն ու զարմանքը, ինչպես Սուրբ Գիրքն է միանշանակ նշում, սուրբ մարդիկ Աստծո ներկայությունից տպավորվում ու ջախջախվում էին... Մարդիկ երբեք իրենց ոչնչությամբ չեն տպավորվում ու ազդվում արժանի ձևով, մինչև որ հակադրում են իրենց Աստծո վեհափառությանը:

Ժան Կալվին

Մի մութ ու փոթորկոտ գիշեր էր...

Այս դասական արտահայտությունով պատմություն սկսելուն երկար ժամանակ էի սպասել: Այս նախաբան-նախադասությունն այնքան է շահագործվել, որ գրագետ ընկերներիցս մի քանիսը «Մութ ու փոթորկոտ գիշերվա ակումբ» էին սկսել: Յուրաքանչյուր տարի նրանք գրքերի ու հրատարակչությունների ամենավատ նախաբաններին նվերներ էին բաշխում:

Միգուցե մինչև Մարկոսի՝ Ավետարանի գրի առնելը, արդեն մի Մութ ու փոթորկոտ գիշերվա ակումբ» գոյություն ուներ: Նկատի առեք, թե նա ինչպես է սկսում պատմել Հիսուսի՝ փոթորիկը խաղաղեցնելու մասին. «Եւ այն օրը, երբ որ իրիկուն էր, նրանց ասաց, - եկե՛ք անցնենք այն կողմը»: (Մարկոս 4:35):

Հիսուսը և Նրա աշակերտները Գալիլեայումն էին: Հիսուսն այն մեծ լճի եզերքին, որը Գալիլեայի ծով էր կոչվում, նրանց ու այնտեղ հավաքված ժողովրդին սովորեցնում էր: Այս ջրակույտը բնության ամենագլխավոր ծրագրերից մեկն է: Լիճը լեռներով պատված հովիտն է լցնում: Դրա թարմ ջուրը Պաղեստինի ցամաքած երկրամասի համար կյանքի կարևոր աղբյուր է:

Աշակերտները հմուտ ձկնորսներ և լճին սովոր փորձառուներ էին: Նրանք լճի հոսանքներից, դրա ելևէջներից ու դրա գեղեցկությունից լավատեղյակ էին: Գալիլեայի ծովը մի գեղանի կնոջ է նմանվում, ում զգացումները սաստկաբար փոփոխական են: Այդ շրջանի յուրաքանչյուր նավաստի այս ջրակույտի տատանումից զգուշանում է: Միջերկրական ծովի և անապատի միջև եղող լեռների մեջ գտնվելու յուրահատուկ տեղի պատճառով, լիճը բնության տարօրինակ անցուդարձին է ենթարկվում: Վայրագ քամիները, դրա մակերեսից փչելով, կարծես թե լեռնանցքի միջից են փչում: Քամիները, առանց նախազգուշացման, վրա են հասնում ու մի քանի վայրկյանում այդ խաղաղ լիճը մի գոռացող ալեկոծանքի են վերածում: Նույնիսկ այսօրվա արդի նավերով, ոմանք այդ լճի վայրագ ոճի բարկության տակ կործանվելու վտանգից վախենում են նավավարել Գալիլեայի ծովում:

Աշակերտներն իրենց օգտին երկու բան ունեին: Նրանք փորձառուներ էին, ու Տիրոջ հետ էին: Երբ Հիսուսը թելադրեց, որ նրանք երեկոյան անցնեին, աշակերտները չվախեցան: Նրանք անցնելու համար իրենց նավակները պատրաստեցին: Հետո ծովը խռովվեց, Լճի տիկինը խենթացավ. «Եւ քամու մեծ փոթորիկ եղավ, և ալիքները նավի մեջ էին թափվում, մինչև որ համարյա արդեն լցվում էր»: (Մարկոս 4:37):

Յուրաքանչյուր գալիլեացու հետ պատահել է ձկնորսի վախը:

Անսպասելի փոթորիկ բարձրացավ ու դրա վայրագությունը սպառնաց խորտակել նավակը: Նույնիսկ ամենաուժեղ լողորդը չէր կարողանա այդ փոթորկին դիմանալ, եթե ջուրն ընկներ: Մարդիկ իրենց մատներով սպիտակած նավակից կառչեցին: Դրանք ձկնորսության նախնական նավակներ էին ու ոչ թե օվկիանոսի զբոսաշրջիկ նավեր: Մի փոքրիկ թեքումը կամ մի բարձր ալիքը կարող էր բոլորին կործանել: Նրանք, ծովի դեմ սաստկաբար պայքարելով, ջանում էին նավակի քիթը ալիքների մեջ պահել: Միգուցե այստեղ էր, որ առաջին անգամ նավաստիների աղոթքը հնչեց. «Ո՛վ Տեր, քո ծովը խիստ մեծ է, ու իմ նավակը անչափ փոքր»:

Հիսուսը նավակի ետևում խորը քնած էր: Նա նիրհում էր: Ես այսպիսի արարք տեսել եմ: Ես վայրագ փոթորիկներից անցնող օդանավերի մեջ եղել եմ: Իր բարձունքից օդանավի հանկարծակի անկումը, որ քարի նման հազարավոր ոտքից վայր է ընկնում ու մարդու ստամոքսը առաստաղին է հասցնում, զգացել եմ: Լսել եմ ու տեսել ճչացող ճամփորդների սարսափը, մտահոգության ծայրահեղությունն ու, դրան հակառակ, իմ կողքին նստած ու մանուկի նման քնած մարդուն: Ուզում էի նրան բռնել ու թափ տալով արթնացնել՝ ասելով. «Ի՞նչ ես անում, չե՞ս վախենում»:

Աստվածաշունչն ասում է, որ Հիսուսը քնել էր մի բարձի վրա: Մինչ ամեն մարդ խուճապահար էր, Հիսուսը խաղաղ քնի մեջ էր: Աշակերտները նեղվեցին: Նրանց զգացումները վախի ու բարկության խառնուրդ էին: Նրանք սկսեցին Հիսուսին արթնացնել: Չգիտեմ՝ ինչ էին կարծում, որ Հիսուսը այդ պարագայում կարող էր անել: Հատվածը պարզաբանում է, որ նրանք Հիսուսից չէին ակնկալում այն, ինչ որ արեց: Համենայն դեպս նրանց պարագան հուսահատեցնող էր: Ալիքները գնալով ավելի էին մեծանում ու ամեն վայրկյան ավելի էին վայրագանում:

Աշակերտները գաղափար չունեին, թե Հիսուսն ինչ պիտի աներ: Նրանք որևէ վայրում եղող մարդկանց պես էին: Երբ մարդիկ վտանգի մեջ են, երբ նրանք կործանվելուց վախեցած չգիտեն՝ ինչ անեն, անմիջապես իրենց առաջնորդին են նայում: Հաջորդ քայլը առաջնորդի գործն է, նույնիսկ, երբ հաջորդ քայլի հնարավորությունն անգամ չկա: «Աշակերտները նրան արթնացնում են և ասում.

- Վարդապե՛տ, հո՞գդ չէ, որ կործանվում ենք»: (Մարկոս 4:38)

Նրանց ասածն իրապես հարց չէր: Դա մեղադրանք էր: Այդ թելադրությունը բարակ ծածկոցով էր ծածկված: Իրապես նրանք ասում էին. «Քո հոգդ չէ, որ մենք խեղդվենք»: Նրանք Աստծո Որդուն անգթության մեջ էին ամբաստանում: Հիսուսի դեմ այս նախատելի հարձակումը Աստծո հանդեպ սովորական մարդու մտադրության պես է: Ամեն օր Աստված ապերախտ մարդկանցից այսպիսի գանգատներ էր լսում: Երկինքը ռմբակոծվում է բարկացած մարդկանց կրկնվող ամբաստանություններով: Աստված «չսիրող», «դաժան», «անջատված» է անվանվում, կարծես՝ Նա մեր հանդեպ Իր ունեցած սերը փաստելու բավական արարք չի կատարել:

Այս հատվածի մեջ աշակերտների «հարց»-ին Հիսուսի տված պատասխանի մասին որևէ ակնարկ չկա: Նրա պատասխանը բառերի վրայից ցայտած ուղղակի արարքի անցավ: Նա պահեց Իր բառերը ծովն ու փոթորիկը խաղաղեցնելու համար:

> «Եւ նա զարթնելով՝ քամուն սաստեց, և ասաց ծովին.
>
> -Լռի՛ր, պապանձվի՛ր: -Եւ քամին դադարեց, և մեծ խաղաղություն եղավ: Եւ ասաց նրանց, -Ինչո՞ւ եք այդպես վախկոտ. ինչպե՞ս է,որ հավատք չունեք» (Մարկոս 4:39-40):

Հիսուսի կյանքը հրաշքների բոցավառում էր: Նա այնքան հրաշքներ կատարեց, որ մեզ համար դրանց մասին լսելը գուցե հոգնեցնող է: Պատմությունը կարդալիս առանց ազդվելու, արագ դրա վրայից թռչելով մյուս էջին ենք հասնում: Մինչ այստեղ հիշվածը Հիսուսի կատարած հրաշքներից ամենազարմանալին է: Այստեղ կատարվածը աշակերտներին յուրահատուկ տպավորեց: Դա նույնիսկ աշակերտների համար մի շփոթեցնող հրաշք էր:

Հիսուսն Իր ձայնով բնության վայրագ ուժերը զսպեց: Նա չաղոթեց: Նա Հորից չխնդրեց, որ նրանց փոթորկից ազատեր: Նա իրավիճակի հետ ուղղակի կերպով վարվեց: Նա հրաման խոսեց, մի աստվածային հրահանգ արձակեց: Բնությունը անմիջապես հնազանդվեց: Քամին իր Արարչի ձայնը լսեց: Ծովնը իր Տիրոջ հրամանը ճանաչեց: Անմիջապես քամին դադարեց: Օդում ոչ մի զեփյուռ անգամ այլևս չզգացվեց: Ծովը, առանց ամենափոքրիկ ծփանքի, ապակու պես եղավ:

Աշակերտների արարքը նկատեք: Այժմ ծովը խաղաղ է, բայց նրանք դեռ խռովահույզ են: «Նրանք մեծ վախով վախեցան և իրար ասացին.

-Սա ո՞վ է արդյոք, որ քամին էլ, ծովն էլ սրան հնազանդում են»: (Մարկոս 4:41):

Այստեղ մի տարօրինակ նախաձև է երևան գալիս: Փոթորկից ու կատաղած ծովից աշակերտների վախենալը անակնկալ չէ: Վտանգն անցած ու ծովը խաղաղված լինելով, նրանց վախերն էլ փոթորկի պես հանկարծակի պետք է չքանային: Բայց այդպես չեղավ: Հիմա, որ ծովը խաղաղվել էր, աշակերտների վախերը ավելացան: Սա ինչպե՞ս հասկանանք:

Արդի հոգեբանության հայր Զիգմունդ Ֆրեյդը պաշտպանում էր այն տեսակետը, թե մարդիկ կրոնը բնության վախից են հնարում: Երկրաշարժի, հեղեղի, կամ կատաղի հիվանդության դեմ մեզ անճար ենք զգում: Ուստի Ֆրեյդն ասում էր, որ աստված ենք հնարում, ով այդ երկրաշարժի, հեղեղի ու հիվանդության վրա զորություն ունի: Աստված անձնական է: Մենք կարող ենք Նրա հետ խոսել: Մենք կարող ենք Նրա հետ սակարկել: Մենք կարող ենք խնդրել Նրան, որ Նա մեզ բնության կործանարար ուժերից փրկի: Մենք չենք կարող երկրաշարժերից խնդրել, որ հեղեղների հետ բանակցի, կամ քաղցկեղի հետ սակարկել: Ուստի, ըստ այս մտքի, մենք աստված ենք հնարում, որ մեզ այս վախազդու բաներից օգնի:

Սուրբ գրքի այս պատմության մեջ իմաստալին այն է, որ փոթորկի սպառնալիքը վերացվելուց հետո, աշակերտների վախը ավելացավ: Փոթորիկը նրանց վախեցրել էր: Փոթորիկը խաղաղեցնելու՝ Հիսուսի արարքը նրանց ավելի էր վախեցրել: Քրիստոսի զորության մեջ նրանք շատ ավելի վախեցնող բան տեսան, քան երբևէ տեսածը՝ բնության մեջ: Նրանք Սուրբ Աստծո ներկայության մեջ էին: Արդյոք ի՞նչ պիտի ասեր Ֆրեյդը այս մասին: Ինչո՞ւ աշակերտները պիտի Աստված հնարեին, ում սրբությունը ավելի վախեցնող էր, քան բնության ուժերը, որոնցից դրդված նրանք այդ Աստծուն ստեղծեցին: Կարելի է հասկանալ, երբ մարդիկ մի անսուրբ աստված են ստեղծում, մի աստված, ով միայն մխիթարանք է բերում: Բայց ինչո՞ւ երկրաշարժից, հեղեղից կամ հիվանդությունից ավելի վախենալու մի աստված: Մի բան է հեղեղին զոհ գնալը կամ քաղցկեղի ճարակ դառնալը, լրիվ ուրիշ բան՝ կենդանի Աստծո ձեռքն ընկնելը:

Հիսուսի՝ ծովի խաղաղեցնելուց հետո, աշակերտների բառերը շատ պարզ են: Նրանք գոչեցին. «Սա ո՞վ է»: Աստվածաշնչի Քինգ Ջեյմս անգլերեն թարգմանությունն այս հարցն այսպես է արտահայտում. «Ինչպիսի՞ մարդ է սա, որ նույնիսկ քամին ու ծովը նրան հնազանդում են»: Հարցն այս էր. «Ինչպիսի՞ մարդ է սա»: Նրանք տեսածին բնորոշող հարց էին տալիս: Նրանք մի դասակարգ էին որոնում, որ կարողանային Հիսուսին այդ դասակարգի մեջ դնել, այն էլ իրենց համար մի ծանոթ դասակարգ: Եթե մենք մարդկանց որոշ դասակարգերի բաժանենք, անմիջապես կիմանանք՝ ինչպես նրանց հետ վարվել. հակառակորդների հետ մի կերպ, բարեկամականների հետ մի այլ կերպ: Մենք մտավորականների ու ընկերասերների հանդեպ տարբեր վերաբերմունք կունենանք: Աշակերտները Հիսուսի անձին համապատասխան որևէ մի դասակարգ չէին կարողանում գտնել: Նա դասակարգվելու սահման չուներ: Նա ինքնահատուկ մի դասակարգում էր:

Աշակերտները երբեք այսպիսի մի մարդու չէին հանդիպել: Նա ինքնուրույն ու ամբողջովին օտար էր: Դրանից առաջ նրանք զանազան մարդկանց էին հանդիպել՝ բարձրահասակ, գեր, նիհար, ուշիմ ու հիմար: Նրանք հանդիպել էին հույների, հռոմեացիների, սիրիացիների, եգիպտացիների, սամարացիների ու ազգակից հրեաների: Բայց նրանք երբեք սուրբ մարդու չէին հանդիպել, մի մարդու, ով կարող էր հրամայել քամուն ու ալիքներին, կարող էր իրեն հնազանդեցնել:

Արդեն իսկ բավականին տարօրինակ էր, որ Հիսուսը ծովի փոթորկի ընթացքում կարողանում էր քնել: Բայց դա յուրահատուկ մի բան չէր: Նորից հիշում եմ օդանավային ճամփորդության ընթացքում ճամփորդակից ընկերոջս, ով քնած էր, մինչ ես տագնապահար էի: Միգուցե հազվագյուտ հանդիպենք այնպիսի մարդկանց, ովքեր կարող են տագնապի ընթացքում քնել, բայց դա հաճախ չի պատահում: Ես օդանավի մեջ խիստ տպավորվեցի ընկերոջս պահվածքից: Բայց նա չարթնացավ, պատուհանից քամու վրա չգոռաց ու դրան իր հրամանով կանգ առնել չտվեց: Եթե նա այդ աներ, ես ապահովություն պիտի փնտրեի:

Հիսուսը ուրիշ էր: Նա տարբեր էր: Նա գերազանց հիանալի խորհրդավոր օտարական էր: Նա մարդկանց անհանգստություն էր պատճառում:

Քրիստոսի՝ փոթորիկ խաղաղեցնելու պատմությունը Նրա ծառայության մեջ միատեսակ անմիջական կրկնություն ունեցավ: Ղուկասը Գեննեսարեթի լճի վրայի տեսարանն է բացատրում: Այնպես է երևում, թե հրեաները Գալիլեայի շրջանում գտնվող այդ ջրակույտի անունը տալու համար չէին կարողանում իրենց միտքը կենտրոնացնել: Գեննեսարեթի լիճը այն նույն ջրակույտն է, ինչ որ ուրիշ տեղ Գալիլեայի ծով է անվանվել:

Մի օր Հիսուսը Գեննեսարեթի լճի մոտ կանգնած էր, ժողովուրդն էլ, նրա շուրջը հավաքված, Աստծո խոսքն էր լսում: Նա ջրի ափին երկու նավակներ նկատեց, որոնց ձկնորսներն այդտեղ թողել, իրենց ուռկաններն էին լվանում: Նա նավակներից մեկի մեջ մտավ, այն նավակի, որ Սիմոնին էր պատկանում և խնդրեց, որ ափից մի քիչ հեռացնի: Ապա նստեց ու նավակի միջից սկսեց ժողովրդին սովորեցնել:

Երբ խոսքը վերջացրեց, դառնալով Սիմոնին՝ ասաց. «Դեպի խոր տեղը քշի՛ր և ուռկանդ որսալու համար իջեցրու»:

Սիմոնը պատասխանեց. «Տե՛ր, մենք ամբողջ գիշերն աշխատեցինք, ու ոչ մի բան չորսացինք: Բայց քո խոսքի համար ուռկանները կիջեցնեմ»:

> Երբ նրանք այդ արեցին, այնքան մեծ քանակով ձկներ որսացին, որ նրանց ուռկանները սկսցեին պատռվել: Ուստի նրանք մյուս նավակի իրենց ընկերներին նշան արեցին, որ գան օգնեն, ու նրանք եկան, ու երկու նավակներն էլ այնքան լցվեցին, որ քիչ էր մնում ընկղմվեին: (Ղուկաս 5:1-7):

Եթե մի պահ կար, որ աշակերտները կարող էին Հիսուսից նեղացած ու սրտնեղած լինել, այս պահն էր: Սիմոն Պետրոսը հոգնած էր: Նա ամբողջ գիշերն արթուն էր մնացել ու իր ձկնորսության ձախողությունից անհանգիստ էր: Որսը ահավոր էր: Այսպիսի փորձառությունը բավարար էր հմուտ ձկնորսին վատ տրամադրության մատնելու: Առավել՝ ողջ առավոտյան՝ Հիսուսի քարոզչության ընթացքում, իրար հրմշտող մարդկանց հետ բան ու գործ ունենալը նրա անհանգստությունն ավելի էր սաստկացնում: Երբ Հիսուսի քարոզը վերջացավ, Սիմոնը պատրաստ էր տուն գնալ և անկողին մտնել: Բայց Հիսուսը ցանկացավ ձկնորսության գնալ: Նա ուռականները խորը ջրերում գցելու մի հրաշալի գաղափար ուներ:

Սիմոնի եռացող հեգնանքը հասկանալու համար երևակայության կարիք չկա. «Վարդապե՛տ, ամբողջ գիշերը աշխատեցինք, և ոչինչ չբռնեցինք, բայց Քո խոսքի համար ուռկանը կգցեմ»: Այս պարագայում Հիսուսի իմաստության նկատմամբ իրական հարգանքը պիտի լիներ այն, որ նա պարզապես ասեր. «Ուռկանները կգցեմ»: Բայց դրա փոխարեն նա հարկավոր համարեց իր անհանգստությունն արտահայտել: Իբրև թե նա ասաց. «Տե՛ս, Հիսուս, Դու սքանչելի ուսուցիչ ես: Քո բառերը մեզ բոլորիս ապշահար են թողնում: Կրոնի վերաբերյալ Դու բոլորիս շփոթցնում ես: Բայց, խնդրեմ, մեզ մի քիչ վստահիր: Մենք վարպետներ ենք: Մենք լավատեղյակ ենք ձկնորսության աշխատանքին: Ամբողջ գիշերը դրսում ենք եղել ու ոչ մի բան չի ստացվել՝ զրո: Ձկները չեն վազվզում: Ե՛կ տուն գնանք, անկողին մտնենք, ու հետո նորից կփորձենք: Բայց եթե Դու պնդես, ու եթե քեզ սա զվարճացնում է, ուրեմն, անշուշտ մենք մեր ուռկանները կիջեցնենք»:

Պատկերացնում եմ Սիմոն Պետրոսին, որ բանիմացի հայացքով Անդրեասին էր նայում ու իր քթի տակ տրտնջանքներ էր մրմնջում, մինչդեռ հազիվ նոր մաքրած ու հավաքած ուռկանները նորից ներքև էին իջեցնում: Հավանաբար նա մտածում էր. «Խամրած ուսուցիչներ, նրանք բոլորն էլ նույնն են: Նրանք կարծում են, թե ամեն բան գիտեն»:

Գիտենք, թե ինչ տեղի ունեցավ: Հենց որ Պետրոսը ուռկաններն իջեցրեց այնտեղ, ուր Հիսուսն էր ասել, կարծես Գեննեսարեթի լճում լողացող յուրաքանչյուր ձուկ այդ ուռկանի մեջ ցատկեց: Կարծես թե ձկներն իրար հետ մրցում էին՝ տեսնելու, թե ո՛ր մեկը կարող էր ավելի շուտ այնտեղ ցատկել:

Ուռկաններն այնքան շատ ձկներով լցվեցին, որ շատ ուժեղ ձգվեց: Ուռկանները սկսեցին պատռվել: Երբ մյուս աշակերտներն իրենց նավակով օգնության հասան, դա դեռ բավարար չեղավ: Երկու նավակներն էլ մինչև իրենց բերանն այնքան շատ ձկներով լցվեցին, որ երկուսն էլ սկսեցին ընկղմվել: Սա այս ձկնորսների համար ամենից արտասովոր որսի ականատեսությունն էր:

Պետրոսը ինչպե՞ս արձագանքեց: Դու ինչպե՞ս պիտի արձագանքեիր: Գիտեմ, թե ես ինչ պիտի անեի: Անմիջապես ու հենց այդ վայրում մի համաձայնագիր պիտի պատրաստեի: Ես Հիսուսին պիտի խնդրեի, որ նա ամիսը մեկ անգամ հինգ րոպեով նավահանգիստ գար: Պատմության մեջ ամենահաջող ձկնորսության աշխատանքը պիտի ունենայի:

Աշխատանքն ու շահը Պետրոսի մտքից հեռու բաներ էին: Ուռկանները պատռվելիս, Պետրոսը ձկներին նույնիսկ չէր տեսնում: Նրա միակ տեսածը Հիսուսն էր: Լսե՛ք, թե նա ինչ ասաց. «Սիմոն Պետրոսը տեսնելով՝ ընկավ Հիսուսի ծնկների առջև և ասաց. «Ինձանից հեռացիր, Տե՛ր, որովհետև ես մի մեղավոր մարդ եմ»»: (Ղուկաս 5:8)

Այդ պահին Պետրոսը հասկացավ, որ ինքը Սուրբ Մարմնացողի ներկայության մեջ էր գտնվում: Նա հուսակտուր անհանգիստ էր: Նրա նախնական պատասխանը պաշտամունքի խոսքեր էին: Նա Քրիստոսի առջև ծնկի եկավ: Փոխարեն ասելու. «Տե՛ր, ես պաշտում եմ Քեզ ու բարձրացնում եմ Քեզ»,- նա ասաց. «Խնդրում եմ, հեռացի՛ր: Խնդրում եմ այստեղից գնա: Ես չեմ կարող դիմանալ»:

Քրիստոսի կյանքի պատմությունը Նրան մոտենալ ջանացող ժողովրդի ու հրահրող բազմության պատմություն է: Այն բորոտի, ով «Ողորմի՛ր ինձ» էր բացականչում: Այն կնոջ, ով տասներկու տարիներ արյունահոսությունով բռնված, իր ձեռքը միմիայն Նրա հանդերձի քղանցքին դպչելու մեկնեց: Խաչի վրայի այն ավազակի, ով մահամերձ վիճակում ձգվեց Հիսուսի խոսքերը լսելու: Այն ժողովրդի, ով ասում էր. «Մոտեցի՛ր ինձ: Նայի՛ր ինձ:

Դիպչի՛ր ինձ»:

Բայց ոչ Պետրոսի: Նրա վախով լի խնդրանքը տարբեր էր: Նա Հիսուսից խնդրեց, որ իրենից հեռանա, իրեն տարածք տա, մենակ թողնի:

Ինչո՞ւ: Գուշակելու կարիք չկա: Տողերը կարդալու կարիք չկա, որովհետև տողերը ճշտգրտաբար ասում են, թե ինչու Պետրոսը ուզեց, որ Հիսուսը գնա: Նա ասաց. «Որովհետև ես մեղավոր մարդ եմ»: Մեղավոր մարդիկ Սուրբի ներկայության մեջ անհանգիստ են: Հին առածն ասում է, թե թշվառությունն ընկեր է սիրում: Առավել, ավազակների միջև մի հատուկ ընկերություն գոյություն ունի: Բայց ավազակները ոստիկանների միջև եղած ընկերության մխիթարանքը չեն որոնում: Մեղավոր թշվառությունը մաքրության ընկերակցությունը չի սիրում:

Նկատում ենք, որ Հիսուսը Պետրոսին մեղքերի մասին դասախոսություն չտվեց: Հանդիմանություն չկար, դատապարտության խոսքեր գոյություն չունեին: Միակ բանը, որ Հիսուսը կատարեց այն էր, որ Պետրոսին ձուկ որսալ ցույց տվեց: Բայց, երբ Սուրբը բացահատվում է, բառերի կարիք չկա: Պետրոսը, այն պատգամը, որ անհնար էր բաց թողնել, հասկացավ: Ամբողջ արդարության և ամբողջ մաքրության գերազանց չափանիշը նրա աչքերի առջև բոցավառվեց: Իրենից առաջ եղող Եսայիայի պես Պետրոսը ջախջախվեց:

Պատմության տարօրինակ իրականություններից մեկն այն է, թե ինչպես Նազովրեցի Հիսուսը հաստատաբար անհավատների կողմից նույնիսկ բարի համբավ էր վայելում: Հազվադեպ է, որ անհավատ մարդը Հիսուսի մասին անգթաբար խոսի: Մարդիկ, ովքեր բացահայտ եկեղեցուն հակառակ են ու քրիստոնյաների հանդեպ արհամարհանքով են վարվում, հաճախ չեն վարանում Հիսուսին գովել: Նույնիսկ Ֆրիդրիխ Նիցշեն, ով Աստծո մահը հայտարարեց ու եկեղեցու անկումը ողբաց, Հիսուսի մասին որպես մի հերոսության տիպար խոսեց: Իր կյանքի վերջին տարիները խենթացած մեկուսացման մեջ անցկացնելով, Նիցշեն, խենթությունն արտահայտելով, իր գրած նամակները «Խաչված Մեկը» անունով ստորագրեց:

Աշխարհի մեծամասնությունը Հիսուսի անհամեմատելի կատարելությունն է վկայում: Նույնիսկ Ջորջ Բեռնարդ Շոուն, Հիսուսին քննադատելով, Քրիստոսից ավելի բարձր չափանիշ չէր կարողանում մտաբերել: Նա Հիսուսի մասին ասել է. «Կային պահեր, որ նա քրիստոնյայի պես չվարվեց»: Շոուի քննադատության հեգնանքը չենք կարող աննկատ թողնել:

Բարոյական գերազանցության առմամբ, նույնիսկ նրանք, ովքեր Քրիստոսի աստվածությունը կամ Նրա փրկիչ լինելը չեն ընդունում, Հիսուսին՝ որպես մարդ, գովում են: Պոնտացի Պիղատոսի պես նրանք հայտարարում են. «Ահա մարդը», «Նրա մեջ որևէ սխալ չեմ գտնում»:

Հիսուսին ուղղված բոլոր գովեստներով համատեղ, դժվար է թվում հասկանալը, թե ինչու Նրա ժամանակակիցները սպանեցին Իրեն: Ինչո՞ւ բազմությունը Նրա արյունը պահանջեց՝ գոռալով: Ինչո՞ւ էին փարիսեցիները Նրան դժկամորեն ընդունում: Ինչո՞ւ էր այսպիսի բարի և ուղիղ մարդը երկրի բարձրագույն կրոնական դատարանի կողմից մահապատժի դատապարտվել:

Այս առեղծվածը հասկանալու համար պետք է արդի Պաղեստինին նայել: Երուսաղեմ այցելող ուխտավորը քաղաքի պատկառելի շքեղությունից ապշահար է մնում: Գիշերով այս վաղեմի քաղաքի պատերը լույսերով են պարուրվում, ու դա սուրբ քաղաքին մի հմայիչ տեսք է տալիս: Եթե մեկը քաղաքին Ձիթենյաց լեռան կողմից մոտենա ու Կիտրոնի ձորից անցնող ոլոր-մոլոր ճանապարհով անցնի, նա մարգարեների դամբարանի հուշակոթողը կտեսնի, որը տաճարի գագաթի մոտ եղող արևելյան պատի կողքով անցնող ճամփան է զարդարում:

Հուշարձանը, դարեր ի վեր, այդտեղ կանգնած է ու Քրիստոսի ժամանակաշրջանին է վերագրվում: Այնտեղ, համարձակաբար Հին Կտակարանի հայտնի մարգարեների քանդակագործված արձաններն են կանգնած՝ իրեական փոքրիկ Մաունթ Ռաշմորի պես մի երևույթ:

Հիսուսի օրոք Հին Կտակարանի մարգարեները մեծարվում էին: Նրանք անցյալի ժողովրդական մեծ հերոսներն էին: Սակայն նրանք կենդանության ժամանակում իրենց ժամանակակիցների կողմից ատված, նախատված, մերժված, հալածված և սպանված մարդիկ էին:

Ստեփանոսը առաջին քրիստոնյա մարտիրոսն էր: Նա մի հայտնի ավազակի կողմից սպանվեց, որովհետև ինքը նրանց հիշեցնում էր, որ իրենց ձեռքերը արյունաթաթախ էին.

> «Խստապարանոցնե՛ր և սրտով ու ականջով չթլփատվածնե՛ր, դուք միշտ Սուրբ Հոգուն հակառակվում եք. ինչպես ձեր հայրերը, այնպես էլ դուք: Ձեր հայրերը մարգարեներից որի՞ն չհալածեցին և սպանեցին նրանց, որ նախապես պատմեցին այն Արդարի գալստյան մասին, ում դուք հիմա մատնիչներն ու սպանողները եղաք: Որ հրեշտակների մատակարարությամբ օրենքն ստացաք և չպահեցիք»: (Գործք Առաքելոց 7:51-53)

Միգուցե պիտի ակնկալեինք, որ Ստեփանոսի այս այրող խոսքերը լսողների սրտերը պիտի ծակեին ու նրանց ապաշխարության առաջնորդեին: Բայց դրանց ազդեցությունն այդպիսին չեղավ. «Եւ այս խոսքերը լսելով՝ իրենց սրտերում կատաղում էին և նրա վրա իրենց ատամներն էին կրճտեցնում…Եւ քաղաքից դուրս հանելով՝ նրան քարկոծում էին, և վկաներն իրենց հանդերձները մի երիտասարդի մոտ էին դնում, որ Սողոս էր կոչվում»: (Գործք Առաքելոց 7:54, 57-58):

Մարդիկ բարոյական գերազանցությունը դրական են գնահատում մինչև այն պահը, որ իրենցից հեռու է: Հրեաները մարգարեներին հեռվից էին հարգում: Աշխարհը Քրիստոսին հարգում է, բայց՝ հեռվից:

Պետրոսը ցանկացավ Հիսուսի հետ լինել, մինչև այն ժամանակ, երբ նրան չափից ավելի մոտեցավ: Հետո Պետրոսը աղաղակեց. «Խնդում եմ հեռացի՛ր»:

1970-ական թվականներին, Լորենս Փիթեր-ի (Laurence Peter) և Ռեյմոնդ Հալ (Raymond Hull)-ի «Պետրոսյան սկզբունքը» (The Peter Principle) խորագրով գիրքը բարձրագույն վաճառքի գագաթնակետին հասավ, դրանից բարձր եղավ: Այդ գրքի հիմնական կետը առևտրական աշխարհի նշաբանն է դարձել, որն ասում է, թե ընկերության կառույցներում մարդիկ մինչև իրենց անհատակության մակարդակն են կարողանում բարձրանալ: Պետրոսյան սկզբունքը Սիմոն Պետրոսի հետ որևէ առնչություն չունի, բացի այն, որ դա մասնակի բացատրում է, թե ինչու էր Պետրոսը Հիսուսի ներկայության մեջ այնքան անհանգիստ զտնվել:

Պետրոսյան սկզբունքը ձեռնահասության և անձեռնահասության հարցն է շոշափում: Այս նշանաբանը, թե մարդիկ ձգտում են մինչև իրենց ձեռնահասության մակարդակին բարձրանալը, առևտրական աշխարհում եղող առաջացումների սերտողությունների վրա է հիմնված: Երբ մարդիկ լավ են աշխատում, նրանք առաջընթաց են ունենում: Նրանք հաստատության գագաթն են բարձրանում: Նրանց՝ դեպի վեր մագլցելը վերջապես մի կետում կանգ է առնում: Դա այն կետն է, ուր նրանք դադարում են հաջող աշխատել: Երբ նրանք դադարում են լավ աշխատել, նրանք առաջընթաց չեն ունենում, դատապարտվում են իրենց աշխատանքային կյանքի մնացած բոլոր օրերը իրենց ձեռնահասության մակարդակից միայն մեկ քայլ առաջ լինել՝ ավելի բարձր պաշտոնում աշխատել:Մարդիկ իրենց ձեռնահասության մակարդակում սահմանափակվում են, ու սա թե՛ իրենց համար, թե՛ իրենց պաշտոնավարած հաստատությունների համար մեծ ողբերգություն է:

Ոչ բոլոր մարդիկ են ընկնում Պետրոսյան թակարդի մեջ: Հեղինակները՝ Փիթերը և Հալը երկու դասակարգի մարդկանց են նշում, ովքեր այս թակարդից փախչում են՝ չափազանց անձեռնահասները և չափազանց ձեռնահասները: Չափազանց անձեռնահաս մարդիկ իրենց անձեռնահասության մակարդակին բարձրանալու առիթ չունեն, որովհետև նրանք արդեն իսկ անձեռնահաս են: Նրանց ձեռնահասության հարմար որևէ մակարդակ գոյություն չունի: Նրանք կազմակերպության ամենացածր մակարդակի համար նույնիսկ անձեռնահաս են: Այսպիսի մարդիկ կազմակերպություններից վաղուց են դուրս հանվում:

Իրական հեգնանքը գտնվում է մի ուրիշ դասակարգում, որից Պետրոսյան սկզբունքը վրիպում է: Այս դասակարգը գերձեռնահասներն են: Ինչպե՞ս են գերձեռնահասներն աշխատանքային ընկերությունների կառույցներում բարձրանում ու վերին շերտերին հասնում: Նրանք չեն բարձրանում: Այս գիրքը գերձեռնահասների մեծ դժվարությունը նշելով, ասում է, թե այսպիսիներն իրենցից ավելի բարձր պաշտոնյաների համար մեծ վտանգ են ներկայացնում: Նրանց ղեկավարներն իրենցից վախենում են, որ միգուցե նրանք իրենց կփոխարինեն: Գերձեռնահաս մարդիկ իրենց ղեկավարների համար հստակ ու երևելի սպառնալիք են ներկայացնում, միգուցե նրանք իրենց պատվի և ուժի աթոռները կորցնեն: Գերձեռնահաս մարդիկ իրենց հաջողությունը կազմակերպության աստիճանները վեր մագլցելով չեն գտնում, այլ նրանք մի կազմակերպությունից մի ուրիշն են ցատկում, ու այս անելով են բարձրանում:

Փիթերի և Հալի մտքերը մերժելն ու դրանք, պարզապես, որպես լրբություն համարելը հեշտ է: Կարող ենք անհամար մարդկանց օրինակներ թվել, ովքեր, ընկերություններում արագ բարձրանալով, դրանց գագաթն են հասել: Կան մեկից շատ ավելի տնօրեններ, ովքեր իրենց ընկերությունների մեջ աշխատանքը գրագրի օգնականի պաշտոնից են սկսել: Փիթերը և Հալը կպատասխանեին, թե այսպիսի Հորաթիո Ալգերի նման պատմությունները փաստված կանոնի բացառություններ են:

Ինչ էլ որ ցուցաքերի ճշմարիտ վիճակագրությունը, անհերքելի իրականությունը մնում է այն, որ շատ հաճախ գերձեռնահաս մարդիկ իրենց վրա հսկողներից վտանգված, իրենց ավելի ցածր պաշտոններում սառած են մնում: Ոչ բոլոր մարդիկ են հաջողություն տոնում: Համալսարանում դասավանդած օրերիս վերջին շրջանի աշակերտներից մեկին եմ հիշում: Նա իմ դասավանդած աշակերտներից ամենաsuրամիտ աշակերտուհին էր: Նրա միավորային միջինը գերազանց 4.0 թվանշանն էր: Նրա աշխատանքն արտակարգ էր:

Նրա վերջին տարվա քննությունը ստուգելիս, շատ զարմացա, երբ նա ցավալի կերպով քննությունը չհանձնեց: Նրա տված քննությունն իր սովորական աշխատանքի մակարդակից այնքան տարբեր էր, որ ես հասկացա՝ լուրջ խնդիր կար: Նրան կանչեցի աշխատասենյակս ու հարցրի, թե ինչն էր պատճառը: Նա անմիջապես պոռթկաց ու լացով խոստովանեց, թե իր քննությունը դիտմամբ էր ձախողել: Երբ նրան հարցրի՝ ինչու, նա բացատրեց, որ շրջանավարտությանը մոտենալով, իր մեջ մի վախ էր աճելմտել, որ ինքը երբեք ամուսին չէր գտնի: Նա ասաց. «Տղաներից որևէ մեկը ինձ հետ դուրս չի գնացել: Նրանք բոլորն էլ կարծում են, թե ես միայն ուղեղ եմ ու նրանցից շատ ավելի սրամիտ»: Նա իր սրտամրմուռ միայնության ու դպրոցում ընկերներից վտարված լինելու զգացումները պատմեց: Նա իրեն մերժված էր զգում:

Այս աշակերտուհին անքավելի մեղք էր կատարել: Նա միջինը կոտրել էր: Գիտեմ՝ քննությունները միջինով նշարկելու իմաստը թե՛ աշակերտների, թե՛ դասատուների տեսանկյունից: Հիշում եմ իմ աշակերտության օրերը ու այն սոսկալի զգացումը, երբ դասարանից դուրս էի գալիս՝ իմանալով, որ անհաջող եմ քննությունը հանձնել: Դա նշանակում էր, որ եթե միայն 60 տոկոս ստանայի, եթե մյուս աշակերտներն էլ ինձ նման անպատրաստ ու վատ կերպով քննությունը հանձնած լինեին, միջին նշարկությամբ ես D-ի փոխարեն C ու միգուցե B կստանայի: Սա ինձ քաջալերում էր, որ մյուս աշակերտների ձախողությանը հուսայի:

Բայց ամբոխի մեջ միշտ մեկը կար: Երբ բոլորը միայն 20 ու 30 էին ստանում, ու այդպիսով քննության անարդարությունն էր փաստվում, և դասատուն բարոյապես պարտավորվում էր բոլորի հանձնած քննության միջինի հիման վրա նշարկել, կար այն չուշացող ուղեղը, ով իր քննությունը հանձնելով, 100 էր ստացել: Երբեք չեմ հիշում, որ մյուս աշակերտները երբևիցե ոտքի կանգնած ծափահարեին նրան: Ոչ մեկը միջինը կոտրողին չէր սիրում: Նրանք բոլոր մյուսներից վատ են վերաբերվում:

Հիսուս Քրիստոսը միջինը կոտրող էր: Նա գերագույն միջին ջարդողն էր: Նա ծայրագույն գերձեռնահաս էր: Ընկերության վտարվածները Նրան սիրում էին, որովհետև Նա նրանց ուշադրություն էր դարձնում: Բայց պատվի ու պետական աթոռներ զբաղեցնողները Քրիստոսին չէին կարողանում հանդուրժել:

Հրեաների այն խումբը, որ իրենք իրենց Հիսուսի մահացու թշնամիներն էին հայտարարել, փարիսեցիներն էին:

Փարիսեցիներն իրենց արմատները Հին Կտակարանի ավարտի ու Նոր Կտակարանի սկզբնավորության միջև եղող ժամանակաշրջանի մեջ էին գտնում: Այս աղանդը Օրենքի նկատմամբ մեծ նախանձախնդրություն ունեցող մարդկանցով էր սկսվել: «Փարիսեցի» բառը տառացի նշանակությամբ «բաժանված մեկ»-ն է նշանակում: Նրանց կյանքի գլխավոր նպատակը սրբության հետապնդումն էր: Նրանք սրբության ավագներն էին: Եթե կար մի խումբ, որ սրբություն տեսնելիս իրենց գլխարկները օդը պիտի գցեին՝ փարիսեցիներն էին:

Իրենց՝ սրբություն հետապնդելու եզակի նվիրման շնորհիվ, փարիսեցիները սրբակյացության և արդարության հանդեպ անզուգական հանրային հարգանքի մակարդակի էին հասել: Նրանք մրցակիցներ չունեին: Նրանք մարդկային բարձր գովասանքներով էին փառավորվում: Հյուրասրահներում նրանք արժանանում էին հատուկ առանձնացված աթոռների: Նրանց համազգեստները բարձրաստիճան կոչումներով ու ծոպերով էին զարդարված: Նրանք հանրային վայրերում իրենց արժանիքները ցուցադրելիս երևում էին: Նրանք փողոցների անկյուններում ու ճաշարաններում լրջաշուք աղոթքների համար խոնարհեցնում էին իրենց գլուխները:
Մուրացկանի բաժակի մեջ փարիսեցու զցած դրամի զրնգոցը որևէ մեկի համար աննկատ չէր: Նրանց «սրբությունը» պարզապես բոլորին ցույց տալու համար էր:

Հիսուսը նրանց կեղծավորներ անվանեց:

Հիսուսը նրանց վրա մարգարեական ավերաքարոզ հռչակեց՝ «Վա՜յ ձեզ, դպիրնե՛ր ու փարիսեցինե՛ր՝ կեղծավորնե՛ր, որ պտտվում եք ծովով ու ցամաքով, որ մեկին նորահավատ դարձնեք, և երբ լինում է, նրան ձեզանից կրկնակի գեհենի որդի եք անում»: (Մատթեոս 23:15): Փարիսեցիներին ուղղած Հիսուսի դատապարտությունը շատ խիստ էր: Նա նրանց մի քանի կեղծավոր արարքների համար քննադատեց: Եկե՛ք նրանց դեմ Հիսուսի բերած ամբաստանություններից մի քանիսը քննարկենք:

> «Մովսեսի աթոռի վրա դպիրներն ու փարիսեցիները նստեցին: Արդ ինչ էլ որ ասեն ձեզ պահել, պահեցե՛ք և արե՛ք, բայց նրանց գործերի պես մի՛ արեք, որովհետև

ասում են, բայց չեն անում: Որովհետև ծանր և դժվարակիր բեռներ են կապում և դնում մարդկանց ուսերին, բայց իրենց մատով չեն ուզում դրանց շարժել: Իրենց բոլոր գործերը մարդկանց երևալու համար են անում, իրենց գրպաններն են լայնացնում և իրենց հանդերձի քղանցքներն են մեծացնում: Սիրում են ընթրիքներում առաջին բազմոցը և ժողովարաններումն առաջին աթոռները և փողոցների մեջ բարևները և մարդկանցից՝ Ռաբբի՛, Ռաբբի՛, կոչվելը»: (Մատթեոս 23:2-7):

Փարիսեցիների նկատմամբ ցածր պերճանք գոյություն չուներ: Նրանց սրբության գեղեցկությունը հարազատ չէր: Նրանք իրենց արտաքին երևույթով ցուցամոլ, ցուցասեր էին: Նրանց սրբությունը խաբկանք էր: Արդարության կեղծավոր դերասաններ էին:

«Վա՜յ ձեզ, դպիրնե՛ր և փարիսեցինե՛ր՝ կեղծավորնե՛ր, որ մաքրում եք բաժակի և սկավառակի դրսի կողմը, բայց ներսից լիքն եք հափշտակությունով և անիրավությունով: Կու՛յր փարիսեցի, առաջ մաքրիր բաժակի և սկավառակի մեջը, որ դրանց դուրսն էլ մաքուր լինի: Վա՜յ ձեզ, դպիրնե՛ր ու փարիսեցինե՛ր՝ կեղծավորնե՛ր, որ նման եք ծեփած գերեզմանների, որ դրսից գեղեցիկ են երևում, բայց ներսից մեռելների ոսկորներով և ամեն պղծություններով լիքն են: Այնպես էլ դուք՝ դրսից արդար եք երևում մարդկանց, բայց ներսից կեղծավորությունով և անօրենությունով լիքն եք»: (Մատթեոս 23:25-28):

Հիսուսի գործածած պատկերներն ուշագրավ են: Նա

փարիսեցիներին միայն դրսից մաքուր բաժակների է նմանեցնում: Երևակայե՛ք, որ մի ճաշարան եք գնացել, ու մատուցողը ձեր առջև մի բաժակ է դնում, որը դրսից փայլուն ու մաքուր է, բայց դրա մեջ դեռ ուրիշի ՝ երեկվա խմած սուրճի մնացորդ կա: Դա ձեր ախորժակը չի կարող բացել: Փարիսեցիների մատուցած ծառայությունն այսպիսին էր: Ինչպես սպիտակածեփ գերեզմանները դիակի նեխման և մարմնի ապականության իրականությունն են ծածկում, այնպես էլ փարիսեցիների արտաքինը նրանց հոգու փտությունն էր թաքցնում:

Մեկ րոպե ուշադրություն դարձրեք այն ածականներին, որոնք Հիսուսը փարիսեցիների համար էր պահել. «Դո՛ւք օձեր», «Դու՛ք, իժի ծնունդներ», «Կույր առաջնորդներ», «Գեհենի որդիք», «Կույր հիմարներ»: Այսպիսի ուղղերձները դժվար թե մեծարանքներ համարվեին: Հիսուսը այս մարդկանց դատապարտելիս որևէ լուտանք չխնայեց: Նրա բառերը տարօրինակ կոպիտ էին, բայց `ոչ անարդարացիորեն կոպիտ: Դրանք սովորականից տարբեր էին: Մեղավորներին ուղղած հանդիմանությունն ազնիվ էր: Նա շնության մեջ բռնված կնոջ ու ջրհորի մոտ եկող կնոջ հետ փափկությամբ, բայց և այնպես, հաստատակամությամբ խոսեց: Այնպես է թվում, որ Հիսուսն Իր ամենախիստ խոսքերը մեծ տղաների ու վարպետ աստվածաբանների համար էր պահել: Նրանցից նա մի կոպեկ չուզեց ու ոչ էլ մի կոպեկ նրանց տվեց:

Հավանաբար կարող ենք ասել, որ փարիսեցիները Հիսուսին ատում էին, որովհետև Նա նրանց քննադատում էր: Ոչ ոք չի սիրում քննադատվել, մանավանդ՝ գովասանքների վարժված մարդիկ: Բայց Փարիսեցիների թույնը դրանից շատ ավելի խորն էր: Կարող ենք գուշակել, որ եթե Հիսուսը նրանց որևէ բան էլ չասեր, նրանք դեռ Հիսուսին պիտի ատեին: Լոկ Նրա ներկայությունը բավարար էր, որ նրանք Հիսուսի ներկայությունից կծկվեին:

Ոչ մի բան սուտն ավելի արագ չի փարատում, քան

ճշմարտությունը: Ոչ մի բան կեղծն ավելի արագ չի բացահայտում, քան իրականը: Թղթադրամի կեղծիքը անվարժ աչքին աննշմարելի է: Յուրաքանչյուր կեղծողի վախն այն է, որ որևէ մեկը իրենց շինած կեղծ թղթադրամը կհամեմատի իսկականի հետ: Հիսուսի ներկայությունը կեղծիքի մեջ իսկականն էր ներկայացնում: Այստեղ իսկական սրբությունը հայտնվեց, ու սրբության կեղծողները չհաճեցին:

Սադուկեցիներն էլ Հիսուսի հետ նույն խնդիրն ունեին: Նրանք օրվա մեծարված քահանայական դասն էին: Նրանք իրենց անունը Հին Կտակարանի Զադոկ-ից էին վերցրել, ում անունը եբրայերեն «արդար» էր նշանակում: Եթե փարիսեցիները իրենք իրենց սրբեր էին համարում, սադուկեցիներն իրենց՝ արդար կոչում: Հիսուսի հայտնությունով նրանց արդարությունը անարդարություն դարձավ: Նրանց միջինն էլ կոտրվեց:

Հիսուսի դեմ փարիսեցիների ու սադուկեցիների զայրույթը սկզբում ծանծրացնող էր, բայց հետո միացող բարկության փոխվեց ու վերջապես Նրա մահվան սաստիկ պահանջով պայթեց: Պարզապես նրանք Հիսուսին այլևս հանդուրժել չէին կարողանում: Գալիլեայի ծովի վրա աշակերտները Քրիստոսին տեղավորող դասակարգ չկարողացան գտնել, ու նրանք իրենց հարցին՝ «Ինչպիսի՞ մարդ է սա» չկարողացան պատասխանել: Փարիսեցիներն ու սադուկեցիները պատրաստ պատասխան ունեին: Նրանք Հիսուսի համար դասակարգեր էին ստեղծել՝ Հիսուսը «հայհոյող» ու «սատանա» էր: Նա պետք է հեռանար: Գերձեռնահասը պետք է ոչնչացվեր:

Մարմնացած Քրիստոսը այլևս երկրի վրա չի քայլում: Նա երկինք է համբարձվել: Այսօր որևէ մեկը Նրան չի տեսնում կամ Նրա հետ ֆիզիկական լսելի ձայնով խոսում: Բայց տակավին Նրա սրբության վտանգող զորությունը զգալի է: Երբեմն դա Նրա ժողովրդին է փոխանցվում: Սինա լեռան ստորոտին կանգնած հրեաների նման, ովքեր, Մովսեսի լուսափայլ երեսից վախեցած, փախան, այնպես էլ այսօր մարդիկ պարզապես քրիստոնյաների ներկայության մեջ իրենց անհանգիստ են զգում:

Ուսմանս ամենադժվար երևույթներից մեկը հոլանդերեն լեզվի հետ պայքարելն էր: Երբ ուսման համար Հոլանդիա գնացի, այս լեզվից զարմացել էի, թե որքան թռիչքային է: Ինձ համար դրա ձայնավորներն արտասանելը գրեթե անհնար էր, և լեզուն տարօրինակ ոճերով լիքն էր: Հենց այն պահին, որ կարծում էի, թե արդեն այդ լեզվին վարժվել եմ, հանկարծ մի արտահայտություն էի լսում, որ լրիվ ինձ ապշեցնում էր:

Ամստերդամում, երբ ընկերոջս տանը ընթրիքի էի հրավիրված, այդպիսի մի արտահայտություն լսեցի: Խոսակցությունն աշխույժ էր մինչ այն պահը, երբ հանկարծ կանգ առավ, ու խոսակցության՝ չծրագրված դադարով տարօրինակ լռություն տիրեց: Լռությունը խախտելու համար իմ հոլանդացի ընկերներից մեկն ասաց. “Er gaat een Domine voorbij!”: «Ի՞նչ ասացիր», - պատասխանեցի:

Այդ տարօրինակ նախադասությունը կրկնվեց: Ես այդ բառերի նշանակությունը գիտեի, բայց այդ արտահայտությունն ինձ հասկանալի չէր: Այլատեսակ լռությունը խախտելու համար նա ասել էր, թե մի հոգևորական է անցնում:

Նորից ընկերներիցս բացատրություն հարցրի: Նրանք բացատրեցին, որ ըստ հոլանդական ավանդույթի, երբ մի աշխույժ խոսակցության ընթացքում մի տարօրինակ լռություն է սիրում, հոլանդացիներն այս արտահայտությունն են գործածում: Գաղափարն այն է, որ մի հավաքույթի ուրախությունն ու խնջույքի հաճույքը ոչ մի բան ավելի արագ չի ավերում, քան որևէ հոգևորականի ներկայությունը: Երբ հոգևորականը հայտնվում է, հաճույքը վերջանում է: Այլևս ծիծաղներ չեն լինում, ու ոչ էլ աշխույժ խոսակցություններ, այլ միմիայն կարծր լռություն: Երբ այսպիսի լռություններ են գալիս, հնարավոր բացատրությունը միայն այն է, թե մի հոգևորական է անցնում:

Այս փորձառությունը նաև ունեցա գոլֆի դաշտում: Եթե անծանոթների խմբում էի լինում, ամեն բան լավ էր ընթանում մինչև այն պահը, երբ նրանք ինձ հարցնում էին, թե ես ինչ գործով եմ զբաղվում: Հենց որ տեղեկանում էին, որ ես հոգևորական եմ, լրիվ մթնոլորտը փոխվում էր: Նրանք մեր խոսակցության ընթացքում սկսում էին ինձանից ավելի հեռու կանգնել: Կարծես թե, նրանք հանկարծ իմանում էին, որ ես մի ահավոր հիվանդություն ունեմ, ու դա միգուցե վարակիչ է: Ներողության խնդրանքներին անմիջապես հետևում էին նրանց հետևյալ արտահայտությունները. «Հայհոյանքի գործածության համար ներո՛ղ եղեք: Ես չգիտեի, որ դուք հոգևորական եք»: Կարծես թե, հոգևորականները նախքան այս երբեք այսպիսի բառեր չեն լսել կամ էլ աներևակայելի է, որ նրա ամբողջ կյանքում իր շրթունքներից երբևէ այսպիսի բառեր չեն արտասանվել: Եսայիա մարգարեի պես կեղտոտ բերան ունենալը դեռ շարունակվում է մեզ հետ մնալ:

Սուրբ Գիրքն ասում է. «Ամբարիշտն առանց մեկի հալածելու փախչում է…»: (Առակաց 28:1): Լյութերը այսպես է նշում. «Հեթանոսը տերևի սոսափյունից դողում է»: Հոգևորականի ներկայությամբ առաջացած անհանգիստ զգացումը Քրիստոսի հետ եկեղեցու նույնացման պատճառով է: Դա կարող է մարդկանց վրա տարօրինակ ազդեցություններ թողնել:

1970-ին մի հայտնի գոլֆ խաղացող այն օրերում Ամերիկայի Միացյալ Նահանգների նախագահ Ջերալդ Ֆորդի, Ջաք Նիքլոսի և Բիլի Գրեհեմի հետ գոլֆի մրցախաղի էր հրավիրվել: Այս գոլֆ խաղացողի համար Ֆորդի, և Բիլի Գրեհեմի հետ խաղալը հատուկ պատիվ էր (նա դրանից առաջ Նիքլոսի հետ հաճախ խաղացել էր):

Գոլֆի խաղի ավարտից հետո, մի ուրիշ վարպետ խաղացող մոտեցավ նրան ու հարցրեց. «Նախագահի ու Բիլի Գրեհեմի հետ խաղալը ինչպե՞ս էր»: Այն հայտնի խաղացողը հայհոյանքների շարանը տեղալով ու զզված վարքով ասաց. «Ես կարիք չունեմ, որ Բիլի Գրեհեմը կոկորդիցս կրոն խոթի»: Այսպիսով նա պտտվեց ու գնաց իր խաղափորձերը շարունակելու:

Այս բարկացած վարպետ խաղացողի ընկերը նրան հետևեց: Վարպետը իր ձողը հանելով սկսեց բարկությամբ գնդակներին զարկել: Նրա վիզը կարմրել էր, ու կարծես թե նրա ականջներից գոլորշի էր դուրս գալիս: Նրա ընկերը որևէ բան չասաց: Նա աթոռի վրա նստել ու ընկերոջն էր նայում: Մի քանի րոպե հետո նրա բարկությունն անցավ: Նա հանգստացավ: Ընկերը մեղմաբար հարցրեց. «Բիլի Գրեհեմը քեզ հետ կոշտությա՞մբ վարվեց»:

Վարպետ խաղացողը ամաչելով ու հառաչելով ասաց. «Ո՛չ, նա կրոնի մասին նույնիսկ մի ակնարկ չարեց: Ես վատ խաղ ունեցա»:

Զարմանալի է: Բիլի Գրեհեմը Աստծո, Հիսուսի կամ կրոնի մասին մի բառ անգամ չէր խոսել, սակայն վարպետը խաղից հետո բարկացած հեռացել էր ու Բիլի Գրեհեմին ամբաստանում էր, թե նա ջանացել է իր կոկորդից կրոն ներս խցկել: Ինչպե՞ս է կարելի սա բացատրել: Իրականում դա դժվար բան չէ: Բիլի Գրեհեմը մի բառ անգամ խոսելու կարիք չուներ: Նա վարպետ խաղացողին անհանգիստություն պատճառելու համար աչքի տակով անգամ նայելու կարիք չուներ: Բիլի Գրեհեմը այնքան մեկացած էր կրոնի հետ, այնքան միաձուլված Աստծո բաների հետ, որ նրա ներկայությունն այն չար մարդուն, ով փախչում է նույնիկ առանց մեկի հալածանքի, մոխրացնում է: Լյութերը ճիշտ էր, հեթանոսները տերևի սոսափյունից դողում են: Նրանք զգում են, թե երկնքի որսաշները նրանց վզի վրա են շնչում: Նրանք սրբությունից ճշնված են զգում, նույնիսկ, երբ դա միայն մի անկատար ու մասնակի սրբված մարդու միջոցով է ներկայանում:

Բիլի Գրեհեմի հանդեպ գոլֆ խաղացող վարպետի արարքը

Հիսուս Քրիստոսի հանդեպ Պետրոսի արարքին է նմանվում: «Հեռացի՛ր ինձանից, Տե՛ր, ես մի մեղավոր մարդ եմ»: Երկուսն էլ սրբության ներկայության այրոցքը զգացին: Սրբությունը ատելություն է գրգռում: Որքան ավելի է սրբությունը, այնքան ավելի մեծ է դրա դեմ մարդկային հակառակությունը: Դա խենթություն է թվում: Հիսուս Քրիստոսից շատ սիրող մարդ չկա: Սակայն, նույնիսկ Նրա սերը մարդկանց բարկացրեց: Նրա սերը կատարյալ սեր էր, գերազանց ու սուրբ, բայց Նրա այս սերը մարդկանց վերք բերեց: Այսպիսի սերն այնքան վեհ է, որ դրան մենք չենք կարող դիմանալ:

Ամերիկյան գրականության մի հանրածանոթ պատմությունն այն սերն է բացատրում, որը կործանում է: Դա վախենալու սեր է, այնպիսի մի սաստիկ սեր, որ իր սիրո առարկա եղողին փշրում է: Ջոն Սթեյնբեկի գրության աշակերտները թելադրում են, որ նրա «Մկներ ու մարդիկ» խորագրով ստեղծագործության մեջ Լենի անունով հայտնի անձնավորությունն իրականում Քրիստոսի մի պատկերն է: Լենի՞ն Քրիստոսի պատկերը: Շատ քրիստոնյաներ այս ամենից վիրավորվում են: Լենին մեծ, հիմար ու կոպիտ է: Նա մարդասպան է: Ինչպե՞ս կարող է մի այսպիսի անձնավորություն երբևէ որպես Քրիստոսի պատկեր ծառայել:

«Մկներ ու մարդիկ» ստեղծագործությունն երկու գաղթական բանվորների պատմությունն է՝ Լենին և Ջորջը, ովքեր գյուղերում ու քաղաքներում աշխատանքից աշխատանք էին թափառում, ու իրենց ագարակն ունենալու օրվա մասին էին երազում: Ստեյնբեկը նրանց այսպես է նկարագրում.

«Երկուսն էլ «Դենիմ» տաբատ ու դեղնապղնձյա կոճակներով բաճկոն էին հագել: Երկուսն էլ սև էին հագել, անձև գլխարկներ էին դրել, ու երկուսն էլ իրենց ուսերից կախված սև վերմակների կապոցներ ունեին: Առաջին մարդը փոքրանդամ ու արագ, մուգ երեսով ու անհանգիստ սուր աչքերով, կոպիտ դիմագծով մեկն էր: Նրա յուրաքանչյուր անդամ բացահայտ էր՝ փոքր, ուժեղ ձեռքեր, բարակ բազուկներ, բարակ ու ոսկրոտ քիթ: Նրա հետևից հակապատկերն էր քայլում՝ մի հաղթանդամ մարդ, անձև երեսով, մեծ ու դժգույն աչքերով, լայն ու զառիվայր ուսերով: Նրա քայլը ծանր էր, իր ոտքերը արջի պես մի քիչ քարշ էր տալիս: Նրա բազուկները չէին օրորվում, այլ միայն կողքերից թույլ կախված էին»:

Այս երկու դեմքերի հակասությունը նկատեք: Ջորջի երեսը հստակ նկարագրված է: Լեննին «անձև երեսով» է: Այսպիսի հուժկու մարդու մասին մի բան անհասկանալի է: Նա արջի պես է քայլում, բայց մի պարզամիտ երեխայի միտք ունի: Լեննին մտավորապես գաճաճ էր: Առանց Ջորջի նա իսկապես անօգնական էր: Ջորջը նրան պետք է խնամեր ու նրա հետ ամենապարզ բառերով խոսեր:

Լեննին մի տարօրինակ բնավորություն ուներ: Նա փոքրիկ մազոտ անասուններին՝ մկներին, նապաստակներին ու նման կենդանիներին սիրում էր: Նա երազում էր, որ մի օր Ջորջն էլ ագարակ ունենար, որտեղ նա էլ իր սեփական նապաստակներին ու մկներին կխնամեր: Բայց Լեննին մի դժվարություն ուներ: Նա իր սեփական ուժերը չէր գիտակցում: Երբ նա մի մուկ կամ մի նապաստակ էր վերցնում, ուզում էր նրան սիրել, ու նրա վրա իր սերը տեղալ: Բայց այդ մազոտ արարածը դա չէր հասկանում: Դրանք վախեցած ջանում էին Լեննիի ձեռքից փախչել: Լեննին դրանց ճզմում էր, որպեսզի կարողանար իր ձեռքի մեջ պահել, որ նրանց ցույց տար իր սերը: Ոչ դիտավորյալ նա սպանում է դրանց, իր ծանր ձեռքերի մեջ ճզմելով՝նրանց կյանքը խլում:

Փոքրիկ մազոտ անասունների նկատմամբ Լեննիի վերաբերմունքը շարունակ Ջորջին նեղացնում է: Նա բարկանում է, երբ տեսնում է, որ Լեննին սատկած մուկը բաճկոնի գրպանում, ման է գալիս: Սա դիրքի հարց է: Բայց Ջրոջը Լեննիին որդու պես է սիրում ու նրա թերությունները համբերությամբ է կրում: Գրքի գագաթնակետն այն է, երբ Լենին վարպետի կնոջ հետ առանձին է մնում՝

«Քրլիի կինը ծիծաղեց նրա վրա: «Դու խենթ ես», - ասաց նա: «Բայց դու մի տեսակ բարի ես: Մի մեծ երեխայի պես ես: Բայց դու էլ ազնիվ անձնավորություն ես: Մեծ երեխայի նման: Որևէ մեկը չի կարող հասկանալ, թե ինչ եմ ուզում ասել: Երբ մազերս պիտի հարդարեմ, ես միայն նստում ու դրանք շփում եմ, որովհետև շատ փափուկ են»: Դա ցույց տալու համար նա ճիշտ նույնն արեց ու իր մատները նրա գլխի վրա տարավ: «Ոմանք մի տեսակ չոր մազեր ունեն», - ասաց նա քաղաքավարի: «Օրինակ՝ Քրլին, տե՛ս, նրա մազերը էլեկտրական թելերի նման են, բայց իմը՝ փափուկ ու բարակ: Անշուշտ, ես շատ եմ սանրում: Դա նրան բարակացնում է: Տե՛ս, զգա՛ այս»: Նա Լենիի ձեռքը բռնեց ու իր գլխի վրա դրեց: «Զգա՛, ու տես որքան փափուկ են»:

Լենիի մեծ մատները սկսեցին նրա մազերը շփել:

«Մազերս չխառնե՛ս», - ասաց նա:

Լենին ասաց, - «Ո՜հ, ինչ լավն է», - ու սկսեց ավելի ուժգին շփել, -«Ո՜հ, ինչ լավն է»:

«Ուշադի՛ր եղիր, որ չխառնես»: Ու հետո սկսեց բարկությամբ լացել: «Հենց հիմա կա՛նգ առ, որովհետև ամբողջը կխառնես»: Նա իր գլուխը շուռ տվեց ու Լենիի մատները նրա մազերի մեջ բռնվեցին ու կախված մնացին: «Թո՛ղ», - բացականչեց նա, - «Թո՛ղ»:

Լենին վախեցավ: Նրա դեմքը ծռմռվեց, ու հետո Քրլիի կինը ճչաց, իսկ Լենին իր մյուս ձեռքով նրա բերանն ու քիթը ծածկեց: «Խնդրեմ մի..., - աղերսեց նա: - Խնդրեմ այդպես չանես, Ջորջը կբարկանա»:

Կինը ուժգնորեն Լենիի ձեռքի տակ պայքարեց: Նրա ոտները խոտերի վրա էին զարկվում՝ մինչ նա ջանում էր ազատվել, իսկ Լենիի ձեռքի տակից մի խեղդված ճչոց լսվեց: Լենին սկսեց վախեցած լացել: «Ո՜հ, խնդրում եմ այդպես մի՛ արեք», - աղերսեց նա: «Ջորջը կկարծի, թե ես մի շատ վատ բան եմ արել: Նա ինձ կարգելի մյուս նապաստակների մասին հոգ տանել»: Նա իր ձեռքը մի քիչ բերանից շարժեց ու խռպոտ ճիչ դուրս եկավ: Հետո Լեննին բարկացավ: «Հիմա պիտի չանե՛ս», - ասաց նա, - «Ես չեմ ուզում, որ դու ճչաս: Դու ինձ մեծ նեղության կմատնես, ճիշտ ինչպես Ջորջն ասաց: Հիմա, այդ չանես»: Իսկ կինը, աչքերը սարսափով լցված, շարունակում էր պայքարել: Լեննին նրան թափ տվեց ու հետո բարկացավ վրան: «Չսկսես բղավել» - ասաց ու նրան ցնցեց այնքան որ մարմինը ձկան պես թպրտում էր: Ապա նա անշարժացավ, որովհետև Լեննին նրա վիզը կոտրել էր:

Մի բան էր Լեննիի համար մկներին սպանելը, իսկ այլ էր մարդ սպանելը: Այս անգամ նրա տարօրինակ ցնցումը չափն անց էր կացրել: Հետապնդող ոստիկաններից դեպի դաշտերը փախչելով, Ջորջը Լեննիին հեռացրեց: Նրանք Սալինաս գետի կանաչագույն լճակի ափերը հասան: Նրանք հանգստանալու համար նստեցին ու սկսեցին զրուցել: Լեննին ակնկալում էր, որ Ջորջը նրան իր վատ արարքի համար կհանդիմաներ: Հետո Լեննին Ջորջին խնդրեց պատմել իրենց ապագա ագարակի մասին, որ մի օր միասին պիտի ունենային:

Լեննին ասաց. «Ասա՛, դա ինչպե՞ս պիտի լինի»: Ջորջը հեռվից ձայներ էր լսում: Մի րոպե զգաստանալով՝ ասաց. «Լենի՛, գետի մյուս կողմը նայի՛ր, ու ես քեզ կպատմեմ ու դու համարյա կտեսնես»:

Լեննին իր գլուխը շրջեց ու լճակից այն կողմ սկսեց Գաբիլանսի մթագնած ստորոտներին նայել: Ջորջը սկսեց. «Մենք մի փոքրիկ տեղ պիտի ունենանք»:

Մինչ Լեննին իր երազանքների մեջ էր ու հեռվից իր վաղուց ի վեր փափագած ագարակին էր նայում, Ջորջն իր գրպանից մի ատրճանակ հանեց: Լեննիի ուշադրությունը երևակայական նապաստակների ու հավերի վրա էր, որոնք նրա աչքի առաջին պարում էին: Մինչ ոստիկանը մոտենում էր, Ջորջը նշան բռնեց, ու ատրճանակը կրակեց: Ոստիկանապետ Սլիմը այդ տեսարանում հայտնվող առաջին անձն էր: Նա գնաց ու Լեննիին նայեց, հետո Ջորջին ու ցածր ձայնով ասաց. «Ուղիղ գլխի ետևին»: Սլիմը ուղղակի Ջորջին մոտեցավ ու նրա կողքին նստեց ու ասաց. - «Մի՛ մտահոգվեք, երբեմն մարդը պարտավոր է»:

«Երբեմն մարդը պարտավոր է»: Երբեմն մարդիկ, ովքեր ավերող են, պետք է սպանվեն: Մարդիկ, ովքեր ուրիշ մարդկանց չեն հանդուրժում ու նրանց խեղդում են: Անկախ այն բանից, որ Լեննիի ավերիչ արարքների ետևում կանգնած ուժը մի մանկական ու անմեղ սեր էր: Նրա սերը որևէ հետին դրդապատճառ, ու ոչ մի դիտավորություն անգամ չուներ: Դա զուտ սեր էր, մի այնպիսի բուռն սեր, որ իրեն հակադրող մարդկանց խեղդում էր: Ջորջը ոչ մի ուրիշ այլընտրանք չուներ: Նա գիտեր, որ այս աշխարհում Լեննին չէր կարող գոյատևել: Լեննին պետք է մեռներ: Լեննին ամենին ու ամեն բանի, որ դիպել էր, բոլորին վնասել էր:

Այսպես էր նաև Քրիստոսը: Աշխարհը չէր կարող Հիսուսին հանդուրժել: Նրանք պիտի կարողանային Նրան միայն հեռվից սիրել: Քրիստոսը մեզ համար անվնաս է, եթե ժամանակի ու տարածքի մեջ սահմանափակվի: Բայց ներկա Քրիստոսը, թշնամացած մարդկանց աշխարհում, պիտի չկարողանար գոյատևել: Կայափայի դատողությունն այս էր, թե ազգի բարիքի համար Հիսուսը պետք է մեռներ: Երբեմն մարդը պարտավոր է այդպես անել:

Թու՛յլ Տանք Աստծո Սրբությունը Դիպչի Մեր Կյանքին

Մինչ դու Աստծո սրբության մասին քո սովորածին ես անդրադառնում ու վերհիշում, պատասխանի՛ր հետևյալ հարցերին: Մի տետրի մեջ Աստծո սրբության մասին քո պատասխանները գրի՛ր կամ դրանք ընկերոջդ հետ կիսվի՛ր:

1. Արդյո՞ք Աստծո սրբության մասին քո ունեցած տեսանկյունը Պետրոսի տեսանկյունին նմա՞ն է: Դու է՞լ ես ուզում փախչել դրանից:
2. Երբևիցե Աստծո սրբությունից խոցվելու փորձառություն ունեցե՞լ ես:
3. Բացատրի՛ր այն պահը, երբ դու Աստծո սրբությունով մխիթարվեցիր:
4. Անցյալ շաբաթվա ընթացքում Աստծո սրբության ո՞ր երևույթն ամենաշատ հասկացար:

ԳԼՈՒԽ 5

ԼՅՈՒԹԵՐԻ ԽԵԼԱԳԱՐՈՒԹՅՈՒՆԸ

Թող Աստված լինի Աստված

Մարտին Լյութեր

Եթե մեր մտքերը Աստծո սրբության վրա սևեռենք, դրա արդյունքը կարող է խանգարել: Մարտին Լյութերի հոգին Աստծո նկարագրի խոր գիտությունից վախեցել էր: Լյութերի արտասովոր էությունը որոշ չափով Աստծո մասին իր կատարած սերտողությունից էր ձևավորվել: Արդյո՞ք նրա անձը բարեփոխվե՞լ էր, թե՞ խեղաթյուրվել: Արդյո՞ք նրա հոգին մաքրվե՞լ էր կամ Աստծո հետ ունեցած հանդիպումից խելագարվե՞լ էր:

«Աստծուն սիրե՞լ: Երբեմն ես Նրան ատում եմ»: Իր կրոնական ջերմեռանդության համար հարգված Լյութերի նման մի մարդու շուրթերից այսպիսի վկայություն լսելը տարօրինակ է: Բայց նա դա ասաց: Նա իր նախատող խոսքերով հայտնի էր: «Երբմեն Քրիստոսն ինձ համար մի բարկացած դատավորից ավելի մեկը չէ, ով Իր սուրը ձեռքին ինձ վրա է գալիս»:

Այս մարդը խելագարվե՞լ էր: Նախքան այս հարցին պատասխանելը, եկե՛ք Լյութերի կյանքի ու բնավորության որոշ երևույթներից քննարկենք, որոնք դրդում են մեզ նրան դատել որպես խելագար:

Լյութերի նկարագրի առաջին բանալին նրա փոթորկոտ բարկության պոռթկումների ու անզուսպ լեզվի մեջ է գտնվում: Նա սիրում էր իր քննադատներին «շներ» անվանել:

«Շները սկսել են կծել», - ասում էր նա, երբ քննադատների արարքները նրա ականջներին էին հասնում: Նրա լեզուն երբեմն երկրավոր էր ու արտաքնոցային մեջբերումներով:

Որպես մի օրինակ, նկատի առեք Էրասմուսի

քննադատությանը տված Լյութերի պատասխանը՝

«Քո վիճաբանություններին պատասխանելը լրիվ ժամանակի կորուստ է թվում: Ես արդեն անձամբ կրկին ու կրկին հերքել եմ, ու Ֆիլիփ Մելանգթոնը իր աստվածաբանական վարդապետությունների անզուգական հատորի մեջ դրանց հողին հավասար ոտնակոխ է արել: Նրա այդ գիրքը ո՛չ միայն արժանի է իմ մտքի մեջ մնալու այնքան երկար, որքան գրքեր պիտի կարդացվեն, այլև՝ եկեղեցու կանոնագրի տեղը գրավելու: Մինչ քո գիրքը, համեմատաբար, աչքիս այնքան անարժեք ու խեղճ է, որ քո գեղեցիկ ու պայծառ լեզուն այդպիսի պիղծ բանով պղծվելու պատճառով սիրտս ցավում է: Մտածում եմ, թե այդպիսի ստոր որակով արտադրությունը այնպես հազվագյուտ ճարտարախոսությամբ զարդարելը որքան նախատելի է: Դա ոսկյա կամ արծաթյա պնակների մեջ պարտեզի աղբը կամ թրիքը հրամցնելուն է նմանվում»: Լյութերի փոթորկալի վերաբերմունքը Մարբուրգում մի կարևոր ժողովի ընթացքում երևաց: Նոր Բողոքական շարժման առաջնորդները Տիրոջ Ընթրիքի մասին իրենց անհամաձայնությունները հարթելու համար հավաքվել էին: Խոսակցության ընթացքում Լյութերը սկսեց իր բռունցքը սեղանին զարկել՝ կրկնելով.

- Հօրք էս քօրփուս մէօմ, հօրք էս քօրփուս մէօմ (սա իմ մարմինն է): Նրա այս զավեշտը Միացյալ ազգերի համաժողովում Նիկիտա Խրուշչևի հռչակավոր կոշիկով իր զայրույթը հայտնելուն էր նմանվում:

Անվիճելի է, որ Լյութերը ժամանակ առ ժամանակ անզուսպ էր: Նա բարկության էր տրվում: Նրա վիրավորանքը՝ մարդկանց շուն անվանելը, հաճախ սաստիկ էր: Բայց այս խնդիրները թեպետ նրա պատշաճության մասին խնդրահարույց էին, սակայն հազիվ էին նրա ողջամտության վրա ազդում:

Բայց Լյութերի խոսելաձևից բացի ուրիշ խնդիր էլ կար:

Նրա վարվելակերպն էլ երբեմն արտառոց էր: Նա զանազան վախերով էր տառապում: Հանրածանոթ պատմությունն ասում է, որ սաստիկ փոթորկի ժամանակ քայլելիս Լյութերին շատ մոտիկից ուժգին կայծակ է զարկել, ու նա գետնին է ընկել: Մեծահամբավ եկեղեցական պատմաբան ու Լյութերի կենսագիր Րոլանդ Բեյնթոնը պատմում է, որ 1505թ.-ի հուլիսի մի տոթակեզ օրվա ընթացքում, միայնակ ճամփորդը քայլում էր Սթոթերնհայմի Սաքսոն գյուղի շրջակայքի չոր ճանապարհով: Նա երիտասարդ մարդ էր, կարճահասակ, բայց կայուն ու համալսարանական աշակերտի համազգեստ էր հագել: Գյուղին մոտենալիս երկինքը մթագնեց: Հանկարծ անձրև սկսվեց ու հետո էլ՝ մի ջախջախիչ փոթորիկ: Կայծակի մի շանթ, մթագնությունը պատռելով, այս մարդուն գետնին փռեց: Փորձելով ոտքի կանգնելու վախեցած՝ նա աղաղակեց. «Սու՛րբ Աննա, օգնի՛ր ինձ ու ես վանական կդառնամ»:

Այս մարդը, ով այսպես մի սրբի կանչեց, հետագայում սրբերի աղանդը մերժեց: Նա, ով վանական դառնալ ուխտեց, հետագայում կուսակրոնությունից հրաժարվեց: Կաթոլիկ եկեցու հավատարիմ որդին, հետագայում միջնադարյան կաթոլիկության կազմը փշրեց: Պապի հավատարիմ ծառան հետագայում Պապին որպես Նեռ ներկայացրեց: Այս երիտասարդը Մարտին Լյութերն էր:

Այս փորձառությունից ոչ շատ հետո, Լյութերն իր ուխտածը կատարեց: Նա, հակառակ իր հայր Հանսի դժկամությանը՝ իրավաբանական ուսումը թողնելով ՝ մենաստան մտավ:

Վայրագ մահվան ու աստվածային դատավարության արտահայտությունն ու պատիժը Լյութերին մտահոգում էին: Իր ամբողջ կյանքում նա ստամոքսի ցավից ու երիկամների քարերից էր տառապում, որը ամենացավոտ հիվանդություններից է: Շատ անգամներ նա իր մահն էր գուշակել: Շատ անգամներ նա վստահ է եղել, թե մի քանի օրեր կամ շաբաթներ են մնացել, որ գերեզման մտներ: Շանթահարության փորձառությունը նրա հիշողությունը անմոռանալի կերպով խանձել էր:

Ամեն մարդ կայծակից մեռնելու սպառնալիքին նույն ձևով չի արձագանքում: Հունիս 27, 1975թ.-ին, երեք գոլֆ խաղացողներ Չիկագոյի մոտ տեղի ունեցած մրցումների ընթացքում կայծակից շանթահարվեցին ու գետնին փռվեցին: Նրանցից մեկը՝ Լի Թրևինո անունով, մեջքի այնպիսի վնասվածք ստացավ, որ մինչև անգամ նրա ապագա աշխատանքը խիստ արգելվեց: Այս պատահարի մասին հեռուստեսությամբ՝ հարցազրույցի ընթացքում, հաղորդավարը Թրևինոյին հարցրեց. «Այս փորձառությունից ի՞նչ սովորեցիր»: Թրևինոն պատասխանեց. «Ես սովորեցի, որ երբ Ամենակարողը ուզի խաղալ, պետք է նրա ճանապարհից դուրս գաս»: Հետո ավելացրեց. - «Պետք էր փոթորկի ընթացքում թիվ 1 խաղերկաթը գլխիս վրա պահեի»:

Հաղորդավարն այս խորհրդավոր պատասխանից մի պահ զարմացավ: «Ինչո՞ւ դա», - հարցրեց նա: Թրևինոյի աչքերը թարթվեց ու նա երգիծանքով ասաց. «Որովհետև նույնիսկ Աստված չի կարող թիվ 1 երկաթին խփել»:

Թրևինոն իր փորձից մի շարք անեկդոտներ գիտեր: Իսկ Լյութերը՝ որպես մի վանական ու աստվածաբան, նոր ծառայություն էր վաստակել:

Լյութերի ստամոքի խնդիրները նրա հոգևոր ու մարմնավոր խնդիրների հետ էին կապված: Կարծես թե նրա ջղային վախերը ուղղակի ստամոքսին էին ուղղվում: Նրա տաքարյունությունը, որոշ չափով իր չափազանցություններից ելնելով, ավանդավեպ էր դարձել: Նրա գրությունները իր շարունակական փսխումներին ու քամի անցկացնելուն ուղղված ակնարկություններով էին ցողված: Նա ասել է. «Եթե ես Վիտտենբերգում քամի անցկացնեմ, նրանք Լիփզիգի մեջ դա կլսեն»:

Բարեբախտաբար Լյութերը կարողացավ իր

դյուրաբորբոքության համար մի սրբացած գործածություն գտնել: Նա իր աշակերտներին խորհուրդ տվեց, որ սատանայի հարձակումները վանելու համար ամենաազդեցիկ գործիքը քամի անցկացնելն է: Ուրիշ տեղ Լյութերը սատանայի դեմ դիմադրելու համար խոսեց թանաքամանը շպրտելու մասին: Լյութերը սատանայի հետ ունեցած իր պատերազմը պաշարման տակ գտնվող մի մարդու նմանությունով բացատրեց: Նա վստահ էր, որ ինքը դժոխքի իշխանի անհատական թիրախն էր:

Սատանայի պատմությունները հասունացած ճարակ են հոգեբանների համար, ովքեր այսպիսի տեղեկությունների մեջ երկու մտային անհավասարակշռություններ են նկատում: Մեկ թվում է, թե Լյութերը զառանցանքներից էր տառապում, և վրամեկ թվում է, թե նա, հոյակապության ցնորախաբությունից տառապելով, կարծում էր՝ խավարի իշխանը իրեն ամենացանկալի թիրախն էր դարձրել:

Սակայն եկեղեցական տեսանկյունից նայելիս, մտածել, որ տասնվեցերորդ դարում Մարտին Լյութերի վրա սատանայական զորության ուժգին կենտրոնացում է եղել, մեզ համար անակնկալ խորհուրդ չէ:

Մի ուրիշ դրվագ, որ հոգեբույժներին կասկածի էր մատնում. այդ էլ Լյութերի կատարած առաջին պատարագն էր: Լյութերը, արդեն ինքն իրեն մի ծաղկող աստվածաբան համարելով, ամաչկոտ չէր: Նրա ապագան, որպես բեմախոս և վարպետ հանրային քարոզող, դեռ իր ժամանակակիցներին անհայտ էր:

Լյութերի ձեռնադրությունից հետո, որպես կղերական, նրա կատարած առաջին պատարագը իր հանրային առաջին ելույթն էր: Նրա ծերունի հայր Հանս Լյութերը իր որդու որոշման հետ, որ հոգևորական կյանքը նախընտրել էր իրավաբանության ցանկալի աշխատանքի փոխարեն գրեթե խաղաղությունն էր հաստատել: Նա որոշ չափով պարծենում էր. «Իմ որդին քահանա է»:

Պատարագը ընտանիքի համար պարծանքի պահ էր, ու Լյութերի ազգականները, հանրության հետ միացած, նրա կատարմանն էին ներկայացել:

Հաճախորդները չէին սպասում տեղի ունեցածը: Լյութերը արարողությունը մեծ շուքով սկսեց ու կղերական վստահություն և ինքնակառավարում դրսևորեց: Երբ կարգը Սրբացման աղոթքին հասավ, Լյութերն առաջին անգամ, իր քահանայական հեղինակությունը գործածելով, Աստծո զորությունը պիտի խնդրեր, որ Նա տարափոխության մեծ հրաշքը կատարեր: Տարափոխությունն այն վարդապետությունն է ուսուցանում է, որ Հաղորդության սեղանի վրա դրված հացն ու գինին իրական Հիսուսի մարմնին ու արյանն են վերածվում: Լյութերը ձախողեց:

Նա խորանի առջև սառավ: Նա մեխված էր երևում: Նրա աչքերը ապակիացան, ու նրա ճակատի վրա քրտինքի կաթիլներ երևացին: Ժողովրդի մեջ մի ջղագրգիռ լռություն տիրեց՝ մինչ նրանք ցածրաձայն երիտասարդ քահանային՝ շարունակում էին քաջալերել: Հանս Լյութերը գնալով ավելի էր անհանգստանում, ու ծնողական ամոթի զգացողության ալիքները նրան խեղդում էին: Նրա որդու շուրթերը սկսեցին դողալ: Նա ջանում էր պատարագի բառերը արտասանել, բայց բառերը նրա բերանից դուրս չէին գալիս: Նա թմրեց ու իր հոր, ընտանեկան հյուրերի նստած սեղանին վերադարձավ: Նա ձախողեց: Պատարագը փչացնելով՝ նա ինքն իրեն ու իր հորն անպատվեց: Հանսը զայրացած էր: Նա ճեմարանին դեռ նոր էր մի առատաձեռն նվիրատվություն կատարել՝ ու հիմա ամեն կողմից խայտառակված, եկել էր այն նույն տեղը, ուր իր որդու պատիվը պիտի տեսներ: Նա Մարտինի վրա բարկացավ ու իր որդու քահանա լինելու հարցը վերանայեց: Մարտինը իր՝ երկնքից եղած կոչումը պաշտպանելու համար շանթահարության փորձառությանը դիմեց: Հանսը նրան միանալով՝ ասաց. «Աստված տա, որ դա սատանայից եղած կոչ չլինի»:

Ի՞նչ եղավ խորանի մոտ: Լյութերը «Մենք քեզ ենք նվիրում, կենդանի, ճշմարիտ, հավիտենական Աստված» բառերը արտասանելուց առաջ իր զգացած անդամալուծության բացատրությունն է տալիս: Նա ասաց.

«Այս բառերից ես բացարձակապես ապշեցի ու սարսափեցի: Ինքս ինձ մտածեցի. «Ի՞նչ լեզվով այսպիսի վեհությանը ուղղեմ, տեսնելով, որ բոլոր մարդիկ պետք է նույնիսկ մի երկրավոր իշխանի ներկայության առջև դողան: Ո՞վ եմ ես, որ դեպի աստվածային Վեհափառությանն ուղղեմ իմ աչքերը կամ ձեռքերս վեր բարձրացնեմ: Նրա գլխի ակնարկով անգամ երկիրն է դողում: Ու ես՝ մի ողորմելի փոքր ճիճու, ասեմ ՝ այս եմ ուզու՞մ կամ ա՞յն եմ խնդրում: Ես հող ու փոշի եմ ու մեղքով լի, ու ես կենդանի, հավիտենական ու ճշմարիտ Աստծո հետ եմ խոսում»:

Լյութերի ողջամտության հարցում այսպիսի դրվագները փոքրամասնություն են: Մեր ուշադրությունը պետք է Լյութերի կյանքի ու ամբողջ քրիստոնեության ամենաթատերական պահին ուղղենք: Լյութերի կյանքի գերագույն դատավարությունը, նրա գերագույն քննության պարագան 1521-ին Վորմզի համաժողովի ընթացքում տեղի ունեցավ: Եկեղեցու և պետության իշխանավորների առջև, Սուրբ Հռոմի կուսակալ Չարլզի ներկայության, քարածխի հանքագործի որդին աղանդավորության համար հարցաքննվում էր:

Աստվածաբանության ուսուցչի՝ «Իննսունհինգ ավարտաճառ»-ի Վիտտենբերգի Ամենայն Սրբոց եկեղեցու դռանը մեխելուց հետո իրավիճակն անկառավարելի էր դարձել: Սրանք վիճելի կետեր էին, որոնց նկատմամբ Լյութերը աստվածաբանական բանավեճ ու վիճաբանություն էր հայտարարում: Նա չէր փափագում, որ դրանք ազգային կամ միջազգային կրակներ բռնկեցնեին: Ոմանք՝ հավանաբար աշակերտներ, այն ավարտաճառն էին ձեռք բերել ու Գյութենբրգի նոր հնարքը հրաշալի գործածել: Երկու շաբաթների ընթացքում ավարտաճառը Գերմանիայի խոսակցության նյութն էր: Բեյնթնը Քարլ Բարթի արտահայտությունը փոխ առնելով եղելությունն է բացարտում. «Լյութերը խավարում մի հին տաճարի գմբեթը բարձրացող, կլոր աստիճանները մագլցող մարդու էր նմանում: Մթության մեջ, ինքն իրեն հավասարակշռելու համար, ձեռքը մեկնեց ու մի պարան բռնեց: Նա զանգերի ղողանջը լսելով՝ ապշեց»:

Սկսվեց հակաճառության մրրիկը: Ավարտաճառը Հռոմի Պապ Լիոյին ուղարկվեց: Ավանդությունն ասում է, որ Լիոն կարդաց ու ասաց. «Լյութերը մի հարբած Գերմանացի է: Նա զգաստանալուց հետո այլ կերպ պիտի զգա»: Կուսակրոնական կարգի ու աստվածաբանների միջև պատերազմ էր շարունակվում: Լյութերը հակաճառություններին էր մասնակցում, որոնցից ամենալուրջը Ազգբերգում ու Լիփզիգում տեղի ունեցավ: Վերջապես Պապի պաշտոնական հրովարտակով Լյութերը քննադատվեց: Հրովարտակի վերնագիրն էր. «Exsurge Domine», որը դրա նախաբանից էր ստացվել. «Կանգնի՛ր, ո՛վ Տեր, ու քո դատը վարիր: Մի վայրի վարազ քո այգեստանն է ներխուժել»:

Հրովարտակը հրատարակվելուց հետո, Հռոմում Լյութերի գրքերը այրվեցին: Նա կուսակալի հետ տեսակցություն ունեցավ: Վերջապես Վորմզի մեջ ավագների ժողով կայացավ, ուր Լյութերը ներկայանալու համար ապահով ճամփորդության իրավունք ստացավ:

Վորմզում տեղի ունեցավ այն, ինչից լեգենդներ առաջացան: Իրականության մեջ լեգենդներն այսպիսի եղելություններից են ստեղծվում:

Այս տեսարանի վրա Հոլիվուդը հմայվել է: Լյութերը որպես մի չար, հեղինակավոր կազմակերպության անհնազանդ քաջ հերոս է պատկերացվել: Լյութերին հարցրին. «Գրածներդ կհերքե՞ս»:

Մենք պատկերացնում ենք Լյութերին անվախ, պաշտնավորներից բարձր կանգնած ու բռունցքը օդի մեջ բռնած՝ ասելիս. «Ահա այստեղ եմ կանգնած»: Հետո նրան տեսնում ենք կրունկների վրա շրջվելիս ու քաջաբար սրահից դուրս քայլելիս՝ մինչ ժողովուրդը նրան է ծափահարում: Նա իր սպիտակ ձին է հեծնում ու դեպի արևմուտք քշում ու քրիստոնեական վերակազմությունն է սկսում:

Տեղի ունեցածը դա չէր:

Առաջին ժողովը ապրիլի 17-ին գումարվեց: Օդը էլեկտրական խանդավառությամբ էր լցվել: Լյութերը իր ժամանելուց առաջ համարձակությամբ էր խոսել ու ասել. «Վորմզում սա կլինի իմ հերքումը, որ նախապես ասել էի՝ Պապը Քրիստոսի փոխերեցն է: Ես հերքում եմ: Հիմա ես ասում եմ, որ Պապը Քրիստոսի թշնամին է ու սատանայի աշակերտն է»:

Ամբոխն ավելի համարձակ արտահայտությունների էր սպասում: Նրանք իրենց շունչն էին պահել ու սպասում էին, որ վայրի վարազը խռովություն սկսեր:

Երբ Կուսակալության Ավագաժողովը բացվեց, Լյութերը մեծ սրահի մեջտեղը կանգնեց: Նրա կողքին մի սեղան կար, որի վրա նրա գրքերն էին դրված: Պաշտոնյաներից մեկը Լյութերին հարցրեց, թե գրքերը իրենն էին: Նա հազիվ լսելի ձայնով պատասխանեց. «Գրքերը բոլորը իմն են, ու ես ավելին եմ գրել»: Ապա եկավ Լյութերի հերքման պատրաստությունը վճռող հարցը: Ժողովականները նրա պատասխանին էին սպասում: Բարձրացած բռունցք չկար, ու հանդգնությամբ մարտահրավեր գոյություն չուներ: Նորից Լյութերը գրեթե անլսելի կերպով պատասխանեց. «Աղաչում եմ ձեզ, ինձ մտածելու ժամանակ տվեք»: Իր առաջին պատարագում արածի պես, Լյութերը ձախողեց: Նրա ինքնավստահությունը իրեն լքեց, վայրագ վարազը հանկարծ վախկոտ շնիկի պես ճզճզաց: Կուսակալը այս խնդրանքից ցնցվեց և մտածում էր, որ միգուցե սա երկարաձգելու մի ձև էր կամ մի աստվածաբանական ավազակություն: Բայց և այնպես, մինչև հաջորդ օրը մեղմություն ցուցաբերեց ու Լյութերին մտածելու համար քանչորս ժամ տվեց:

Այդ գիշեր, իր սենյակի մենության մեջ, Լյութերը գրեց այն, ինչ որ, ես համոզված եմ, երբևիցե գրված աղոթքներից ամենահուզիչն է: Նրա աղոթքը Աստծո առջև խոնարհված մի հեզ մարդու հոգին է բացահայտում, ով հուսահատությամբ իր դեմ հակառակող մարդկանց առջև մենակ կանգնելու քաջություն էր խնդրում: Լյութերն իր անձնական Գեթսեմանի մեջ էր.

-Ո՜վ Աստված, Ամենակարող հավիտենական Աստված, աշխարհը որքա՜ն ահավոր է: Տե՛ս ինչպես է իր բերանը բացում, որ ինձ կուլ տա, ու իմ՝ Քեզ վրա ունեցած հավատքը, որքա՜ն փոքր է: Ո՜հ, մարմնի տկարությունը և սատանայի զորությունը: Եթե ես այս աշխարհի որևէ զորությանն ապավինեի, ամեն ինչ կվերջանար: Մահազանգը հնչել է... դատավճիռը գրվել է... ո՛վ Աստված, ո՛վ Աստված, ո՛վ դու իմ Աստված: Այս աշխարհի իմաստությանը դիմադրելու համար ինձ օգնիր: Սա արա՛, աղերսում եմ Քեզ, պետք է սա անես... քո կարող զորությամբ...Գործն իմը չէ, այլ Քոնը: Այստեղ ես անելու բան չունեմ...Այս աշխարհի մարդկանց ապացուցելու ոչ մի բան չունեմ: Ուրախությամբ, իմ օրերը ցնծությամբ ու խաղաղությամբ կանցկացնեի: Բայց դատը քոնն է...Եւ դա ճիշտ ու հավիտենական է: Ես մարդուն չեմ ապավինում: Դա իզուր է: Ինչ որ մարդուց է, խարխուլ է, ինչ որ նրանից է բխում, պիտի ձախողի: Ի՛մ Աստված, ի՛մ Աստված, լսո՞ւմ ես ինձ: Ի՛մ Աստված, դու այլևս կենդանի չե՞ս: Ո՛չ, դու չես կարող մեռնել: Դու միայն ծածկում ես Քեզ: Դու ես ինձ այս գործի համար ընտրել: Ես գիտեմ... Ուստի, ո՛վ Աստված, կամքդ կատարիր: Քեզ շատ սիրելի Որդի Հիսուս Քրիստոսի սիրո համար, ի՛մ պաշտպան, ի՛մ ասպար, ի՛մ ամրոց, ինձ մի՛ թող: Տե՛ր, ո՞ւր ես...Ի՛մ Աստված, ո՞ւր ես...Ե՛կ, աղաչում եմ Քեզ, ես պատրաստ եմ...Տե՛ս ինձ, որ պատրաստվել եմ կյանքս Քո ճշմարտության համար դնել…Գառան պես չարչարվում եմ: Քո դատը սուրբ է: Դա Քոնն է…Ես Քեզ բաց չեմ թողնի, ո՛չ, ո՛չ էլ ամբողջ հավիտենականության մեջ:

Նույնիսկ, եթե աշխարհը դևերով ներխուժվեր ու այս մարմինը, որ Քո ձեռքի գործն է, ոտնակոխ լինելու գցվեր ու կտոր-կտոր լիներ…մոխրանար, իմ հոգին Քոնն է: Այո՛, ինձ վստահեցնող Քո այս խոսքն ունեմ: Հոգիս Քեզ է պատկանում ու հավիտյան Քեզ հետ կբնակվեմ: Ամե՛ն: Ո՛վ Աստված, օգնություն ուղարկիր…Ամեն»:

Հաջորդ երեկոյան ուշ, Լյութերը սրահ վերադարձավ: Այս անգամ նրա ձայնը չէր դողում ու ոչ էլ դողդոջում: Նա փորձեց հարցին պատասխանել ու ճառ ասաց: Նրան հարցքննողը վերջապես պատասխան պահանջեց. «Հարցնում եմ քե՛զ, Մարտի՛ն, ուղղակի և առանց փշերի պատասխանիր, թե դու քո գրքերը ու դրանց մեջ պարունակված սխալները հերքու՞մ ես, թե՞ ոչ»:

Լյութերը պատասխանեց.

- Քանի որ Ձերդ Վեհափառությունն ու ձեր տիրությունները մի պարզ պատասխան եք ցանկանում, ես առանց փշերի ու առանց ատամների պիտի պատասխանեմ: Սուրբ Գրքից ու պարզ տրամաբանությունից համոզվել եմ, ես պապերի ու համաժողովների հեղինակությունը չեմ ընդունում, որովհետև դրանք իրար հակասում են: Խիղճս Աստծո խոսքին է գերեվարված: Ես չեմ կարող ու ոչ մի բան չեմ հերքում, որովհետև խղճիս դեմ վարվելը ոչ արդար է ու ոչ էլ ապահով: Ահա այստեղ կանգնել եմ ու ուրիշ բան չեմ կարող անել: Աստված ինձ օգնի: Ամեն»:

Խենթ մարդու խոսքե՞ր: Միգուցե: Հարցն այն է, թե ինչպես է մի մարդ համարձակվում Պապի ու կուսակալի, ժողովականների ու հավատալիքների ու ամբողջ քրիստոնեական հեղինակությանը դեմ կանգնել: Ինչպիսի՞ տգիտություն է պետք, որ լավագույն մտավորականներին ու եկեղեցական բարձրագույն պաշտոնյաներին հակառակվել, իր անձնական մտքի զորությունն ու աստվածաշնչյան մեկնաբանությունները ամբողջ աշխարհի դեմ կանգնեցնել: Սա ինքնասիրությու՞ն է: Սա մեծամոլությու՞ն է: Սա աստվածաշնչյան հանճարի կամ մի քաջ սրբի մտածմունքնե՞ր են կամ մի խենթի զառանցանքնե՞ր: Դատավճիռն ինչ էլ որ լիներ, այս միայնակ կեցվածքը՝ բարի կամ չար, քրիստոնեությունը երկփեղկեց:

Այս եղելությունը, որքան որ եկեղեցու համար ու Մարտին Լյութերի անձնական պատմության համար կարևոր էր, ապագայում մտավորականների կողմից Լյութերի խենթությունը դատելու ամենագլխավոր պատճառը չէ: Սա մարդու մասին մի շատ ավելի արտակարգ, ավելի ախտավոր, իսկապես սոսկալի բան կար: Դա մենաստանում նրա վանականության ընթացքում իր ունեցած վարվելաձևն էր:

Որպես վանական՝ Լյութերն իր անձը մի դժնդակ խստապահանջության նվիրեց: Նա նպատակադրվել էր կատարյալ վանական դառնալ: Օրերով ծոմ էր պահում ու սաստիկ ճգնավորության տրվում: Անձնուրացության հարցերում նա մենաստանի կանոններից շատ ավելին էր պահում: Նրա աղոթքները բոլորի աղոթքներից ավելի երկար էին: Նա մերժում էր վերմակ ունենալը ու գրեթե մահվան մոտենալու չափ սառչում էր: Նա իր մարմինը այնպես սաստկաբար էր պատժում, որ իր մարսողական համակարգը վնասվեց: Իր փորձառության մասին նա գրում է. «Ես լավ վանական էի, իմ կարգի կանոններն այնպիսի խստությամբ էի պահում, որ կարող եմ ասել, որ եթե երբևիցե մի վանական երկինք պիտի գնար՝ ես էի: Բոլոր իմ վանական եղբայրները, ովքեր ինձ ճանաչում էին, համբերում էին: Եթե ես մի քիչ ավելի շատ շարունակեի հսկումները, աղոթքները, ընթերցումները ու ուրիշ բաներ, անձս կսպանեի»:

Լյութերի ամենաարտառոց վարժություններից մեկը

նրա ամենօրյա խոստովանությունն էր: Պարտականությունն այն էր, որ անձի բոլոր մեղքերը պիտի խոստովանվեն: Լյութերը ոչ մի օր առանց մեղանչելու չէր կարող անցկացնել, ուստի նա անհրաժեշտություն էր զգում ամեն օր խոստովանանքի գնալու ու թողություն որոնելու:

Խոստովանությունը վանական կյանքի կանոնավոր մասն էր: Մյուս եղբայրները կանոնավորապես խոստովանության էին գալիս ու ասում էին. «Հա՛յր, ես մեղանչել եմ: Երեկ գիշեր ճրագալույցից հետո արթուն եմ մնացել ու Աստվածաշունչս մոմի լույսի տակ եմ կարդացել» Կամ «Երեկ՝ կեսօրին, ես եղբայր Փիլիպպոսի գետնախնձորի աղցանը ցանկացա» (Մենաստանի մեջ ի՞նչ մեծ խնդիր կարող էր մի վանական առաջացնել): Խոստովանություն լսող հայրը խոստովանությունը լսում էր, քահանայական թողություն շնորհում ու նրանց ապաշխարության մի փոքրիկ կարգ էր կատարում: Միայն այդքանը: Այս բոլոր գործողությունները միայն մի քանի րոպե էր տևում:

Բայց ոչ Մարտին եղբոր համար: Նա խոստովանություն լսող Հորը մտացրության մեջ էր գցում: Լյութերն իր մեղքերի կարճ արտասանությունով չէր հագենում: Նա ուզում էր վստահ լինել, որ իր կյանքում որևէ չխոստովանված մեղք չէր մնացել: Նա ամեն օր խոստովարան էր մտնում ու ժամերով այնտեղ մնում:

Մի անգամ Լյութերն իր անցած օրվա գործած մեղքերը խոստովանելուն վեց ժամ հատկացրեց:

Մենաստանի կառավարիչները սկսեցին Լյութերի համար մտահոգվել: Նրանք մտածում էին, որ միգուցե նա նախընտրում է խոստովարանում երկար ժամեր անցկացնել, քան՝ սերտել ու իր աշխատանքները կատարել: Մտահոգություն կար, թե միգուցե նա մտքով անհավասարակշիռ էր ու արագորեն լուրջ խելագարության էր մոտենում: Նրա խորհրդատուն՝ Ստոփիտզը, վերջապես բարկացավ ու Լյութերին հանդիմանեց՝ ասելով.

«Տե՛ս, եթե ակնկալում ես, որ Քրիստոսը քեզների, այս բոլոր մանր-մունր մեղքերի փոխարեն մի ներվող բանով ներս եկ՝ ծնողասպանությամբ, հայհոյությամբ, շնությամբ…Ո՛վ մարդ, Աստված քեզ վրա բարկացած չէ: Դու ես Աստծո վրա բարկացել: Չգիտե՞ս, որ Աստված քեզ հուսալ է պատվիրում»:

Ահա սա է: Սա է Լյութերի այն պահվածքը, որ իր դեմ խելագարության դատավճիռ է տալիս: Այս մարդը արմատապես անբնական էր: Նրա մեղավորության բարդույթն իր նախնիներից որևէ մեկի պես չէր: Նա այնքան էր իր մեղավորության մեջ ախտավորվել, որ զգացմունքները խանգարվել էին, այնպես որ նա այլևս չէր կարողանում որպես մի բանական մարդ արարած աշխատել: Նա նույնիսկ անկարող էր որպես մի բանական վանական աշխատել: Նա տակավին շանթահարությունից էր փախչում: Բեյնթընը նրա վիճակը այսպես է նկարագրում.

«Որպես հետևանք՝ նրան ահազարհուր վախը պատեց: Անսպասելի վախը նրա հոգին ներգրավեց: Խիղճը այնպես վրդովվեց, որ քամուց ընկած տերևի շարժումից սկսեց դողալ: Լուսաբացին արթնանալիս հոգեառի աչքերի մեջ նայողի պես մղձավանջի սարսափը նրա հոգին բռնեց: Բոլոր երկնավոր ախոյանները ետ քաշվեցին, դևը իր վավաշոտ նայվածքով կոչը ամուլ հոգուն ուղղեց: Սրանք այն տառապանքներն էին, որոնք Լյութերը կրկնակի վկայեց, թե երբևիցե իր կրած ֆիզիկական ցավերից շատ ավելի վատն էին:

Նրա բացատրությունը ծանոթ մտավոր հիվանդության հետ այնքան համապատասխանում է, որ փորձում են մտածել՝ գուցե նրա խանգարումները իրական հոգևոր դժվարություններից են առաջացել կամ մարսողական կամ գեղձային պակասություններից:

Ի՞նչն էր Լյութերի պահվածքի պաճառը: Մի բան շատ ստույգ է: Լյութերի մեջ մարդկանց բնականորեն մեղադրող խղճի ձայնը լռեցնելու մեքենայականությունը պակասում էր:

Որոշ տեսազետներ համոզված են, թե մարդիկ իրականության նկատմամբ ավելի ճշտգրիտ տեսանկյուն ունեն, երբ խելագարված են, քան ՝ երբ ողջամիտ են: Մտածում ենք այն նեղությունից տառապող մարդու մասին, ով հոգեբույժի մոտ գնաց ու գանգատվեց, թե նա այնպես է վախից անդամալուծվել, որ չի կարողանում եկեղեցու դաշտահանդեսին մասնակցել: Երբ հոգեբույժը քննեց, մարդը բացատրեց, որ միգուցե դաշտահանդեսի ճանապարհին նա վթարի ենթարկվեր կամ դաշտում մի թունավոր օձից խայթվեր կամ եթե փոթորիկ բարձրանար, կայծակից շանթահարվեր, կամ էլ ապուխտ կերած պահին խեղդվեր:

Բոլոր այսպիսի վախերը իրական հնարավորություններ են: Կյանքը վտանգավոր զբաղմունք է: Որևէ տեղ ապահով չէ կյանքին սպառնացող բազմաթիվ վտանգներից: Հաուարդ Հյուզը, իր բոլոր միլիոններով, չէր կարողանում չարակամ նախատարրերի հարձակումներից լրիվ ապահով տեղ գտնել: Հոգեբույժը չի կարող փաստել, որ բոլոր արշավներն ապահով են: Մարդու այն տպավորությունը, թե բոլոր բաները կարող են սխալ ընթանալ, ճշտգրիտ է, բայց տակավին անբնական է, որովհետև բոլոր պաշտպանողությունները, որոնք մեզ օգնում են ամեն օր, շրջապատող հստակ ու ներկա վտանգներն անտեսել, կորցրել է:

Հոգեբանական քննարկումները հաճախ Լյութերի անցյալի ու էության մի երևույթը անտեսում են: Նրանք անտեսում են այն կետը, որ նախքան Լյութերի մենաստան գնալը, իրավաբանական դաշտում՝ արդեն Եվրոպայում, ինքն իրեն ամենապայծառ երիտասարդ մտավորականներից էր հռչակել: Լյութերը հանճար էր: Նրա ուղեղի հետ որևէ խեղաթյուրում չկար: Օրենքի նուրբ ու դժվար կետերի ըմբռնումն իրեն յուրահատուկ էին դարձրել: Ոմանք նրան իրավաբանության տաղանդ էին հռչակում:

Հաճախ ասվել է, թե տաղանդավորության ու խելագարության միջև մի շատ բարակ ու նուրբ սահմանագիծ կա, որ ոմանք այդ գիծը հետ ու առաջ են ներկայացնում: Միգուցե Լյութերի ունեցած դժվարությունն այդ էր:

Նա խենթ չէր: Նա տաղանդ էր: Նա օրենքի գերազանց հասկացողություն ուներ: Երբ նա իր սրամիտ իրավաբանական միտքը Աստծո օրենքին ենթարկեց, նա բաներ տեսավ, որ շատ մարդիկ անտեսում են:

Լյութերը Մեծ պատվիրանը քննարկեց. «Սիրի՛ր Քո Տեր Աստծուն քո բոլոր սրտով և քո բոլոր անձով և քո բոլոր զորությամբ և քո բոլոր մտքով» և «Սիրիր քո ընկերոջը քո անձի պես» (Ղուկաս 10:27): Ապա նա ինքն իրեն հարցրեց. «Ո՞րն է ամենամեծ հանցանքը:» Ոմանք այս հարցին պատասխանում են, թե ամենամեծ մեղքը մարդասպանությունը, շնությունը, հայհոյությունը կամ անհավատությունն է: Լյութերը համաձայն չէր: Նա եզրափակեց, որ եթե ամենամեծ պատվիրանը բոլոր սրտով Աստծուն սիրելն է, ապա ամենամեծ հանցանքը Աստծուն բոլոր սրտով սիրելուց ձախողելն է: Նա մեծ պարտավորությունների ու մեծ մեղքերի միջև մի հավասարակշռություն տեսավ:

Ժողովրդի մեծամասնությունն այսպես չի մտածում: Մեզանից որևէ մեկը Մեծ պատվիրանը հինգ րոպե նույնիսկ չի պահում: Կարելի է մտածել, որ մենք մակերեսորեն ինչ-որ մի կերպ անում ենք, բայց րոպեական հետակնարկով հստակեցվում է, որ մենք Աստծուն մեր բոլոր սրտով կամ մեր բոլոր մտքով կամ մեր բոլոր զորությամբ չենք սիրում: Մենք մեր ընկերոջը մեր անձի պես չենք սիրում: Հավանաբար մեր ձեռքից եկած ամեն բան կանեինք, որ սրա մասին խորը չմտածենք, բայց մեր մտքի հետևում շարունակաբար մեզ նեղող զգացում որոշ գիտակցության համար մեզ մեղադրում է, որ իրականության մեջ մենք Մեծ պատվիրանն ամեն օր խախտում ենք: Եսայիայի նման մենք էլ գիտենք, որ ուրիշ մեկն էլ Մեծ պատվիրանը չի պահում: Իսկ մեր մխիթարանքն այստեղ է, որ որևէ մեկը կատարյալ չէ: Մենք բոլորս Աստծո հանդեպ կատարյալ սեր չունենք, ուրեմն ինչո՞ւ դրա մասին մտահոգվենք: Դա ողջամիտ մարդկանց օրը վեց ժամ խոստովանարան չի վազեցնում: Եթե Աստված բոլոր Մեծ պատվիրանը խախտողներին պատժեր, Նա աշխարհում բոլոր մարդկանց պետք է պատժեր: Քննությունը շատ մեծ է ու շատ պահանջկոտ, և արդար էլ չէ: Աստված պետք է մեզ ուրիշներին համեմատելով դատի:

Լյութերը այդպես չէր տեսնում: Նա անդրադարձավ, որ եթե Աստված մեզ ուրիշներին համեմատելով գնահատեր, Նա Իր սրբությունը պիտի զիջեր: Աստծո համար այս անելը գերազանցաբար տգիտություն և գերազանցաբար հիմարություն պիտի համարվեր: Աստված մեզ հարմարեցնելու համար Իր չափանիշերը երբեք չի իջեցնում: Նա ամբողջովին սուրբ, ամբողջովին արդար է մնում: Բայց մենք անարդար ենք ու այդտեղ է մեր տարակարծությունը կայանում: Լյութերի իրավական միտքը այս հարցով էր դեգերում, թե ինչպե՞ս կարող է մի անարդար անձ արդար Աստծո ներկայությանը դիմանալ: Մինչ ուրիշներն այս խնդրի հետ հանգիստ էին, Լյութերը տագնապի մեջ էր. «Չգիտե՞ք, որ Աստված անձեռնհաս լույսի մեջ է բնակվում: Մենք՝ տկար ու տգետ արարածներս, ուզում ենք Աստծո սքանչելության անհասկանալի լույսի անհասանելի վեհությունը զննենք ու հասկանանք: Մոտենում ենք, ու մենք մեզ մոտենալու ենք պատրաստում: Ապա ի՜նչ զարմանք, որ նրա վեհությունը հաղթահարի ու փշրի մեզ»:

Լյութերը Աստվածաշնչում նշված այն հարուստ երիտասարդի ճիշտ հակապատկերն է: Սա այն երիտասարդն է, ով Հիսուսի մոտ եկավ ու իր փրկության մասին հարցրեց. «Եւ մի իշխան հարցրեց նրան և ասաց.

-Բարի՛ վարդապետ, ի՞նչ գործեմ, որ հավիտենական կյանքը ժառանգեմ:

Հիսուսը պատասխանեց, - Ինչո՞ւ ես ինձ բարի ասում, ոչ

ոք բարի չէ, բացի Մեկը՝ Աստված: Պատվիրանները գիտե՞ս՝ մի՛ շնանա, մի՛ սպանիր, մի՛ գողանա, սուտ մի՛ վկայիր, հորդ ու մորդ պատվիր (Ղուկաս 18:18-20)»:

Մարդիկ Հիսուսի ու այս հարուստ իշխանի միջև տեղի ունեցած ծանոթ հանդիպման վերաբերյալ բան չեն ասում: Դա Հիսուսին ուղղած այս մարդու բարևելու կարևորությունն է: Նա նրան «Բարի վարդապետ» կանչեց:

Հիսուսն այս կարևորությունը չանտեսեց: Հիսուսն անմիջապես գիտակցեց, որ մի մարդու հետ է խոսում, որ բարի բառի նշանակության մասին մակերեսային հասկացողություն ուներ: Մարդն ուզում էր Հիսուսի հետ փրկության մասին խոսել: Փոխարենը, Հիսուսը նրբորեն խոսակցությունը շեղեց ու բարի լինելու մասին խոսեց: Նա առիթն օգտագործեց, որ այս մարդուն «Բարի» բառի նշանակության մասին մի անմոռանալի դաս տա:

Հիսուսը կենտրոնացավ մարդու բարևելու վրա. «Ինչո՞ւ ես ինձ բարի անվանում»: Ապա նա հարցը մի հավելյալ որակավորումով շեշտեց. «Ոչ ով ոք բարի չէ, բացի մեկը՝ Աստված»: Այստեղ կարմիր ահազանգը պիտի հնչի: Ոմանք՝ նույնիսկ կրթված աստվածաբաններ, գայթակղվում են Հիսուսի այս խոսքերից: Ոմանք Հիսուսի խոսքն այսպես են հասկանում. «Ինչո՞ւ ես ինձ բարի անվանում: Ես բարի չեմ: Բարին միայն Աստված է: Ես Աստված չեմ: Ես բարի չեմ»:

Այստեղ Հիսուսն Իր աստվածությունը երբեք չի ուրանում: Նա Նաև երբեք չի մերժում Իր բարությունը: Ուղիղ հասկացողությամբ, հարուստ իշխանի՝ Հիսուսին բարի կանչելը կատարելապես ճիշտ էր: Նա բարության մարմնացումն էր: Հարցն այն է, որ հարուստ մարդը դրան չէր անդրադարձել: Նա Հիսուսին՝ որպես մի մեծ ուսուցիչի, հարգում էր, բայց նա միայն այդքանն էր տեսնում: Նա գաղափար անգամ չուներ, որ մարնմացած Աստծո հետ էր խոսում:

Պարզ է, որ հարուստ իշխանն իր սուրբ գրքերից տեղյակ չէր: Նա Սաղմոս 14-ի իմաստը չէր հասկացել. «Անզգամն իր սրտում ասաց, թե Աստված չկա: Նրանք ապականվեցին և իրենց գործերով գարշելի եղան. ոչ ոք չկա, որ բարին գործի: Տերը երկնքից մարդկանց որդիներին է նայում, թե կլինի արդյոք մեկ իմաստուն, որ Աստծուն խնդրի: Ամենքը խոտորվեցին և միասին անպիտանացան, բարին գործող չկա, մեկն էլ չկա:(Սաղմոս 14:1-3)

Պողոս առաքյալն այս սաղմոսը Նոր Կտակարանում հիշում ու մեկնաբանում է: Պատգամը անսխալական է: Ոչ ոք բարիք չի գործում, նույնիսկ՝ ոչ մեկը: «Նույնիսկ՝ ոչ մեկը» բոլոր տարակարծիքները անհետացնում է: Այս ամբաստանությունը, բացի Աստծո Որդուց, Ով միայն բարություն է անում, որևէ ուրիշ մի բացառություն չի թույլատրում:

Մարդկային հոգին այսպիսի տիեզերական ամբաստանությունից կծկվում է: Վստահաբար Սուրբ Գիրքը չափազանցում է: Մենք քանի-քանի բարեգործ մարդկանց ենք ճանաչում: Մենք հաճախ մարդկանց կատարած բարի գործերը տեսնում ենք: Հականալի է, որ որևէ մեկը կատարյալ չէ: Մենք բոլորս էլ մերթընդմերթ թուլություններ ենք ունենում: Բայց երբեմն էլ մի քանի բարի գործ ենք անում, այդպես չէ՞: Ո՛չ: Այն հարուստ իշխանը ճիշտ այսպես էր մտածում: Նա բարությունը սխալ չափանիշով էր չափում: Նա բարի գործերը արտաքին տեսանկյունից էր արժևորում:

Աստված պատվիրում է, որ մենք որոշ բարի բաներ անենք: Նա պատվիրում է մեզ, որ աղքատներին օգնենք: Մենք աղքատներին տալիս ենք: Դա բարի արարք է, չէ՞: Այո և ոչ: Դա բարի է այն իմաստով, որ մեր արտաքին արարքը Աստծո հրամանին ենթարկվում է: Այդ իմաստով մենք հաճախ բարիք ենք գործում: Բայց Աստված նաև սրտին է նայում: Նա մեր խոր շարժառիթներով է հետաքրքրված: Բարի արարքը Աստծո բարության չափանիշը հագեցնելու համար պետք է բխի Աստծուն կատարելապես սիրող ու նաև իր ընկերոջն էլ կատարելապես սիրող սրտից: Քանի որ որևէ մեկին Աստծուն ու ընկերոջը կատարելապես սիրել չի հաջողվում, ուստի մեր բոլոր արտաքին բարի արարքերը արատավորված են: Դրանք մեր ներքին շարժառիթների անկատարության արատներն են կրում: Աստվածաշնչի տրամաբանությունն այս է՝ քանի որ ոչ ոք կատարյալ սիրտ չունի, ուրեմն ոչ ոք կատարյալ գործ չի անում:

Աստծո օրենքը ճշմարիտ արդարության հայելին է: Երբ մենք մեր գործերը այս հայելու առջև ենք դնում, դրա արտացոլանքը մեր անկատարություններն է պատմում: Հիսուսն այս հայելին այն հարուստ երիտասարդ իշխանի աչքերի առջև դրեց: Նա ասաց. «Պատվիրանները գիտե՞ս. մի՛ շնացիր, մի՛ սպանիր, մի՛ գողացիր…» (Ղուկաս 18:20): Այստեղ կարևոր է նշել, թե երիտասարդ իշխանի համար Հիսուսի հիշած պատվիրանները Օրինաց Երկրորդ աղյուսակ կոչված բաժնում են պարունակվում: Սրանք մարդ-ընկեր արարածի հանդեպ ունեցած մեր պարտականություններն են: Սրանք այն պատվիրաններն են, որ շնության, սպանության, գողության և այլ հարցերի վերաբերյալ են: Ակնհայտորեն Հիսուսի նշած շարքից առաջին մի քանի պատվիրանները, որ Աստծուն էին վերաբերում, բացակա էին:

Հարուստ մարդն ինչպե՞ս պատասխանեց: Նա չնեղվեց: Նա խաղաղությամբ հայելու մեջ նայեց ու անկատարություններ չտեսավ: Նա պատասխանեց. «Այս ամենն իմ երեխայությունից պահել եմ» (Ղուկաս 18:21):

Այս մարդու գոռոզությունը կամ տգիտությունը պատկերացրեք: Ես դժվարանում եմ Հիսուսի համբերությունը հասկանալ: Ես չէի կարողանա ինքս ինձ զսպել: Ես վայրկենապես բարկությունս կարտահայտեի ու այսպիսի մի բան կասեի. «Ի՞նչ, դու Տասը պատվիրանները երեխայությունից ի վեր պահե՞լ ես: Դու անցած հինգ րոպեների մեջ Տասը Պատուիրաններից ոչ մեկը չես պահել: Լեռան վրայի քարոզը չսեցի՞ր: Չե՞ս հասկանում, որ եթե զուր տեղը մեկի վրա բարկանաս, դու կխախտես սպանության դեմ պատվիրանն իր ավելի խորը իմաստով: Չգիտե՞ս որ, եթե մի կնոջ ցանկանաս, դու շնությանը վերաբերող պատվիրանը խորը իմաստով կխախտես: Դու երբևիցե ցանկացե՞լ ես: Դու քո ծնողներին միշտ հարգու՞մ ես: Դու կամ խենթ ես կամ էլ՝ կույր: Քո հնազանդությունն լավագույն դեպքում կեղծային է: Դու միայն մակերեսային կերպով ես հնազանդվում:

Ես այդպես կվարվեի: Բայց դա Հիսուսի վարվելաձևը չէր: Հիսուսն ավելի նուրբ ու ավելի ազդեցիկ էր. «Հիսուսն էլ, երբ այս լսեց, նրան ասաց.

- Մի բան տակավին պակաս է քեզ, ամեն ինչ որ ունես ծախիր և աղքատներին տուր և գանձ կունենաս երկնքում և ե՛կ, հետևիր ինձ» (Ղուկաս 18:22):

Եթե երբևէ Հիսուսը հեգնանքով խոսեց, դա էլ այստեղ է: Եթե Հիսուսի բառերը տառացի մեկնաբանենք, հարկ պիտի լինի եզրափակել, որ այս խոսակցությունը պատմության մեջ երկու ամենից ավելի արդար մարդկանց միջև տեղի ունեցավ, այնպես որ, այս խոսակցությունն անբիծ Գառան ու մեկ արատ ունեցող զառան միջև տեղի ունեցավ: Շատ ուրախ կլինեմ, եթե Հիսուսից լսեմ, որ իմ բարոյական կատարելության մեջ ես միայն մեկ բանի պակաս ունեմ:

Բայց մենք ավելի լավ գիտենք: Եթե գուշակենք և ջանանք Հիսուսի մտքի գաղտնի ծալքերի մեջ մտնել, կարող ենք երևակայել, թե նրա խոհընթացում այսպիսի մի բան տեղի ունեցավ. «Ո՜հ, դու ամեն պատվիրանները երեխայությունից ի վեր պահել ես: Շատ բարի, ուրեմն ստուգենք: Առաջին պատվիրանն ի՞նչ էր: Ո՜հ, այո. «Բացի ինձանից ուրիշ աստվածներ չունենաս»: Հիմա տեսնենք, թե դու ինչպե՞ս ես սրան վերաբերվել»:

Հիսուսը նրան հարցաքննեց: Այս հարուստ մարդու

կյանքի մեջ եթե կար որևէ մի բան, որ Աստծո առջև բերվեց, այն էլ նրա դրամն էր: Հիսուսը մարտահրավերը ճիշտ այս կետի վրա հիմնեց: Կետը առաջին պատվիրանի հանդեպ այս մարդու հնազանդությունն էր. «Գնա՛, ամեն ինչ որ ունես, ծախի՛ր…»

Մարդը ի՞նչ արեց: Իր միայն մեկ թերության հետ ինչպե՞ս վարվեց: Նա տխրությամբ հեռացավ, որովհետև շատ ստացվածք ուներ:

Այս մարդը Տասը պատվիրանների քննությանը ենթարկվեց ու հենց առաջին հարցից հետո արդեն իսկ ձախողեց:

Այս պատմության կետը քրիստոնյայի համար իր բոլոր սեփականությունից ձերբազատվելու օրենք հանելը չէ: Մեզ համար հասկանալու կետն այն է, որ հնազանդությունը ի՞նչ է, ու իրական բարությունն ի՞նչ է պահանջում: Հիսուսն այս մարդու պոռոտախոսությունը բացահայտեց, ու այդ մարդը հրաժարվեց:

Դարեր հետո, երբ Հիսուսը մի ուրիշ երիտասարդ մարդու հանդիպեց, նրա մեղքը հասկացնելու համար նրան տքնաջան դասընթացի միջով չանցկացրեց: Նա Լյութերին երբեք «Մեկ բան պակաս է քեզ» չասաց: Լյութերն արդեն հասկանում էր, որ ինքը շատ բաների մեջ թերանում էր: Նա փաստաբան էր: Հին Կտակարանի օրենքն էր սերտել: Նա անբիծ ու Սուրբ Աստծո պահանջներին լավատեղյակ էր, ու դա նրան խենթացնում էր:

Լյութերի տաղանդը մի օրինական տարակարծության հետ էր բախվում, որը չէր կարողանում լուծել: Այնպես էր թվում, որ որևէ լուծում չկար: Հարցը նրան գիշեր ու ցերեկ նեղում էր, որ արդար Աստված ինչպես կարող է անարդար մարդուն ընդունել: Նա գիտեր, որ իր հավիտենական վիճակը դրա պատասխանից էր կախված: Բայց նա պատասխանը չէր կարողանում գտնել: Սահմանափակ մտածողները ուրախ իրենց ճանապարհով էին գնում ու իրենց տգիտության օրհնությունն էին վայելում: Նրանք բավականացած էին, մտածելով, թե Աստված Իր սեփական գերազանցությունը կզիջի ու կթույլատրի, որ նրանք երկինք մտնեն: Վերջիվերջո, երկինքը չէր կարող այն գերազանց տեղը լինել, եթե նրանք այդտեղից զրկվեին: Հարկ է Աստծուն համեմատաբար գնահատել: Տղաները միշտ տղաներ կմնան, ու Աստված բավարարաչափ մեծ է, որ մի քանի բարոյական արատներից չգրգռվի:

Երկու բան Լյութերին առանձնացնում էր մնացած մարդկանցից: Առաջինը՝ նա գիտեր, թե Աստված Ով է: Երկրորդ՝ նա Աստծո օրենքի պահանջները հասկացել էր: Եթե նա ավետիսը չհասկանար, չարչարանքից կմեռներ:

Հետո տեղի ունեցավ՝ Լյութերի գերագույն կրոնական փորձառությունը: Կայծակներ չկային, ոչ էլ թռչող թանաքամաններ: Իր սերտողության լռության և առանձնության պահին տեղի ունեցավ: Ճանաչված որպես Լյութերի «Աշտարակային փորձառությունը»՝ աշխարհի պատմության ընթացքը փոխեց: Այդ մի փորձառություն էր, որ Աստծո մասին ու Նրա աստվածային արդարության մասին մի նոր հասկացողություն էր պարունակում: Դա այն հասկացողությունն էր, թե ինչպես է Աստված կարողանում, առանց Իր արդարությունը զիջելու, ողորմած լինել: Դա մի նոր հասկացողություն էր, թե ինչպես մի Սուրբ Աստված իր սուրբ սերն է արտահայտում:

«Ես մեծապես ցանկանում էի Պողոսի Հռոմեացիների նամակը հասկանալ, ու ոչ մի բան չէր արգելում, բացի «Աստծո արդարություն» այն մեկ արտահայտությունը, որովհետև ես հասկանում էի, թե արդարությունն այն է, որով Աստված արդար է ու անարդարին ուղղությամբ վարվելով, պատժում է: Իմ պարագան այդպես էր, որ թեպետ՝ որպես մի անմեղ վանական, ես Աստծո առջև տառապյալ խղճով մեղավոր էի կանգնում ու որևէ վստահություն չունեի, թե իմ արժանիքը նրան պիտի մեղմացներ: Ուստի, ես արդար և բարկացած Աստծուն չէի սիրում, այլ ատում էի նրան ու նրա դեմ տրտնջում: Սակայն ես սիրելի Պողոսին էի կառչել ու մեծ փափաք ունեի նրա ասածների իմաստը հասկանալու:

Գիշեր ու ցերեկ մտածում էի, մինչև որ Աստծո արդարության ու «Արդարը հավատքից կապրի» նախադասության կապակցությունը տեսա: Ապա անդրադարձա, որ Աստծո արդարությունն այն արդարությունն է, որ շնորհքով ու լոկ Աստծո ողորմությամբ, հավատքի միջոցով Աստված արդարացնում է: Դրա հիման վրա ես զգացի, որ վերածնվել եմ ու դրախտի բացված դռներից ներս եմ մտել: Ամբողջ Սուրբ Գիրքը նոր իմաստ ստացավ: Նախքան այդ «Աստծո արդարությունը» ինձ ատելությամբ էր լցրել, իսկ այժմ դա ինձ համար ավելի սիրելի ու անբացատրելիորեն քաղցր էր: Պողոսի այս մեջքերումն ինձ համար երկնքի դարպաս դարձավ…

Եթե դու Քրիստոսի հանդեպ՝ որպես քո Փրկչի, ճշմարիտ հավատք ունես, ապա դու անհապաղ մի շնորհալի Աստված ունես, որովհետև հավատքը քեզ առաջնորդում է ու Աստծո սիրտն ու կամքն է բացում, որ դու զուլալ շնորհքն ու հորդառատ սերը տեսնես: Սա Աստծուն հավատքով նայելն է, որով դու նրա հայրական ու բարեկամական սիրտը պիտի տեսնես, որի մեջ որևէ բարկություն կամ շնորհազրկություն չկա: Նա, ով Աստծուն բարկացած է տեսնում, նրան ճիշտ կերպով չի նայում, այլ Նրան լոկ մի վարագույրից է նայում՝ կարծես թե մի մութ ամպ նրա երեսն է ծածկել»:

Իրենից առաջ Եսայիայի պես, Լյութերը վառվող ածուխներն իր շուրթերի վրա զգաց: Նա իմացավ, թե «կորած եմ» ինչ է նշանակում: Նա սուրբ Աստծո հայելուց փշրվեց: Հետագայում նա ասաց, որ նախքան երկնքի համն առնելը, Աստված իրեն դժոխքի գուբի վրա կախ տվեց: Աստված իր ծառային գուբը չգցեց, այլ նրա կյանքը գուբից ազատեց: Նա փաստեց, որ Ինքն Աստված է, Ով թե՛ արդար է, և թե՛ արդարցնող: Երբ Լյութերն առաջին անգամ ավետիսը հասկացավ, դրախտի դռները բացվեցին, ու նա դրանց միջով քայլեց:

«Արդարը հավատքից կապրի»: Բողոքական վերակազմության ռազմակոչը սա էր: Գաղափարը՝ արդարացումը լոկ հավատքից է, ավետիսի համար այնքան կենտրոնական էր, որ Լյութերը դա «Այն հոդվածը, որի վրա եկեղեցին կամ կանգնում է կամ ընկնում» կոչեց: Լյութերը գիտեր, որ դա այն հոդվածն էր, որի վրա նա պիտի կանգներ կամ ընկներ:

Հենց որ Լյութերը Հռոմեացիներին ուղղված նամակի մեջ Պողոսի ուսմունքը ըմբռնեց, նա վերածնվեց: Նրա մեղավորության զգացումն անցավ: Խենթացնող տառապանքը վերջացավ: Սա այն մարդու համար, ով կարող էր Պապի և ժողովականների, իշխանների և կուսակալների ու ի հարկին բոլոր աշխարհի դեմ կանգնել, շատ իմաստալից էր: Նա դրախտի դարպասներից ներս էր մտել, ու ոչ ոք չէր կարող նրան այնտեղից հետ քաշել: Լյութերը Բողոքական էր, ով գիտեր, թե ինչի դեմ է բողոքում:

Լյութերը խե՞նթ էր: Միգուցե: Բայց եթե նա խենթ էր, մեր աղոթքն այն է, որ Աստված այս երկրագնդի վրա այնպիսի խենթության համաճարակ ուղարկի, որ մենք էլ նմանապես այն, լոկ հավատքով եղած, արդարության համն առնենք:

Թո՛ւյլ Տանք Աստծո Սրբությունը Դիպչի Մեր Կյանքին

Մինչ դու Աստծո սրբության մասին քո սովորածին ես անդրադառնում ու վերհիշում, պատասխանի՛ր հետևյալ հարցերին: Մի տետրի մեջ Աստծո սրբության մասին քո պատասխանները գրի՛ր կամ դրանք ընկերոջդ հետ կիսվի՛ր:

1. Երբ դու Աստծո սրբության հայելու մեջ ես նայում, ի՞նչ ես տեսնում: Դու քո ու Աստծո վերաբերյալ ի՞նչ ես սովորում:
2. Քո մեղքի հետ ի՞նչ ես անում:
3. «Արդարը հավատքից կապրի» նախադասությունն անհատապես քեզ համար ի՞նչ է նշանակում:
4. Քեզ արդարացնելու համար ինչպե՞ս կարող ես Աստծուն պաշտել:

ԳԼՈՒԽ 6

ՍՈՒՐԲ ԱՐԴԱՐՈՒԹՅՈՒՆ

Արդարությունն ամենաբարձր արժանիքներից է նկատվում, ավելի սքանչելի, քան առավոտյան ու երեկոյան աստղը:

Արիստոտել

Մարտին Լյութերը հասկացավ, որ անարդար մարդկանց համար արդար ու սուրբ Աստծո ներկայության մեջ ապրելը որքան լուրջ խնդիր էր: Ճիշտ ինչպես Լյութերը վանականների վանականն էր, այդպես էլ Պողոսը փարիսեցիների փարիսեցին էր: Երկուսն էլ պայծառամիտ ու բարձրագույն ուսյալ մարդիկ էին: Պողոսի մասին ասվել է, որ նա իր դարձի ժամանակ Պաղեստինի մեջ ամենաուսյալ մարդն էր: Այսօրվա չափանիշներով նա իր քսանմեկ տարեկան հասակում երկու դոկտորական (Ph.D) վկայական ուներ: Նա նաև օրենքի ու Աստծո արդարության հարցի հետ պայքարում էր: Վանական Լյութերը և փարիսեցի Պողոսը երկուսն էլ սուրբ արդարության հետ սպառված էին: Երկուսն էլ, նախքան Ավետարանի ջատագովներ լինելը, Հին Կտակարանի Օրենքի աշակերտներ էին:

Ով որ Հին Կտակարանը կարդա, պետք է Աստծո դատավարության առերևույթ դաժանության հետ մարտնչի: Շատերի համար նրանք մինչև այստեղ են կարդում: Նրանք վայրագ հատվածներից գայթակղվում են ու դրանց «դժվար խոսքեր» են անվանում: Ոմանք այս խոսքերը քրիստոնեությունը մերժելու համար բավարար պատճառ են տեսնում: Այս դժվար խոսքերը Հին Կտակարանի Աստծուն արհամարհելու պատճառ են թվում: Ուրիշները, Հին Կտակարանը կրոնական առակների վերածելով կամ կտրելով, փակցնելով կամ դաժան հատվածները հին առասպելների մակարդակի հասցնելով, ջանում են դրա հարվածը մեղմացնել:

Ոմանք, նույնիսկ ավելի առաջ գնալով, պնդում են, թե Հին Կտակարանի Աստվածը մի վատահամբավ ու ցնորական Աստված է: Մի տեսակ դիվային աստվածություն, ում կիզիչ զայրույթը Նոր Կտակարանի սիրո Աստծո արժանապատվությունից ցածր է:

Այս գլխի մեջ փափագում եմ Հին Կտակարանի Աստծո աչքերին նայել: Ուզում եմ նայել ամենադժվար ու ամենավիրավորական հատվածին, որ Հին Կտակարանում կարող ենք գտնել ու տեսնել, թե արդյոք կարո՞ղ ենք դա հասկանալ: Այն սրընթաց և հանկարծակի դատավորությանը նայենք, որը ընկավ Ահարոնի որդկանց՝ Նադաբի ու Աբիուդի վրա: Պիտի նայենք Աստծո այն հարվածին, որ սպանեց Ոզային ուխտի տապանակին դիպչելու համար: Հանցագործությունների երկար շարանին պիտի նայենք, որոնց համար Աստված մահապատիժ էր հրամայել: Կանանց ու երեխաներին սպանելուն պիտի նայենք, որոնք կարծես Աստծո հրամանների համեմատ տեղի ունեցան: Ահազանգված եղե՛ք: Այս գլուխը ստամոքսով կամ սրտով տկարների համար չէ: Եթե կամենում եք կարդալ, Ամենաահավորի անդունդի մեջ պիտի սևեռվել:

Նախ Նադաբին ու Աբիուդին նայե՛նք: Այս երկու մարդիկ քահանայապետ Ահարոնի որդիներն էին, ու նրանք քահանաներ էին: Աստված Ինքը Ահարոնին ընտրել էր որպես առաջին քահանայապետ: Մովսեսի հետ Ահարոնը Իսրայելի ժողովրդին անապատի միջով էր առաջնորդել. «Եւ Ահարոնի որդիքը՝ Նադաբն ու Աբիուդը, ամեն մեկն իր բուրվառն առավ և դրանց մեջ կրակ դրեցին և վրան խունկ դրեցին և Տիրոջ առջև օտար կրակ մատուցեցին, որ Ինքը չէր պատվիրել նրանց: Եւ Տիրոջ առջևից կրակ ելավ և սպանեց նրանց, և նրանք մեռան Տիրոջ առջև»: (Ղևտացիս 10:1-2) Եթե Իսրայելի մեջ կային մարդիկ, ովքեր Աստծո հետ մոտիկ հարաբերություն ունեին, նրանք Մովսեսն ու Ահարոնն էին: Կարելի է Ահարոնի որդկանց հանդեպ Աստծո վերաբերմունքի մեջ որոշակի հանդուրժողականություն ակնկալել: Բայց դա գոյություն չուներ: Խորանի վրա կատարված մեկ հանցանքի համար Աստված սրընթացաբար ու վայրագաբար նրանց բնաջնջեց: Այդպես չէր, որ նրանք խորանը կանանցով պղծեցին կամ Մողոքի աղանդի նման՝ մարդկանց զոհեր մատուցեցին: Միակ բանը, որ Նադաբն ու Աբիհուդն արեցին այն էր, որ այնտեղ մի «օտար կրակ» մատուցեցին: Ճշտգրտաբար վստահ չենք, թե «օտար կրակը» ինչ էր: Այնպես է հնչում, թե այս քահանաները արարողության հետ մի ստեղծագործ փորձ կատարեցին: Միգուցե մի պարսավելի վիրավորանք էր, բայց արդյո՞ք մահապատժի արժանի՞: Այն էլ առանց դատավարությա՞ն: Անմիջական, վերջնական մահապատի՞ժ:

Տարիների ընթացքում մարդիկ ջանացել են Նադաբին ու Աբիուդին պատահածին մի բնական բացատրություն տալ: Իմանուել Վելիկովսկին՝ Ալբերտ Էյնշտեյնի գիտնական ընկերը, այս մարդկանցից մեկն էր:

Վելիկովսկին երկրագնդի մակերեսը փոխող մտքերով երկրաբանական աշխարհը ցնեց: Նա ասում էր, որ հանկարծակի աղետը երկրագնդի մակերեսը փոփոխությունների է ենթարկել այնպես, որ մի մոլորակ կամ մի հսկա քարակույտ այնքան է երկրագնդին մոտեցել, որ երկրագնդի մագնիսական բևեռները հակադարձել է, ու հետևեաբար երկրագունդը սկսել է հակառակ ուղղությամբ պտտվել: Մի արագ պտտվող բան երևակայե՛ք: Հետո Հանկարծակի դա հակառակ ուղղությամբ սկսվի պտտվել: Ի՞նչ կլիներ, եթե դրա գլխավերում ջուր գոյություն ունենար: Ի՞նչ կպատահեր դրան: Դա հակառակ ուղղությամբ մի մեծ ծովաշարժային ալիքի կվերածվեր: Վելիկովսկու տեսակետի մի մասը թելադրում է, որ վառելանյութի պարունակություն ունեցող մի օդերևութական տարափ երկրագունդը ռմբակոծեց ու երկրի մակերեսի խոռոչները լցնելով՝ երկրի տակ քարայուղի հսկա պահածոների պատճառ դարձավ: (Միջին Արևելքի քարայուղով հարուստ երկրամասը նկատեք:)

Այս տեսակետը թելադրում է, որ Նադաբն ու Աբիուդը մի տեղ պահածո քարայուղ գտնելով զարմացել էին, թե դա ինչ էր: Նրանք որոշեցին տեսնել, թե դա ինչպես պիտի աշխատեր, եթե խորանի վրա վառվող նյութերի հետ խառնվեր: Երբ նրանք դա կրակի վրա դրեցին, բռնկվեց ու պայթեց ու քահանաներին վայրկենապես սպանեց: Հնադարյան ընկերության մեջ սա աստվածներից եղած հանկարծակի դատավարության արարք էր նկատվում: Վելիկովսկու դիտանկյունից, Նադաբի ու Աբիուդի մահը արկած էր՝ անծանոթ կրակի հետ երեխաների խաղալու մի ցավալի դեպք:

Աստվածաշունչն այս պատմությունը այլ կերպ է տեսնում: Աստվածաշունչը այս եղելությունը Աստծո գերբնական դատավարություն է արձանագրում: Հնարավոր է, որ դա բնական միջոցներով գործադրվեց, բայց հստակ է, որ Նադաբի ու Աբիուդի մահը արկած չէր: Դա պետք է Աստծո բարկությանը և դատավարությանը վերագրվի:

Ահարոնն այս եղելությունն ի՞նչ համարեց: Կարծում եմ, որ նա բարկացած ու վշտացած էր: Ահարոնի համար իր ընտանիքի մնացորդի կորուստը մի աղետ էր: Նա իր ողջ կյանքն Աստծո ծառայությանն էր նվիրել: Նրա որդիքը իր քայլերին էին հետևում: Նա նրանց նվիրման օրն ու քահանա ընտրվելու պարծանքի զգացումն էր հիշում: Սա ընտանեկան հաջց էր: Նա այն Աստծուց, Ում ծառայել էր, ինչպիսի՞ շնորհակալություն ստացավ: Խորանի օրենքի հանդեպ մի փոքրիկ խախտում թվացող արարքի համար Աստված նրա որդիներին ամբողջովին մահապատժի ենթարկեց:

Ահարոնը շտապելով գնաց Մովսեսին տեսնելու ու նրան այդ մասին պատմելու: Կարծես թե նա ասում էր. «Շատ լավ, Աստվա՛ծ, ես հիմա Քո արածը պիտի պատմեմ: Ես ուղղակի Մովսեսի մոտ եմ գնում: Դու սրա պատճառով մեր երկուսի հետ բան ու գործ ես ունենալու»: Ու այսպես, Ահարոնը Մովսեսի մոտ գնալով, իր խնդիրը ներկայացրեց նրան. «Մովսեսը Ահարոնին ասաց,- Սա այն է, որ Տերը խոսեց՝ ասելով. «Ինձ մոտեցողներով պիտի սրբվեմ և բոլոր ժողովրդի առջև պիտի փառավորվեմ» և Ահարոնը լռեց»»: (Ղևտացիս 10:3)

Մովսեսը Ահարոնին Տիրոջ պատասխանը տվեց: Նա նրան քահանաների սկզբնական նվիրումը հիշեցրեց: Նրանք սուրբ գործի համար ու իրենց պաշտոնի պարտավորությունները ճշտգրտությամբ կատարելու համար էին ընտրվել: Նրանք Սուրբ Աստծո առջև ծառայություն անելու առանձնաշնորհն ունեին: Տապանակի յուրաքանչյուր անոթը մասնավոր հատկորոշման համար էր շինվել ու յուրաքանչյուր առարկա Աստծո հրամանների համեմատ հատուկ արարողությամբ սրբացվել էր: Այս հրամանների մեջ որևէ անորոշություն չէր գտնվում: Խնկարկության խորանի նկատմամբ Ահարոնն ու իր որդիքը պատշաճ գործելակերպի մեջ հատուկ կրթված էին: Աստված խոսել էր՝ ասելով. «Դրա վրա օտար խունկ կամ ողջակեզ կամ հացի ընծա չմատուցե՛ք, ոչ էլ դրա վրա նվեր թափեք: Եւ Ահարոնը տարին մեկ անգամ դրա եղջյուրների վրա քավություն անի, քավության մեղքի պատարագի արյունով տարին մեկ անգամ դրա վրա քավություն անի ձեր ազգերի մեջ. սա Տիրոջ համար ամենասուրբն է»: (Ելից 30:9-10)

Հրահանգը հստակ էր: Խնկի սեղանը Աստծո կողմից «Ամենասուրբ» էր հռչակվել: Երբ Նադաբն ու Աբիուդը դրա վրա օտար կամ չարտոնված կրակ մատուցեցին, նրանք հստակ Աստծո դեմ հակառակությամբ վարվեցին: Նրանց արարքը բառաչող ապստամբություն ու Սուրբ Վայրի աններելի հայհոյություն էր:

Նրանք ամբարտավանության մեղքը գործեցին, որը Աստծո դեմ դավաճանություն է: Նրանք ամենասուրբ տեղը պղծեցին:

Աստծո դատավարությունը սրընթաց էր: Մովսեսին տված Նրա բացատրությունը հստակ էր. «Ես սրբությունս պիտի ցուցադրեմ, բոլոր ժողովրդի առջև պիտի փառավորվեմ»: Սրանք ապագա մարգարեության խոսքեր կամ գուշակություններ չէին: Երբ Աստված ասաց. «Ես պիտի…» Նա դա որպես աստվածային հրահանգ տվեց՝ մի հրաման, որին մեկը հակահրամայել չէր հանդգնի:

Այս հատվածի անկյունաքարը Ղևտացիս 10:3-ի վերջին նախադասության մեջ է գտնվում՝ «Ահարոնը լռեց»:

Ահարոնը ուրիշ ի՞նչ կարող էր անել: Բանավեճն ավարտվել էր: Փաստերը ներկայացվել էին ու Աստված դատավճիռը հատուցել էր: Ահարոնի որդիներին բացարձակապես արգելված էր այդպիսի կրակ մատուցել: Նրանք անհնազանդության արարք էին գործել, և Աստված Իր արդարության մուրճը նրանց վրա էր իջեցրել: Ուստի, Ահարոնը լռեց: Նա իր խաղաղությունը պահպանեց: Նա արդարացման որևէ առաջարկ ու որևէ բողոք չուներ: Վերջին դատաստանում գտնվող մեղավորների նման նրա բերանը փակվեց:

Սա Աստծո պատժողական արդարության մի օրինակն է: Սա այն արդարությունն է, որով Նա հանցագործին պատժում է: Այս պատիժը դաժան և տարօրինա՞կ է: Արդյո՞ք իսկապես դա, արդարության սահմանը խախտելով, անարդարության է անցել:

Արդարության մասին մեր ունեցած գաղափարի մեջ այս գաղափարն է հաստատված, որ հարկավոր է՝ պատիժը հանցանքին համապատասխան լինի: Եթե պատիժը հանցանքից ավելի սաստիկ է, այն պահին անարդարություն է տեղի ունենում: Աստվածաշունչը հստակեցնում է, որ Նադաբն ու Աբիուդը իրենց մեղքը արդարացնելու համար չէին կարող անգիտակցության պատճառաբանությունը գործածել: Աստված նրանց տված իր հրահանգը հստակեցրել էր: Նրանք գիտեին, որ սեղանի վրա թույլատրված չէր արգելված կրակ մատուցել: Մեզ համար նրանց գործած մեղքը տեսնելը հեշտ է: Բայց նրանք երբեք չէին երազում, որ իրենց մեղքը այնքան լուրջ լիներ, որ դա Աստծուն դրդեր տեղում մահապատիժ կատարելու: Այստեղ Աստծո ձեռքով տեղի ունեցած դաժանության դեմ բողոքների մի օրինակի ենք հանդիպում: Սա հանցագործության համեմատությամբ շատ ավելի դաժան և տարօրինակ պատիժ է: Այս պատժի չափը մեզ ոչ միայն շվարեցնում է, այլև՝ ապշեցնում:

Ինչպե՞ս կարող ենք այս դրվագը Ծննդոցի՝ Աստծո արդարության հատկանիշի մասին ուսուցման հետ համատեղել: Ծննդոցը նշում է, որ ամբողջ երկրի դատավորը ուղիղ կանի (Ծննդոց 18:25): Իսրայելի նախնական ենթադրությունն այն է, որ Աստծո դատաստանները միշտ արդարության համեմատ են: Նրա արդարությունը երբեք անհամաչափ չէ, երբեք անհեթեթ չէ, երբեք բռնապետական չէ: Անհնար է Աստված անարդար լինի, որովհետև Նրա արդարությունը սուրբ է:

Եթե Նադաբի ու Աբիուդի պատմության հետ ենք պայքարում, Ոզայի պատմության մեջ դեռ ավելի մեծ դժվարության ենք հանդիպում: Երբ Դավիթը Իսրայելի թագավորական գահին բարձրացավ, նա անմիջապես ձեռնարկեց իր թագավորությունը միավորել: Նա իր զորավարների ու ռազմական հրամանատարների հետ խորհրդակցեց ու ուխտի տապանակը՝ Իսրայելի ամենասուրբ գույքը, որոշեց հետ վերադարձնել դեպի իր կենտրոնական վայրը: Տապանակը փղշտացիների կողմից գրավված էր ու ասվում էր, որ այդ ճակատագրական օրը Իսրայելի փառքը նրանից հեռացել էր: Երբ սուրբ տապանակը կալանավորվեց, Իսրայելի ամենամեծ հարստությունը գողացվեց ու Դագոնի հեթանոսական տաճարը տարվեց: Երբ տապանակը վերադարձվեց, մի ապահով տեղ դրվեց՝

սպասելով, որ մի պատշաճ ժամանակ Իսրայելի ազգի հանրության մեջ դա իր արժանապատիվ դիրքին վերականգնվի: Վերջապես ժամը հասավ, և Դավիթը ցանկացավ այն փառքը վերադարձնել: Նա ասաց. «Մեր Աստծո տապանակը մեզ մոտ փոխադրենք, որովհետև Սավուղի օրերում դա չուզեցինք: Եւ բոլոր ժողովքն ասաց, որ այնպես անեն, որովհետև այս խոսքը բոլոր ժողովրդի աչքին ուղիղ երևաց»: (Ա. Մնացորդաց 13:3-4)

Տապանակը ազգի ռազմակոչի կենտրոնակետն էր: Դա Աստծո գահն ու Ամենաբարձրյալի սուրբ աթոռն էր: Դա Աստծո անձի կողմից տրված ամենախստիվ գծագրության համեմատ էր կառուցվել ու զարդարվել: Դա Sanctos Sanctorum՝ Սրբության Սրբոց էր լինելու: Տապանակը սատիմի փայտից էր շինված. ներսից և դրսից ոսկով էր պատված: Դա մի ոսկյա ձուլվածքով շրջափակված էր: Դրա ոտքերին չորս ոսկյա օղակներ էին կցված, որ դրանց միջից ձողեր անցկացնելով, կարողանային վեր առնելով տեղափոխել: Ձողերն էլ նմանապես սատիմի փայտից էին շինված ու ոսկով պատված:

Արկղի կափարիչը «Քավության Ծածկոց» էր կոչվում: Դա էլ մաքուր ոսկուց էր շինված: Արկղի կափարիչի յուրաքանչյուր ծայրին դրված ոսկուց քանդակված քերովբեներ կային, յուրաքանչյուր ծայրի վրա մի քերովբե, որոնք դեմ դիմաց իրար էին նայում ու իրենց թևերը դեպի վեր էին տարածում: Այս էր այն սուրբ գույքը, ինչ որ Դավիթը պատվիրեց Երուսաղեմ վերադարձնել:

«Եւ Աստծո տապանակը դրին մի նոր սայլի վրա Աբինադաբի տնից, և Ոզան ու Աքիովը սայլն էին քշում: Դավիթն ու բոլոր Իսրայելը օրհնություններով, քնարներով, տավիղներով, թմբուկներով ծնծղաներով և փողերով Աստծո առջև ամբողջ ուժով խաղում էին: Եւ մինչև Քիդոնի կալը եկան, և Ոզան ձեռքը մեկնեց, որ տապանակը բռնի, որովհետև եզները ծռել էին: Եւ Տիրոջ բարկությունը Ոզայի դեմ բորբոքվեց և նրան զարկեց, որովհետև ձեռքը տապանակին էր մեկնել, և նա այնտեղ Աստծո առջև մեռավ: Եւ Դավիթը տրտմեց, որովհետև Տերը Ոզային հարվածով հարվածեց և այնտեղի անունը մինչև այսօր Փարես-Ոզա է ասվում»: (Ա. Մնացորդաց 13:7-11)

Եթե Աստված այս բարկության վայրագ պոռթկումով Դավթին բարկարցրեց, որքա՞ն ավելի աստվածաբանության մեջ անվարժ ընթերցողին կարող է շփոթեցնել: Դավիթը Աստծո սրտի համեմատ մարդ էր: Ոչ միայն նա մի վարպետ թագավոր, վաստակավոր երաժիշտ ու մրցակից մարտիկ էր, այլ նաև նա մի առաջնակարգ աստվածաբան էր:

Նադաբի ու Աբիուդի դեպքից նույնիսկ ավելի, Ոզայի մահապատիժը այն ընթերցողների մեջ, ովքեր սովորել են, թե Աստված սիրո և գթության Աստված է, բողոք է բարձրացնում: Աստվածաշունչն Աստծո մասին ասում է, թե Նա երկայնամիտ է, ուշ բարկացող: Պարզ է, որ Ոզայի նկատմամբ նրա բարկությունը, իր եռացող կետին հասնելու համար, երկար չտևեց: Ոզան տապանակին դիպավ, ու հանկարծակի Աստված զայրույթով պայթեց:

Դարձյալ, այս եղելության դաժանությունը մեղմացնելու և Ոզայի մահվանը մի բնական բացատրություն տալու համար շատ ջանք է թափվել: Ենթադրվել է, որ իբրև Ոզան այն սուրբ տապանակի հանդեպ այնքան շատ հարգանք ուներ, որ երբ դրան դիպավ, նա այնպես վախեցավ, որ սրտի կաթված ունեցավ ու տեղում մեռավ: Այս բացատրությունը Աստծուն հաշվետվությունից ազատ է արձակում: Ուստի, աստվածաշնչյան գրողի մեկնաբանությունը Հին Կտակարանում ցոդված հնադարյան նախապաշարման մի օրինակ էր:

Մարդիկ այսպիսի մեկնաբանություններին են դիմում ոչ միայն որովհետև մեր մշակույթը բոլոր գերբնական բաների դեմ անբուժելի դյուրազգացություն ունի, այլ որովհետև այս պատմությունը արդարության նկատմամբ մեր ունեցած հասկացողությունը վիրավորում է: Նորից նայենք, թե ինչ տեղի ունեցավ: Տապանակը եզներով լծված սայլակով դեպի Երուսաղեմ էր տեղափոխվում: Դա մի ազգային տոնակատարության ուրախ օր էր: Փառքը հետ՝ դեպի Սուրբ քաղաքն էր վերադառնում: Ճանապարհները մարդկանցով լիքն էր: Հանդիսավոր քայլերթը քնարների, տավիղների, թմբուկների, ծնծղաների ու փողերի ձայներով էր ընդահատվում: Երևակայե՛ք տեսարանը: Յոթանասունվեց ավագափողերով մի քայլերթ էր: Ժողովուրդը փողոցներում պարում էր:

Հանկարծ եզները սայթաքեցին, սայլակն անկայունությամբ տատանվեց: Արկղն իր խարիսխներից սահեց ու վտանգվեց հողի մեջ ընկնել ու ցեխի մեջ կեղտոտվել: Այս թանկագին գույքի՝ ցեխի մեջ ընկնելը պղծություն էր:

Վստահ ենք Ոզայի արարքը բնազդային էր: Նա արագ արեց այն, ինչ ցանկացած սրբակյաց հրեա կաներ, որ տապանակը ազատեր ցեխի մեջ ընկնելուց: Նա իր ձեռքը մեկնեց, որ տապանակը ամրացներ, որ այդ սուրբ գույքը չընկներ: Դա Աստծո դեմ նախամտածված ըմբոստություն չէր: Դա անսպասելի արարք էր: Մեր տեսանկյունից դա մի տեսակ հերոսական արարք էր: Մտածում ենք, թե Ոզան երկնքից Աստծո ձայնը պիտի լսեր գոչելիս. «Շնորհակալություն, Ոզա՛»:

Աստված այդպես չարեց:

Փոխարենը, Աստված Ոզային սպանեց: Նա անմիջապես սպանեց նրան:

Ահա մի ուրիշ մահապատիժ ևս:

Ոզայի մեղքն ի՞նչ էր: Դրան պատասխանելու համար հարկավոր է մեզ հրեական պատմությանը վերադառնալ ու քահանայության կազմությանը և Աստծո տված հատուկ պատվերներին նայել: Իսրայելի մեջ քահանա դառնալու համար հարկավոր էր Ղևտացիների ցեղից լինել: Բոլոր քահանաները Ղևտացիներ էին, բայց ոչ բոլոր Ղևտացիներն էին քահանաներ: Կահաթացիների տոհմը Ղևտացիներից մի հատուկ ընտանեկան ճյուղ էր: Կահաթացիները Աստծո կողմից մի ծայրագույն յուրահատուկ գործի համար էին օծվել: Նրանք նախնական մեկ աշխատանքի համար էին մարզվել ու դա խորանի սուրբ գույքերի խնամքն էր: «Ժողովքի խորանի մեջ Կահաթի որդկանց պաշտոնը այս լինի՝ Սրբության Սրբոցը»: (Թվոց 4:4):

Կարևոր է հիշել, որ խորանը մի վրան էր: Դա շարժողական էր: Երբ Իսրայեի ցեղերը չվում էին, նրանք խորանը իրենց հետ էին տանում, որ Աստված իրենց մեջ լիներ: Երբ խորանը տեղափոխվում էր, նախ պետք էր, որ սուրբ կարասիքը ծածկվեին ու պաշտպանվեին: Կարդում ենք. «Եւ վերջացնեն Ահարոնն ու նրա որդիքը սրբարանն ու սրբարանի բոլոր կարասիները ծածկելը՝ բանակը չվելիս, և հետո Կահաթի որդիները վեր գան առնելու. բայց սուրբ բաներին չդիպչեն, որ չմեռնեն: Կահաթի որդկանց բեռները ժողովքի խորանում լինելն է»: (Թվոց 4:15)

Այս հրամանը հաստատելու համար Աստված հավելյալ նախատեսություններ ու պայմաններ է ավելացնում՝

> «Եւ Տերը խոսեց Մովսեսի և Ահարոնի հետ՝ ասելով.
>
> -Ղևտացիների միջից Կահաթյանց տոհմերի ցեղը չփչացնեք, բայց նրանց այսպես արեք, որ ամենասուրբ բաների մոտենալիս ողջ մնան և չմեռնեն: Ահարոնն ու իր որդիները գան և նրանց ամեն մեկին նշանակեն իր պաշտոնի և իր բեռի վրա: Եւ երբ սուրբ բաները ծածկում են, նրանց տեսնելու համար ներս չմտնեն, որ չմեռնեն»: (Թվոց 4:17-20)

Ոզան հավանաբար Կահաթացի էր: Նա իր պարտականությունները ճիշտ գիտեր, թե ինչեր էին: Նա իր կոչման մեջ կատարելապես մարզված էր: Նա հասկացել էր, որ Աստված հայտարարել էր, որ ուխտի տապանակին դիպչելը մահապատժի արժանի օրինախախտում էր: Ոչ մի կահաթացի ոչ մի իրավիճակում երբեք իրավունք չուներ տապանակին դիպչելու: Ոչ մի տագնապային պահի այդ անխախտելի հրամանը խախտելու հիմք չուներ: Տապանակի ճարտարաշեն կառույցը, իր ոսկյա օղակներով, որոնց մեջ երկար նիգեր էին տեղավորվել, այնպես էր ձևակերպված, որ հստակ էր, այդ տապանակին դիպչել չէին կարող: Միայն տապանակի տեղափոխության համար որոշ մարդիկ էին կարող դրա նիգերին ու օղակներին դիպչել: Դա կահաթացիների գործն էր, որ դրա նիգերից բռնած տանեին: Գործընթացը արագացնելու համար եզնալույծ սայլակներով փոխադրելու որևէ գործընթաց նախատեսված չէր:

Պետք է մեզ այս հարցը տալ. նախ և առաջ ի՞նչ էր անում տապանակը եզնալույծ սայլակի վրա: Տապանակի սուրբ բաների նկատմամբ Աստված այնքան խիստ էր, որ կահաթացիները տապանակին նայելու իրավունք իսկ չունեին: Սա էլ մահապատժական օրինախախտում էր: Աստված պատվիրել էր, որ մի կահաթացի, եթե մի վայրկյան նույնիսկ Սրբության Սրբոցում տապանակին նայելու լիներ, նա պիտի մեռներ: Ոզային ոչ թե միայն տապանակին դիպչել էր արգելված, այլ նաև նույնիսկ տապանակին նայելու իրավունք չուներ:

Բայց և այնպես նա դիպավ: Նա իր ձեռքը երկարեց ու ուղղակի տապանակի վրա դրեց ու ուղղեց, որ հանկարծ գետնին չընկնի: Հերոսական արա՞րք: Ո՛չ: Դա տգիտության արարք էր ու նախաենթադրության մեղք:

Ոզան ենթադրեց, որ իր ձեռքը գետնից ավելի քիչ էր պղծված: Բայց տապանը սրբապղծողը գետինն ու ցեխը չէին, այլ մարդու հպումն էր: Երկիրը մի հնազանդ արարած է: Այն անում է այն, ինչ Աստված է ասում: Այն իր պտուղը իր ժամանակին է տալիս: Նա Աստծո հաստատած բնության օրենքներին հնազանդվում է: Երբ ջերմությունը որոշ չափով իջնում է, գետինը սառչում է: Երբ ջուրը հողին է ավելացվում, ցեխ է դառնում, ճիշտ ինչպես Աստված ծրագրել է: Երկիրը տիեզերական դավաճանություն չի կատարում: Երկրի նկատմամբ որևէ պղծություն չկա:

Աստված չէր ուզում չարից պղծված ինչ-որ մի բան Իր սուրբ գահին դիպչեր՝ այն, ինչ Նրա դեմ ըմբոստացած էր, այն, ինչ դրա անաստվածային ըմբոստությունը բոլոր արարչությանը ավերման էր ենթարկել ու պատճառ էր դարձել, որ երկիրն ու երկինքը, ծովի ջրերը իրենց փրկագնման օրվան սպասելով, միասին ցավ քաշելով հառաչեն: Մարդը: Մարդու հպումն էր, որ արգելված էր:

Ոզան մի անմեղ մարդ չէր: Նա առանց ազդարարության չպատժվեց: Նա առանց օրինախախտության չպատժվեց: Աստվածային այս արդարադատության արարքում որևէ քմահաճույք չկար: Այդ պահին Աստծո կատարած արարքում որևէ կամայականություն կամ անհեթեթություն չկար: Գործադրության հանկարծակիությունն ու վերջնականությունը մեզ անակնկալի են մատնում ու միանգամայն վիրավորում:

Ոզայի, Նադաբի ու Աբիուդի պատմության համար մեր վիրավորվելը ու բարկանալը, արդարև, մի պատճառ ունի: Մենք այս բաները դժվարամարս ենք գտնում, որովհետև հետևյալ չորս աստվածաշնչյան կենսական իրողությունները չենք հասկացել՝ սրբություն, արդարություն, մեղք և շնորհք:

Մենք չենք հասկացել, թե սուրբ լինելն ինչ է նշանակում: Մենք չենք հասկացել, թե արդարությունն ինչ է նշանակում: Մենք չենք հասկացել, թե մեղքը ինչ է: Մենք չենք հասկացել, թե շնորհքն ինչ է:

Ոզայի պատմությունն աստվածային արդարության մի օրինակն է: Դա աստվածային ողորմության մի օրինակ չէ: Բայց մենք աստվածային ողորմությունը չենք կարող հասկանալ, մինչև աստվածային արդարությունից որոշ հասկացողություն ունենանալը:

Երբ Աստվածաշունչն Աստծո արդարությունից է խոսում, դա ընդհանրապես Նրա արդարության հետ է կապված: Աստծո արդարությունը Նրա արդարության համեմատ է: Անարդարության համեմատ արդարություն գոյություն չունի: Աստծո մեջ չար արդարություն գոյություն չունի: Աստծո արդարությունը միշտ ու հավետ Նրա սուրբ նկարագրի արտահայտությունն է:

Աստվածաշնչում արդարություն բառը մի օրենքի կամ մի կանոնի համակերպվել է նշանակում: Աստված օրենքների համեմատ է խաղում: Արդարության գերագույն կանոնը Նրա անձի սուրբ նկարագիրն է: Նրա արդարությունը երկու տեսակ է: Մենք Աստծո ներքին ու արտաքին արդարությունն իրարից տարբերում ենք: Աստծո ներքին արդարությունը Նրա նկարագրի բարոյական գերազանցությունն է: Դա Նրա բացարձակ մաքրության մեջ է հիմնավորված: Նրա մեջ որևէ «դառնալու շվաք» չկա: Որպես մի սուրբ Աստված՝ Նա բացարձակապես անկարող է անսուրբ արարք գործել: Միայն անսուրբ էակներն են անիրավ ու անարդար արարքներ գործում:

Աստծո ու Նրա «ուղիղ լինելու» մասին մի հաստատում կա: Մարդկային անարդարությունը հաճախ մեր անարդար լինելով է բացատրվում: Մենք ծուռ ենք: Պատահական չէ, որ հաճախ հանցագործներին «ծուռ մարդիկ» են կոչում: Աստված արդար է: Նրա արդար լինելը նրա արտաքին բարքի մեջ է երևում, այսինքն Նրա արտաքին արդարությունը: Ամբողջ հավիտենության մեջ Աստված երբեք որևէ ծուռ բան չի արել: Նա Նադաբին ու Աբիուդին սպանեց: Նա Նոր Կտակարանում նույնը Անանիային ու Սափիրային արեց: Սրանք արդար դատավարության արարքներ էին:

Աստվածաշունչը հստակ սովորեցնում է, որ Աստված տիեզերքի Գերագույն Դատավորն է: Ոզայի պատմությունը կարդալուց հետո հարցը, որ տալիս ենք այս է՝ արդյո՞ք Աստված այս գործի համար որակյա՞լ է: Որպեսզի գործի որպես երկնի ու երկրի Գերագույն Դատավոր, Նա պետք է արդար լինի: Եթե Գերագույն Դատավորը անարդար է, ապա արդարություն ունենալու հույս չենք ունենա: Գիտենք, որ հնարավոր է երկրավոր դատավորները ապականված լինեն: Նրանք կաշառք են վերցնում, աչառություն են դրսևորում ու մերթ տգիտությամբ են վարվում: Նրանք սխալներ են թույլ տալիս:

Ո՛չ Աստծո հետ: Նրա մեջ որևէ ապականություն չկա: Ոչ ոք չի կարող Նրան կաշառել: Նա մերժում է աչառություն անելը: Նա կողմնակալություն չի անում: (Գործք Առաքելոց 10:34): Նա երբեք տգիտությամբ չի վարվում: Նա սխալ թույլ չի տալիս: Հնարավոր է, որ այս աշխարհի հայտարարությունները որևէ նախագահի ատենարկությունը պահանջեն, բայց միայն հիմարը պիտի պահանջեր Աստծո ատենարկությունը:

Աբրահամ նահապետը Աստծո արդարության հարցի շուրջ մարտնչեց: Աստված հայտարարել էր, որ Նա Սոդոմն ու Գոմորը պիտի քանդեր: Նա ծրագրել էր այս քաղաքները՝ ներառյալ մարդկանց, կանաց և երեխաներին բնաջնջել: Աբրահամը սրանից խիստ վրդովված, մտահոգ էր, որ քաղաքների վրա աստվածային զայրույթի այցելությամբ անմեղները հանցավորների հետ պիտի կորչեին: Եթե Աստված արդարադատության արարքով այս քաղաքները անհետացներ, Աբրահամը վախենում էր, որ այդ արդարադատությունը անխտիր պիտի լիներ: Մի ուսուցչի նման, որ մեկ աշակերտի հանցանքի համար ամբողջ դասարանին է պատժում:

«Եւ Աբրահամը մոտեցավ և ասաց.

-Մի՞թե ամբարշտի հետ արդարին էլ կկորցնես: Գուցե

այն քաղաքի մեջ հիսուն արդարներ կան, մի՞թե նրանց կկորցնես և չես խնայի այն տեղին այն հիսուն արդարների համար, որ դրանում են: Քավ լիցի Քեզ այսպիսի բան անելը, որ արդարին ամբարշտի հետ մեռցնես, և արդարարն ամբարշտի պես լինի. մի՞թե բոլոր երկրի Դատավորը արդար չի գտնվի»:
(Ծննդոց 18:23-25):

«Մի՞թե բոլոր երկրի Դատավորը արդար չի գտնվի»: Սրանից ավելի ճարտասանական հարց երբևէ տրված չէր: Աբրահամը ենթադրեց, որ արդարներին ամբարշտների հետ միատեղ մեռցնելը Աստծո համար հնարավոր չէր: «Քավ լիցի Քեզ»: Աբրահամը գաղափար չուներ, թե այսպիսի մի արարքը Աստծուց որքան հեռու է: Աստված անմեղ ժողովրդին մեղավորների հետ երբեք չէր կործանի: Այդ անելով Աստված կդադարեր սուրբ լինել: Նա Աստված չէր լինի:

Աստված փափագում էր ծայրագույն կերպով Աբրահամի հետ համաձայնության հասնել: Նա ասաց, որ ամբողջ քաղաքը կխնայեր, եթե Աբրահամը դրա մեջ քառասունհինգ արդար մարդ իկ գտներ: Նա պիտի խնայեր երեսուն ու հետո էլ՝ տասը արդարի համար: Աբրահամի գործը ութսուն տոկոսով հեշտացավ: Նրան պետք էր միայն տասը արդար մարդ գտնել, ու Աստված ամբողջ քաղաքը պիտի խնայեր: Հատվածի իմաստն այն է, որ Աստված նույնիսկ մեկ անձի համար պիտի խնայեր, եթե Աբրահամը կարողանար նրան գտնել: Ի՞նչ եղավ Սոդոմին ու Գոմորին: «Աբրահամն առավոտյան կանուխ եկավ այնտեղ, ուր Տիրոջ առջև էր կանգնել: Եւ Սոդոմի ու Գոմորի և բոլոր այն դաշտի երկրի վրա նայեց, տեսավ, որ ահա այն երկրի ծուխը դուրս էր գալիս հնոցի ծխի պես»: (Ծննդոց 19:27-28)

Երկնքի ու երկրի Դատավորը արդար վարվեց: Որևէ անմեղ ժողովուրդ չպատժվեց: Աստծո արդարադատությունը երբեք չի բաժանվում Նրա արդարությունից: Նա անմեղին երբեք չի մեղադրում: Նա հանցավորին երբեք չի արդարացնում: Նա երբեք մարդու ուժերից ավելի չի պատժում: Նա արդարին հատուցանելուց երբեք չի զլանում: Նրա արդարությունը կատարյալ արդարություն է:

Աստված միշտ արդարությամբ չի վարվում: Երբեմն Նա ողորմությամբ է վարվում: Ողորմությունը արդարություն չէ, բայց դա անարդարություն էլ չէ: Անարդարությունը արդարության խախտում է: Ողորմությունը գթություն և շնորհք է արտահայտում և արդարությունը չի խախտում: Հնարավոր է, որ Աստծո մեջ ոչ-արդարություն տեսնենք, սակայն Աստծո մեջ երբևիցե անարդարություն չենք տեսնի:

Նորից հարց ենք տալիս, - Ի՞նչ կասեիք Նոր Կտակարանի ու Հին Կտակարանի շեշտաստիճանի ակնհայտ տարբերության մասին: Հին Կտակարանում Աստված ավելի խստաբարո է թվում, քան Նոր Կտակարանում: Հին Կտակարանում նկատի առնենք մահապատժի օրինակը: Հին Կտակարանը մահով պատժվող մեծաքանակ հանցանքներ է նշում, որոնք հետևյալն են.

Ծնողներին զարկել կամ նրանց անիծել
Զոհի ընծաների սրբապղծում
Սպանություն
Մարդագողություն
Կռապաշտություն
Մանկազոհություն
Հայհոյություն
Շաբաթ օրվա խախտումներ
Կախարդություն
Ոգեհարցուկների ու կախարդների հետ հաղորդակցություն

Ապօրինի ապահարզան
Միասեռական արարքներ
Ազգապղծում
Անասնություն
Կույսերի պոռնկություն
Բռնաբարում
Սուտ մարգարեություն
Քահանայի կամ դատավորի վճռին անհնազանդություն

Գլխավոր դատավարության ընթացքում սուտ վկայություն
Սա Հին Կտակարանում մահապատժի արժանի եղող հանցանքների մի մասնակի ցուցակ է: Նոր Կտակարանի շեշտառճի հետ համեմատելով՝ այս ցուցակը շատ խիստ է թվում:

Մի քանի տարիներ առաջ, Թայմ թերթը Մերիլանդ նահանգում տեղի ունեցած դեպք արձանագրեց: Մի բեռնատարի վարորդ ձերբակալվել էր հարբեցողության ու անպատշաճ վերաբերմունքի համար: Երբ ոստիկանները անհատին ձերբակալելու համար հանցանքի վայր հասան, նա սկսեց չարագործություն անել: Նա կեղտոտ լեզու և աղմկալի վերաբերմունք դրսևորելով՝ ոստիկաններին ու պաշտոնյաներին վիրավորեց իր մտքով անցած խոսքերով: Ոստիկանները նրա խոսքերից բարկացած էին: Երբ մարդը բերվեց դատավորի առջև, նա տակավին չարությամբ էր խոսում: Հարբեցողության և անպատեհ վերաբերմունքի համար ամենամեծ տուգանքը, որ դատավորը կարող էր պարտադրել, հարյուր հիսուն դոլար ու երեսուն օր բանտարկությունն էր:

Դատավորը այնքան էր զայրացել, որ ուզում էր ամբողջ հողվածագիրքը նրան պարտադրել: Նա Մերիլանդի օրենսգրքում մի հին օրենք գտավ: Այդ օրենքը չէր գործադրվում, բայց հանված չէր: Այդ օրենքը արգելում էր հանրության մեջ հայհոյելը:

Քանի որ այս մարդը հանրաբար Աստծո անունին ու ոստիկաններին անպատեհ խոսքեր էր ուղղել, դատավորը նրա պատժի վրա մի հավելյալ հարյուր հիսուն դոլար արժող տուգանք ու հավելյալ երեսուն օր բանտարկություն և ավելացրեց:

Թայմ լրատվականի գլխավոր խմբագիրն արձանագրեց, թե այս եղելությունը բարոյական բարկության հոգով է տեղի ունեցել: Նրա գանգատն այն չէր, որ հայհոյության պատիժը եկեղեցու ու պետության բաժանման խախտումն է: Այլ նրա բարկությունը հիմնված էր այն առարկության վրա, թե մի մարդու վաթսուն օր բանտարկություն ու երեք հարյուր դոլար տուգանք տալը արդարության դաժան վրիպում է: Այսպիսի տուգանքը չափազանց մեծ էր: Դա դաժան ու տարօրինակ էր:

Լրագրողը բարկացել էր ոչ թե հարբեցողության ու անպատեհ վերաբերմունքի համար պարտադրված պատիժներից, այլ հայհոյության համար տրված պատժից: Սա Իսրայելի մեջ Աստծո հիմնած օրենքի կանոնի մեծ հակադրությունն է: Բեռնատարի վարորդը պիտի ուրախանար, որ Ահարոնի կողմից չէր ձերբակալվել: Հին Կտակարանում Իսրայելի մեջ ամենալավ փաստաբանը չպիտի կարողանար իր հաճախորդին հանրության մեջ հայհոյելու համար հարյուր հիսուն դոլար արժեքով տուգանք ապահովել: Հարցը, որին դիմագրավում ենք, այս է, թե ավելի վատը ո՞րն է՝ հարբելով հանրության մեջ խանգարում առաջացնել կամ Սուրբ Աստծո արժանապատվությունը վիրավորել: Լրագիրն իր պատասխանը տվեց: Աստված տարբեր պատասխան տվեց: Եթե Հին Կտակարանի օրենքներն այսօր ի զորու լինեին, յուրաքանչյուր լրագրատան տնօրեն վաղուց մահապատժի ենթարարկված պիտի լիներ:

Չենք կարող մերժել այն, որ թվում է՝ Նոր Կտակարանը մահապատիժների քանակը նվազեցնում է: Համեմատաբար Հին Կտակարանը ավելի խստապահանջ է: Ինչ որ չենք հիշում այն է, որ

Հին Կտակարանի գլխավոր հանցագործների ցուցակը նախնական ցուցակից շատ նվազեցված է ներկայացված: Հին Կտակարանի կանոնը աստվածային համբերության ու երկայնամտության ներկայացումն է: Հին Կտակարանի Օրենքը մի հիասքանչ շնորհք է:

Հիասքանչ շնո՞րհք: Նորից պիտի ասեմ: Հին Կտակարանի գլխավոր հանցագործների ցուցակը նախնական ցուցակից շատ պակաս է ներկայացված: Հին Կտակարանի արձանագրությունը գլխավորապես Աստծո շնորհքի մի արձանագրություն է:

Ինչպե՞ս: Իմ բառերը իմաստավորելու համար, պետք է վերադառնանք սկիզբ՝ տիեզերքի նախնական օրենքներին: Նախնական արարչական կարգի մեջ մեղքի պատիժն ի՞նչ էր: «Մեղանչող անձը ինքը պիտի մեռնի»: (Եզեկիել 18:4): Ստեղծագործության մեջ բոլոր մեղքերը մահվան արժանի են նկատվում: Յուրաքանչյուր մեղք գլխավոր հանցագործություն է:

Ստեղծագործության մեջ Աստված մեզ կյանք պարգևելու պարտադրանք չունի: Նա պարտական չէ մեզ: Կյանքի պարգևը Նրա շնորհքով է գալիս ու Նրա աստվածային հեղինակության տակ է կանգնում: Ստեղծագործության մեջ մարդուն Աստծո սրբության վկայությունը լինելու ու Նրա պատկերակիրը լինելու գործարք է տրվել: Մենք Աստծո սրբությունը վերցնելու և արտացոլելու համար ենք արարվել: Մենք ստեղծվել ենք, որ Նրա դեսպանները լինենք:

Աստված, Ադամին ու Եվային փորձաշրջանի մեջ դնելով, նրանց ասաց. «Եթե մեղանչեք, կմեռնեք»: Մեղքը կյանքի պարգևի կորուստ է բերում: Կյանքի իրավասությունը մեղքով իրավազրկվում է: Հենց որ մարդիկ մեղանչում են, նրանք Աստծուց մարդկային գոյության որևէ իրավունքից իրավազրկվում են: Այժմ մեծ հարցը. ստեղծագործության մեջ ե՞րբ տրվեց մեղքի պատիժը: Արդյո՞ք պատիժը այսպե՞ս էր հայտարարված. «Եթե մեղանչես, մի օր կմեռնես»: Ո՛չ: Մեղքի պատիժը Աստծո կողմից հստակաբար հայատարարվել էր. «Երբ ուտես, անպատճառ կմեռնես»: (Ծննդոց 2:17):

Ստեղծագործության մեջ մեղքի պատիժը միայն մահ չէր, այլ անմիջական մահ: Այդ օրերում մահը, այնպիսի մի մահ չէր, ինչ որ սրընթացաբար Նադաբի ու Աբիուդի վրա ընկավ: Մահ, որ հանկարծ Ոզային բնաջնջեց, արագընթաց մահ, որ Անանիայի ու Սափիրային վրա հասավ: «Այն օրը, որ մեղանչես դու, հաստատ կմեռնես»:

Բազմաթիվ մեկնաբաններ աստվածային ահազանգը մեղմացնելու ջանքերով մեկնաբանում են, թե Ծննդոց 2-ի մեջ «մահ»-ը մի տեսակ հոգևոր մահ է: Հատվածը այդ չի ասում: Մահապատիժը, որով Աստված ահազանգել էր, իրական մահ էր. Մահ՝ բառիս բուն իմաստով: Անշուշտ, Ադամն ու Եվան այդ օրը հոգևոր մահ կրեցին, բայց Աստված նրանց տուգանքի լրիվ չափով ողորմություն պարգևեց: Մենք մի ասացվածք ունենք, որ ասում ենք. «Հետաձգված արդարությունը մերժված արդարություն է»: Ոչ միշտ: Ստեղծագործության ու մարդկության անկման պարագայում արդարության ամբողջական չափը հետաձգվեց, որպեսզի շնորհքը գործելու ժամանակ ունենա: Այստեղ արդարության հետաձգումը արդարության մերժում չէր, այլ ՝ ողորմության ու շնորհքի հիմնադրությունն:

Սակայն մահապատիժը պարտադրված էր ու դեռ պարտադրված է: Բոլոր մարդիկ մեռնում են: Հավանական է երկարամյան ապրել ու հետո մեռնել: Բայց մենք կմեռնենք, որովհետև բոլորս մեղքի պատճառով մահվան տուգանքի տակ ենք: Բոլորս, մահապատժի շարքում նստած, մեր տուգանքի գործադրությանն ենք սպասում: Ամենամեծ մարդասպանը Ադոլֆ Հիտլերը չէր, ոչ էլ Ժոզեֆ Ստալինը: Ամենամեծ մարդասպանը բնությունն է: Բոլորը բնության զոհ են դառնում, որը Աստծուց անկախ չի աշխատում: Բնությունը պարզապես Սուրբ Աստծո վրիժառուն է:

Արդյո՞ք Ադամին ու Եվային Աստծո խոսքը, թե նրանք պիտի մեռնեին, երբ մեղանչեին, անարդա՞ր էր: Դրա մասին մտածի՛ր: Բոլոր մեղքերի համար մահապատիժ պարտադրելը Աստծո համար չարությու՞ն էր: Զգուշացի՛ր, եթե այո ես ասում: Եթե այո ասես, դա անկում կրած մեղսալի բնության արտահայտությունն է՝ հենց այն, ինչը քեզ մահապատժին է ենթարկում: Եթե այո ասես, դու Աստծո նկարագիրն ես զրպարտում: Եթե այո ասես, դու նրա սրբությունն ես բռնաբարում: Եթե այո ասես, դու բոլոր երկրի արդար Դատավորի վրա ես հարձակվում: Եթե այո ասես, դու երբեք չես ըմբռնել, թե ինչ է մեղքը: Պե՛տք չէ այո ասենք: Պետք է համոզումով ոչ ասենք:

Մեղքի համար մահապատիժն անարդա՞ր է: Ոչ մի կե՛րպ: Հիշենք, որ Աստված մեզ Իր կամքով ստեղծեց: Նա մեզ Իր պատկերը կրելու գերազանց առանձնաշնորհը տվեց: Հրեշտակներից մի քիչ ցածր ստեղծեց մեզ: Նա ձրիաբար ամբողջ երկրի վրա իշխանություն տվեց: Մենք կրիաներ չենք: Մենք կրակաճաններ չենք: Մենք որդեր կամ գայլաշներ չենք: Մենք մարդիկ ենք: Մենք տիզերքի սուրբ ու փառահեղ Թագավորի պատկերը կրողներն ենք:

Մենք կյանքի պարգևը Աստծո մտադրության նպատակի համեմատ չենք գործածել: Այս մոլորակի վրա եղող կյանքը այն բեմն է դարձել, ուր մենք մեր ամենօրյա տիեզերական դավաճանության աշխատանքներն ենք իրականացնում: Մեր հանցագործությունը Բենեդիկտ Արնոլդի հանցագործությունից շատ ավելի լուրջ ու շատ ավելի կործանարար է: Ոչ մի թագավոր կամ երկրի դավաճան Աստծո դեմ մեր կատարած դավաճանության չարությանը չի մոտեցել նույնիսկ:

Մեղքը տիեզերական դավաճանություն է: Մեղքը

կատարելապես մաքուր Ինքնիշխանի դեմ դավաճանություն է: Դա այն Մեկի դեմ, Ով մեզ կյանք է տվել և Ում պարտական ենք ամեն ինչ, գերագույն անշնորհակալ արարք է: Երբևիցե ամենաթեթև մեղքի կամ ամենափոքր հանցանքի նպատակը հասկացե՞լ ես: Ամենաչնչին կետում մեր Արարչին անհնազանդ լինելիս ի՞նչ ենք ասում: Մենք Աստծո արդարությանը ոչ ենք ասում: Մենք ասում ենք. «Աստվա՛ծ, Քո օրենքը լավը չէ: Իմ դատողությունը Քո դատողությունից ավելի լավն է: Քո իրավասությունը ինձ չի վերագրվում: Ես ինչ որ ցանկանամ անել, իրավունք ունեմ ու ոչ թե այն, ինչ Դու ինձ հրամայես»:

Ամենաչնչին մեղքը տիեզերական հեղինակության դեմ ընդդիմություն է: Հեղափոխական, ըմբոստության արարք է, որով մենք հակառակվում ենք այն Մեկի դեմ, Ում պարտական ենք ամեն բանի համար: Դա Նրա սրբության նախատինքն է: Մենք Աստծո հանդեպ սուտ վկա ենք դառնում: Երբ, որպես Աստծո պատկերը կրող, մեղանչում ենք, մենք բոլոր ստեղծագործության ու մեր իշխանության տակ եղող ամբողջ բնությանը, օդի թռչուններին ու դաշտի գազաններին ասում ենք. «Աստված այսպիսին է: Ահա ձեզ Ստեղծողը այսպես է վարվում: Այս հայելու մեջ նայեք, մեզ նայեք ու դուք Ամենակարողի նկարագիրը կտեսնեք»: Այս անելով՝ մենք աշխարհին ասում ենք. «Աստված ցանկացող է, Աստված անխիղճ է, Աստված դառնահոգի է, Աստված մարդասպան է, գող է, զրպարտող է, շնացող է: Աստված մեր բոլոր կատարած բաներն է»:

Երբ մարդիկ միասին են մեղանչում, նրանք «թագավորների ու բաների մասին են խոսում»: Դա ծայրագույն դավադրությունն է: Մենք թագին ենք ձեռք գցում ու ծրագրում ենք գահը տապալել՝ իրապես Աստծուն ասելով. «Մենք Քեզ մեզ վրա իշխան չենք ուզում ունենալ»: Սաղմոսերգուն այսպես է ասում. «Ինչո՞ւ են հեթանոսները խռովություն անում և ազգերը՝ ունայն մտածում:

Երկրի թագավորները վեր են կենում, և իշխաններն իրար հետ խորհուրդ են անում Տիրոջ դեմ և Նրա Օծյալի դեմ, թե՝ Կտրենք նրանց կապանքները և դեն գցենք նրանց չվանները մեզանից»: (Սաղմոս 2:1-3):

Երբ մենք մեղանչում ենք, ոչ միայն Աստծո դեմ դավաճանություն ենք անում, այլ մեկս մյուսին հարստահարում ենք: Մեղքը մարդկանց հարստահարում է: Դրա մեջ որևէ վերացական բան չկա: Իմ մեղքով ես մարդ արարծերին ցավեցնում եմ: Ես նրանց անձը վնասում եմ, ես նրանց ունեցվածքը ավերում եմ, ես նրանց համբավը ապականում եմ, ես նրանց կյանքի թանկարժեք որակից գողանում եմ, ես նրանց ուրախության երազներն ու ըղձանքները ջարդում եմ: Երբ ես Աստծուն անարգում եմ, բոլոր մարդկանց եմ անարգում, ովքեր Աստծո պատկերն են կրում: Ապա ինչո՞ւ է զարմանալի, որ Աստված մեղքի հետ այսքան լրջությամբ է վարվում:

Հանս Քունգ անունով վիճաբանելի հռոմեական կաթոլիկ աստվածաբանը, Հին Կտակարանում մեղքի դեմ Աստծո խստաբարո թվացած դատավարությունների մասին գրելով՝ ասում է, որ մեղքի ամենախորհրդավոր ազդակը այն չէ, որ մեղավորը մահվան արժանի է, այլ, որ միջին հաշվով մեղավորը շարունակում է գոյատևել:

Քունգը ուղիղ հարց է տալիս: Խնդիրը դա չէ, թե ինչո՞ւ Աստված մեղքը չի պատժում, այլ թե Նա ինչո՞ւ է շարունակական ըմբոստություն թույլատրում: Ո՞ր մի իշխանը, ո՞ր մի թագավորը, ո՞ր մի տիրապետողը մշտապես ըմբոստ ժողովրդի նկատմամբ այսքան համբերություն ցույց կտար:

Քունգի նկատողության բանալին այն է, որ նա մեղավորների մասին է խոսում, ովքեր իրենց բնականոն կյանքն են շարունակում: Այսինքն Աստծո համար երկայնամիտ լինելը սովորական ու բնականոն է: Նա իրապես երկայնամիտ է, համբերատար է և ուշ բարկացող: Իրականում Նա այնքան ուշ է բարկանում, որ երբ Նրա բարկությունը պայթում է, մենք դրանից զարմանում ու վիրավորվում ենք:

Մենք շուտ մոռանում ենք, որ Աստծո համբերությունը ժամանակ է՝ տրված դարձի գալու, փրկվելու համար: Փոխանակ այս համբերությունը օգտագործենք ներման համար խոնարհությամբ Նրան գալու, մենք այս շնորհքը գործածում ենք որպես առիթ՝ մեր մեղքի մեջ ավելի հանդգնելու: Մենք մեզ խաբում ենք, մտածելով՝ կա՛մ Աստված դրա մասին երբեք հոգ չի անում, կա՛մ էլ՝ Նա անզոր է մեզ պատժելու:

Գերագույն հիմարությունն այն է, որ մենք կարծում ենք, թե մեր ապստամբության հետևանքներից կփախչենք:

Դաժան Աստված լինելուց հեռու, Հին Կտակարանի արձանագրությունը Աստծուն ծայրահեղ համբերող է հայտնաբերում: Հին Կտակարանը Աստծո դեմ կրկին ու կրկին ըմբոստացող ու հարատև խստապարանոց ժողովրդի պատմությունն է: Ժողովուրդը օտար երկրում ստրկացած էր: Նրանք Աստծուն աղաղակեցին, Աստված նրանց հառաչանքները լսելով՝ նախաձեռնեց նրանց փրկագնել: Նա նրանց կապանքներից դուրս հանելու համար Կարմիր ծովը ճեղքեց: Նրանք, ոսկյա հորթին պաշտելով, Նրան պատասխանեցին:

Տակավին մենք Քանանի հաղթանակի դժվար հարցը պիտի դիմագրավենք: Այնտեղ Աստված բացահայտաբար հրամայել էր, որ մարդկանց, կանանց ու երեխաներին սպանեին: Խոստացյալ Երկիրը Իսրայելին արյունոտ սրով ու այն էլ՝ մանուկների ու կանաց արյունաթաթախ սրով էր տրվել: Աստված այս արյունահեղության ուղղակի հրամանն էր արձակել.

> «Երբ քո Տեր Աստվածը տանի քեզ այն երկիրը, ուր որ գնում ես ժառանգելու համար, և քո առջևից շատ ազգեր

> հալածի, այսինքն՝ քետացիներին, գերգեսացիներին, փերեզացիներին, խևացիներին և հեբուսացիներին, այս յոթ ազգերին, որոնք քեզանից բազմամարդ և զորավոր են, և քո Տեր Աստվածը նրանց քո ձեռքը տա, և դու նրանց զարկես, այն ժամանակ նրանց անպատճառ բնաջինջ անես, նրանց հետ ուխտ չանես և նրանց չողորմես»: (Երկրորդ Օրինաց 7:1-2)

Ինչո՞ւ Աստված այսպիսի մի հրաման տվեց: Ինչպե՞ս կարող էր Նա կանանց ու երեխաների սպանության հրահանգը տալ: Նորից հանդիպում ենք եղելությունը փափկացնելու ներկայիս ջանքերին: Ամերիկայի Միացյալ Նահանգներում մի մեծ եկեղեցական հարանվանության կողմից միջնակարգ դպրոցի համար պատրաստված դասընթացը բացատրում է Նոր Կտակարանում Աստծո սերը, թե մենք գիտենք, որ Աստված երբևիցե այսպիսի մի կոպազան հրաման չի տա: Հին Կտակարանը հետամնաց պատերազմասեր ցեղերի խմբի արձանագրությունն է, ովքեր ջանում էին իրենց անխիղճ քաղաքականությունը աստվածային պատժամիջոցի վերագրել:

Այս դասընթացի հեղինակները չէին հավատում, որ Աստված երբևէ կարող էր մի այսպիսի հրաման արձակել: Դա աստվածաշնչյան արձանագրության մեջ դյուցազներգության ներխուժում պիտի լիներ: Այսպիսի մեկնաբանությունները այս նյութի կենսական դիտացքները անտեսում են: Առաջինը՝ Քանանի հաղթահարումը շատ ավելի սաստիկ մի պատմական նախադեպ գոյություն ունի, ու դա ջրհեղեղն է: Աստված աշխարհի ամբողջ բնակչությանը, բացառությամբ Նոյին ու նրա ընտանիքին, ջրհեղեղով կործանեց: Ջրհեղեղը շատ ավելի մեծ չափաստիճանով «Քանանի հաղթահարումն» էր: Ավելի կարևորը մեղքի բնությունը հասկանալու ձախողումն է: Մեկնաբանների ենթադրությունը այն է, որ Աստված Քանանի անմեղ ժողովրդին անհետացրեց: Բայց Քանանում ապրող կանանց ու երեխաների բազմությունից ոչ մեկը անմեղ չէր: Քանանի գրավումը մի չար ազգի վրա Աստծո արդար դատաստանի բացահայտ արտահայտությունն էր: Նա այս կետը Իսրայելին պարզաբանեց: Նա Իսրայելի ժողովրդին նաև պարզեց,. որ նրանք էլ անմեղներ չէին: Այնպես չէր՝ իբրև Աստված չար մարդկանց արդար մարդկանց սիրուն ջարդեց: Աստված Իր արդարությունը քանանացիների վրա թափեց: Իսկ իրեաներին՝ Աստված Իր ողորմությունը ցուցաբերեց: Նա իրեաներին շուտով այս կետը հիշեցրեց.

> «Երբ որ քո Տեր Աստվածը նրանց քո առջևից հալածի, սրտիդ մեջ չասես, թե՝ Տերը իմ արդար լինելու համար ինձ բերեց, որ այս երկիրը ժառանգեմ. բայց Տերը այս ազգերի անօրենության համար է հալածում նրանց քո առջևից: Ոչ թե քո արդարության ու քո սրտի ողջամտության համար ես մտնում դու նրանց երկիրը ժառանգելու. այլ այն ազգերի անօրենության համար քո Տեր Աստվածը նրանց քո առջևից քշում է, և դրա համար, որ հաստատի այն խոսքը, որ քո հայրերին՝ Աբրահամին, Իսահակին և Հակոբին երդում արեց: Եւ իմացի՛ր, որ քո արդարության համար չէ, որ քո Տեր Աստվածը այս բարի երկիրը քեզ է տալիս, որ դրան ժառանգես, որովհետև դու մի խստապարանոց ժողովուրդ ես»: (Երկրորդ Օրինաց 9:4-6)

Այս հատվածում Աստված երեք անգամ Իսրայելի ժողովրդին հիշեցրեց, որ դա նրանց արդարության համար չէր, որ Նա քանանացիներին պիտի հաղթեր: Նա ուզում էր այս կետը շատ հստակ աներ: Իսրայելը միգուցե պիտի փորձվեր այն եզրափակման հանգել, թե Աստված իրենց կողմն էր, որովհետև նրանք հեթանոս ազգերից ավելի լավն էին: Աստծո հայտարարությունը այս կարծիքն անհնար դարձրեց:

Քանանի գրավման կենտրոնում Աստծո սրբության խնդիրն էր կայանում: Դա Նրա սրբության պատճառով էր, որ այդ արարքը տարածվեց: Մի ձեռքի վրա նա քանանացիների կողմից Իր սրբության նկատմամբ ամենօրյա հայհոյանքները պատժեց: Իսկ մյուս ձեռքի վրա նա Իր սուրբ նպատակի համար մի երկիր ու մի ժողովուրդ էր պատրաստում: Աստված հրամայեց, որ երկրի բնակիչների հանդեպ որևէ ողորմությունը չցուցաբերվի: Նա պատճառը բացատրեց.

> «Եւ նրանց հետ խնամություն չանես, աղջկադ նրա տղային չտաս, և նրա աղջկան քո տղայի համար չառնես: Որովհետև քո որդիներին իմ ծառայությունից կդարձնեն և նրանք օտար աստվածների կպաշտեն, և Տիրոջ բարկությունը ձեզ վրա կբորբոքվի և ձեզ շուտով կփչացնի: Այլ նրանց այսպես արեք. նրանց սեղանները կործանե՛ք, նրանց արձանները խորտակե՛ք, նրանց Աստարովթները կտրե՛ք, և նրանց քանդակված կուռքերը կրակով այրեցեք: Որովհետև դու սուրբ ժողովուրդ ես քո Տեր Աստծո համար. քո Տեր Աստվածը քեզ ընտրեց, որ դու Նրա համար սեփական ժողովուրդ լինես, երկրի երեսի վրա եղող բոլոր ազգերի միջից»: (Երկրորդ Օրինաց 7:3-6)

Աստված Իսրայելին չընտրեց, որովհետև Իսրայելը արդեն սուրբ էր: Նա նրանց սուրբ դարձնելու համար ընտրեց: Իսրայելը երկու իմաստներով էր սուրբ լինելու կանչվել: Նրանք տարբեր լինելու և Աստծո փրկագնման ծրագրի միջոց լինելու համար էին առանձնացվել: Նրանք նաև սուրբ բառի՝ մաքրվել իմաստով էին սրբության կանչվել: Իսրայելի միջից հեթանոս արարքներն ու սովորությունները պետք է բացակայեին: Նրանք Աստծուն մոտենալով պիտի սրբվեին: Ազգերի փրկությունը Իսրայել ազգից դուրս պիտի գար: Խոստացյալ երկիրը Մեսիայի ծագման հողը պիտի լիներ: Հեթանոս մեհյանների ու հեթանոս արարողությունների որևէ տեղ չէր լինելու: Ապագայի փրկության համար երկիրը մաքրելու նպատակով Աստված երկիրակեզ ընթացք էր հայտարարել:

Հին Կտակարանում գտնվող աստվածային արդարության արարքները մանրամասնորեն քննարկեցինք: Ջանացինք ցույց տալ, թե Աստծո արդարությունը ո՛չ անհեթեթություն է, ո՛չ էլ չերաշխավորված: Պետք է ավելացնել, որ Հին Կտակարանի Աստծո ու Նոր Կտակարանի Աստծո միջև որևէ իրական տարբերություն չկա: Դա Հին Կտակարանի Աստվածն էր, Ում Քրիստոսը «Հայր» կոչեց: Դա Աբրահամի, Իսահակի և Հակոբի Աստվածն էր, Ով աշխարհին այնպես սիրեց, որ Իր Միածին Որդուն դրան փրկագնելու համար ուղարկեց: Հիսուսի կերակուրն ու ըմպելիքը այս Աստծո կամքը կատարելն էր: Նադաբին, Աբդիուին ու Ոզաին սպանող Աստծո նկատմամբ նախանձախնդրությունն էր, որ Քրիստոսին բռնկեցրեց: Դա աշխարհը ջրհեղեղով կործանող Աստվածն է, Ով Իր շնորհքի ջրերն է մեզ վրա թափում:

Երկու Կտակարանների միջև կեղծ հակասությունը կարելի է տեսնել աստվածային ամենավայրագ վրեժխնդրության արարքի մեջ, որը երբևիցե արձանագրված է Սուրբ Գրքի մեջ: Դա Հին Կտակարանի մեջ չի գտնվում, այլ Նոր Կտակարանի մեջ է: Աստծո բարկության և արդարության ամենադաժան արտահայտությունը Խաչի վրա է երևում: Եթե որևէ մի անհատ երբևիցե անարդարության համար պիտի գանգատվեր, դա Հիսուսն էր: Նա միակ անմեղ մարդն էր, որ երբևէ Աստծո կողմից պիտի պատժվեր: Եթե Աստծո բարկության շուրջ պիտի կասկած ունենանք, հարկ է Խաչի պատճառով երկմտանք ունենալ: Մեր ապշախարությունը այդտեղ պիտի կենտրոնանա: Եթե բարոյական բարկության համար որևէ պատճառ ունենք, դա Գողգոթային պիտի ուղղենք:

Խաչը Աստծո բարկության ամենաահավոր և նույն պահին ամենագեղեցիկ օրինակն է: Դա պատմության մեջ ամենաարդար և ամենաշնորհալի արարքն է: Աստված Հիսուսին պատժելու համար շատ ավելի անարդար ու սատանայական պիտի լիներ, եթե նախ Հիսուսը կամավորաբար աշխարհի մեղքերը իր վրա վերցրած չլիներ: Հենց որ Քրիստոսը դա արեց, հենց որ նա որպես Աստծո Գառ ինքնամատույց եղավ ու մեր մեղքերով բեռնավորվեց, այնուհետև Նա այս մոլորակի վրա ամենայլանդակ ու պիղծ բանը դարձավ: Իր վրա մեղքի կենտրոնացած բեռը կրելով՝ Նա բացարձակապես Հոր հետ թշնամացավ: Աստված Իր բարկությունն այս պիղծ բանի վրա թափեց: Աստված անիծեց Քրիստոսին Իր կրած մեղքի պատճառով: Այստեղ Աստծո սուրբ արդարությունը կատարելապես հայտնաբերվեց: Սակայն դա մեզ համար կատարվեց: Նա Իր վրա առավ այն, ինչ որ արդարությունը մեզանից էր պահանջում: Խաչի այս «մեզ համար» երևույթը շնորհքի փառապանծությունն է ցուցաբերում: Նույն պահին արդարություն և շնորհք, բարկություն և ողորմություն: Դա զննելու համար շատ զարմանալի է:

Աստծո արդարության վրա զայարվում ենք, որովհետև դրա արտահայտությունը շատ արտասովոր է: Ինչպես Քունգն էր նկատել, Աստծո սովորական արարքները շնորհքի արարքներ են: Շնորհքը այլևս մեզ չի ապշեցնում: Դրան վարժվել ենք, ու դա բնականոն ենք համարում:

Միգուցե սրա ամենալավ օրինակը Հիսուսի ուսուցմունքի մեջ կարողանանք գտնել.

«Նույն ժամին եկան ոմանք և պատմեցին Նրան այն գալիլեացիների մասին, որոնց արյունը Պիղատոսը իրենց զոհի հետ խառնեց: Հիսուսն էլ պատասխանեց և ասաց նրանց. «Կարծո՞ւմ եք, թե այդ գալիլեացիներն ավելի մեղավոր էին, քան բոլոր գալիլեացիները, որ այդպիսի բաներ քաշեցին: Ո՛չ, ասում եմ ձեզ, այլ եթե չապաշխարեք, ամենքդ էլ այնպես կկորչեք: Կամ այն տասնութ հոգին, որոնց վրա Սելովամի միջի աշտարակը վայր ընկավ և նրանց սպանեց: Կարծո՞ւմ եք, թե նրանք ավելի հանցավոր էին, քան թե Երուսաղեմում բնակվող մարդիկ: Ո՛չ, ասում եմ ձեզ, այլ եթե չապաշխարեք, ամենքդ էլ այնպես կկորչեք»»: (Ղուկաս 13:1-5)

Այս մեկը Հիսուսի խոսած ամենադժվարամարս խոսքերն են: Խնդիր էր առաջացել: Ի՞նչ պիտի ասենք Պիղատոսի սպանած մարդկանց մասին կամ այն անմեղների մասին, ովքեր աշտարակի վայր ընկնելովը սպանվեցին: Այս կացություններում ո՞ւր էր Աստված: Հարցն այն էր, թե ինչպե՞ս կարող է Աստված թույլատրել, որ այսպիսի բաներ կատարվեն: Իրականության մեջ այս հարցը թաքնված մեղադրանք է: Ճիշտ ինչպես միշտ, խնդիրը այս է, թե ինչպե՞ս կարող է Աստված թույլատրել, որ անմեղ մարդիկ տանջվեն:

Անկնարկված բողոքը լսելի է: Տասնութ անմեղ մարդիկ փողոցով քայլում էին ու իրենք իրենցով էին զբաղված: Նրանք մայթում խեղկատակություններ չէին անում: Նրանք փողոցում շինարարներին չէին խանգարում: Նրանք դրամատուն չէին կողոպտել ու փախուստի մեջ չէին: Նրանք պարզապես այնտեղ էին, սխալ ժամանակին, սխալ վայրում: Նրանք մահացու արկածի հետևանքը կրեցին:

Հիսուսի պատասխանը նկատենք: Նա չասաց. «Շատ ցավում եմ այս աղետի լուրը լսելով: Այսպիսի բաներ պատահում են ու դրանց նկատմամբ շատ բան չեն կարող անել: Դա ճակատագիր է՝ մի արկած: Որպես լավ քրիստոնյաներ, դուք պիտի լավն ու վատը ընդունել սովորեք: Ձեր շուրթները զուսպ պահեք: Լավ առումով՝ անտարբերություն ցուցաբերեք: Գիտեմ, ես ձեզ ուսուցանել եմ, թե Իսրայելի Պահապանը ո՛չ քնում է ու ո՛չ էլ մրափում: Բայց դա մի բանաստեղծական ասացվածք է ու մի քիչ էլ չափազանցված: Անդրադառնո՞ւմ եք, թե ամբողջ տիեզերքի կառավարչությունը Հորս համար որքան դժվար արարք է:Դա հոգնեցնող է: Երբեմն Նա պիտի քնի: Այդ երեկո Նա շատ հոգնած էր ու մի քիչ աչք աչքի վրա դրեց: Մինչ նա քնած էր, աշտարակը տապալվեց: Դրա համար ցավում եմ, ու ձեր տխրությունը Նրան կհայտնեմ: Նրանից կխնդրեմ, որ ապագայում ավելի ուշադիր գտնվի»:

Հիսուս չասաց. «Գիտեմ, թե Ես ձեզ ասացի, որ Իմ Հայրն ամեն մի ծիծեռնակի վայր ընկնելը նկատում է, ու Նա ձեր գլխի մազերն էլ հաշվել է: Բայց դուք անդրադառնում եք, թե քանի- քանի ծիծեռնակներ են թռչում, ու թե քանի մազ կա ձեր գլխին: Այն երեկո, երբ աշտարակը ընկավ, Իմ Հայրը ձեր գլխի մազերը հաշվելով էր զբաղված, նամանավանդ այն խիտ մազերով մարդու գլխի մազերը: Նա այնքան էր այդ մարդու գլխի մազերի վրա կենտրոնացել, որ աշտարակի վայր ընկնելը չնկատեց: Պիտի թելադրեմ, որ Նա իր նախապատվությունները վերաշարի ու ծիծեռնակների ու մազերի համար հետ ժամանակ չանցկացնի»:

Ո՛չ: Փոխարենը Հիսուսն այն մարդկանց, ովքեր իրենց զարմանքը սխալ տեղ էին հիմնել, հանդիմանեց: Նա ասաց. «Եթե չապաշխարեք, դուք էլ այդպես կկորչեք»: Իսկապես Հիսուսի ասածն այս էր. «Դուք մարդիկդ սխալ հարց եք տալիս: Դուք ինձ պետք է հարցնեիք, թե ինչո՞ւ աշտարակը իմ գլխին չընկավ»:

Երկու տասնամյակներ, աստվածաբանություն ուսուցանելուց հետո, անհամար ուսանողներ ինձ հարց են տալիս, թե ինչո՞ւ Աստված բոլորին չի փրկում: Միայն մեկ անգամ մի ուսանող մոտս գալով՝ ասաց. «Մի բան կա, որ չեմ կարողանում հասկանալ: Ինչո՞ւ Աստված ԻՆՁ փրկեց»:

Մենք իրապես անակնկալի չենք գալիս, որ Աստված մեզ փրկել է: Մեր ներաշխարհի խորքում, մեր սրտերի գաղտուկ խորշերում, այն խորհուրդն ենք մտապահում, թե Աստված պարտական էր մեզ իր ողորմությունը հայտնել: Մենք գիտենք, որ մեղավորներ ենք, բայց վստահ այնքան վատը չենք, ինչպես կարող էինք լինել: Մեր նկարագրի մեջ բավարար արժանավորություններ գոյություն ունեն, որ եթե Աստված իրապես արդար է, Նա մեզ իր փրկության մեջ մի տեղ կտեղավորի: Մեզ զարմացնողը արդարությունն է, ու ոչ թե՝ շնորհքը:

Համալսարանական ուսանողներին դասավանդելիս շնորհքը բնականաբար տրված համարելը զորավոր կերպով երևաց: Մի քրիստոնեական համալսարանում Հին Կտակարանը առաջին տարվա 250 ուսանողներին ուսուցանելու պարտականություն ունեի: Դասաժամի առաջին օրը դասընթացքը ուշադրությամբ վերաքննեցի: Փորձառությունս ինձ սովորեցրել էր, որ ուսանողների գրությունները որոշ չափով բացատրական էր պահանջում: Ուսանողներին բացատրեցի, թե առաջին գրավոր պարտականությունը պետք էր սեպտեմբերի վերջին օրվա կեսօրին սեղանիս վրա ինձ հանձնվեր: Որևէ երկարացում պիտի չտրվեր, բացառությամբ այն ուսանողներին, ովքեր հիվանդանոց էին գնացել կամ անմիջապես ընտանիքում մահացողներ էին ունեցել: Եթե գրավոր հանձնարարությունը ժամանակին ինձ չհանձնվեր, ուսանողը այդ պարտականությունը ձախողած պիտի լիներ: Ուսանողները հաստատեցին, թե նրանք պայմանները հասկացել էին:

Սեպտեմբերի վերջին օրը, 225 ուսանողներ պարտաճանաչ իրենց աշխատանքները հանձնեցին: Քսանհինգ ուսանողներ կանգնել էին ու ափսոսանքով լցված՝ վախից դողում էին: Նրանք գոչեցին. «Ո՛հ, ուսուցի՛չ Սփրոլ, մենք խորապես ցավում ենք: Մենք մեր ժամանակը պատշաճ չգնահատեցինք: Մենք միջնակարգ դպրոցից համալսարան տեղափախության կարգավորությունները չգործադրեցինք: Խնդրում ենք մեզ անբավարար չդնեք: Խնդրում ենք, ո՛հ, շատ ենք խնդրում, որ մեզ ժամանակ տաք»:

Ողորմության համար նրանց խնդրանքին ընդառաջելով՝ ասացի.

- Շատ լավ, այս անգամ ձեզ կթույլատրեմ, բայց հիշե՛ք, որ հաջորդ պարտականության ժամկետը հոկտեմբերի վերջին օրն է»:

Ուսանողները չափազանց երախտագետ էին ու հաջորդ առաջադրանքի նկատմամբ պարտաճանաչության արձագաքներով օղը լցրին: Հետո հոկտեմբերի վևրջին օրը վրա հասավ: Երկու հարյուր ուսանողներ իրենց աշխատանքներով եկան: Հիսուն ուսանողներ դատարկ ձեռքերով եկան: Երբ նրանց աշխատանքները պահանջեցի, նորից նրանք զղջամիտ եղան. «Ո՛հ, ուսուցի՛չ, այս շաբաթ տոնակատարության շաբաթ էր: Բացի քննությունները, մեր ուրիշ դասարանների բոլոր պարտականությունների ժամկետն էր: Խնդրում ենք, որ մեկ անգամ ևս մեզ առիթ ընծայեք: Խոստանում ենք, որ սա այլևս չի կրկնվի»:

Մեկ անգամ ևս տեղի տվեցի: Ասացի.

- «Շա՛տ լավ, բայց սա վերջին անգամն է: Եթե դուք հաջորդ գրավոր աշխատանքի հանձնելը ուշացնեք, դուք ձախողված կհամարվեք: Տրտնջալ չկա, պա՞րզ է»:

«Ո՛հ, այո՛, ուսուցիչ. Դուք հիանալի եք»: Հանկարծ ամբողջ դասարանը սկսեց երգել.

- Մենք սիրում ենք Ձեզ, ուսուցի՛չ Սփրոլ, ո՛հ, այո՛, մենք սիրում ենք Ձեզ: - Ես Պարոն հանրածանոթն էի:

Կարո՞ղ եք երևակայել, թե նոյեմբերի վերջին օրն ինչ տեղի ունեցավ: Այո՛: Հարյուր ուսանողներ, առանց վարանման, մտան դասարան: Հարցրի. «Ձեր գրավոր աշխատանքներն ու՞ր են»:

Ուսանողներից մեկը պատասխանեց. «Ո՛հ, պարո՛ն ուսուցիչ, մի՛ մտահոգվեք, մենք դրա վրա դեռ աշխատում ենք: Մի քանի օրից կվերջացնենք ու անպայման Ձեզ կհանձնենք»:

Ես իմ թվանշանների սև մահացու տետրը վերցրի ու սկսեցի անունները մեկ առ մեկ կարդալով՝ կանչել.

- Ջոնսո՛ն, աշխատանքդ ունե՞ս:

- Ո՛չ, պարո՛ն, - եղավ պատասխանը:

«Անբավարար», - ասացի ու տետրի մեջ անբավարար նշանակեցի:

-Մուլդանի՛, աշխատանքդ ունե՞ս:

Դարձյալ պատասխանը եղավ. «Ո՛չ, պարո՛ն»: Ու ես տետրի մեջ մի ուրիշ անբավարար էլ նշանակեցի:

Բողոքող ուսանողներից մեկին նայեցի, որ կանչում էր՝ ասելով.

- Լավրի՛, կարծու՞մ ես, որ սա անաչառ է:

- Այո՛,- եղավ պատասխանը:

- Հասկանում եմ: Դու արդարությու՞ն ես ուզում: Ես հիշում եմ, որ դու անցյալ անգամ աշխատանքդ ուշացրել էիր: Եթե արդարության պահանջդ պնդես, դու վստահաբար կստանաս: Ես ոչ միայն քեզ այս աշխատանքի համար անբավարար կնշանակեմ, այլև քո վերջին թվանշանն էլ անբավարար կհամարեմ, որին դու չափազանց արժանի ես»:

Ուսանողը շշմեց: Ուրիշ որևէ վիճաբանություն չուներ: Նա իր շտապելու համար ներողություն խնդրեց և հանկած ուրախացավ, որ երկու անբավարար ստանալու փոխարեն միայն մեկ անբավարար ստացավ:

Ուսանողները շատ արագ իմ ողորմությունը բնականոն երևույթ էին համարել: Նրանք դա էին ենթադրել: Երբ հանկարծ արդարությունը վրա հասավ, նրանք դրան անպատրաստ էին: Դա ցնցող հայտնվեց, ու նրանք բարկացան: Սա երկու ամսվա ընթացքում երկու ողորմած արարքներից հետո տեղի ունեցավ:

Բնական վարվելակերպը ուսանողներիս հանդեպ իմ ցուցաբերած ողորմությունից շատ ավելին է: Հին Կտակարանի պատմությունը հարյուրավոր տարիներ է պարունակում: Այդ ժամանակահատվածում Աստված կրկնակի ողորմած էր: Երբ Նրա աստվածային արդարությունը Նադաբի կամ Ոզայի վրա ընկավ, պատասխանը ցնցում ու բարկություն էր: Մենք վարժվել ենք Աստծուց ողորմություն ակնկալելուն: Այս կետից հետո հաջորդ քայլը հեշտ է: Մենք այդ պահանջում ենք: Երբ դա չի ստացվում, մեր առաջին հետակնարկը Աստծո դեմ բողոքի հետ միացած բարկությունն է. «Դա իրավացի չէ»: Մենք շուտով մոռանում ենք, որ մեր նախնական մեղքով մենք կյանքի պարգևի բոլոր իրավունքներից զրկվել ենք: Հենց այնքան, որ այս առավոտ շունչ եմ քաշում, դա աստվածային ողորմության արարք է: Աստված ինձ որևէ բան պարտական չէ: Ես ամեն ինչում Նրան եմ պարտական: Եթե Նա այս երեկո թույլատրի մի աշտարակի գլխիս վրա ընկնել, ես չեմ կարող անարդարության պահանջ ներկայացնել:

Մեր նախնական դժվարություններից մեկը արդարության և ողորմության միջև ունեցած շփոթությունն է: Մենք մի աշխարհում ենք ապրում, ուր անիրավություն է տեղի ունենում: Դրանք մարդկանց միջև են կատարվում: Բոլորս էլ մերթ ուրիշի ձեռքով գործված անարդարության զոհ ենք դարձել: Յուրաքանչյուրս էլ երբեմն մի ուրիշի դեմ անարդարություն ենք արել: Մարդիկ իրար հետ անիրավաբար են վարվում: Մի բան պարզ է, որ անկախ նրանից, թե որքան ուրիշի ձեռքից անարդարություն կկրեմ, երբեք Աստծո ձեռքից նույնիսկ ամենաթեթև անարդարություն չպիտի կրեմ:

Ենթադրենք, որ մի մարդ ինձ սխալմամբ դրամ գողանալու մեջ է մեղադրում: Մեղադրանքներ են բերվում, ու ես ձերբակալվում եմ ու բանտ եմ գցվում: Մարդկային մակարդակի վրա, ես սաստիկ անարդարության ենթակա եմ դարձել: Ես իրավունք ունեմ Աստծուն աղաղակելու և այս աշխարհում պաշտպանության խնդրանք ներկայացնելու: Կարող եմ սխալմամբ հալածվելու համար բողոքել: Աստված այն մարդկանց վրա,ովքեր անարդար ինձ բանտն են գցել, բարկացած է: Աստված խոստանում է, որ մի օր կպաշտպանի այս տեղի ունեցած անարդարությունից: Անարդարությունը իրական է, ու դա այս աշխարհում ամեն օր է տեղի ունենում:

Մեր կրած անարդարությունները բոլորն էլ հորիզոնական տեսակ են: Դրանք այս աշխարհում եղող դերակատարների միջև են տեղի ունենում: Սակայն այս աշխարհի վրա ու դրա վերևում բոլորից մեծ Դատավոր գոյություն ունի: Նրա հետ իմ հարաբերությունը ուղղահայաց է: Այդ ուղղահայաց հարաբերության նկատմամբ ես երբեք անարդարություն չեմ կրում: Թեև մարդիկ ինձ հետ վատ վարվեն, Աստված երբեք այդպես չի անում: Նույնիսկ, երբ Աստված թույլատրում է մի ուրիշի, որ նա ինձ հետ անարդարությամբ վարվի, դա էլ Աստծո արդարությունն է: Մինչ հնարավորություն ունեմ մարդկանց մասին ու կրածս հորիզոնական անարդարության համար Աստծուն բողոքել, սակայն ես չեմ կարող վեր կենալ ու բողոքել Աստծուն, որ թույլ է տվել մարդկային անարդարություն լինի իմ կյանքում: Աստված կատարելապես արդար պիտի լիներ, եթե թույլ տար, որ բանտը գցվեի մի հանցանքի համար, որը չէի գործել: Հնարավոր է, որ ես ուրիշ մարդկանց առաջ անմեղադրելի գտնվեմ, բայց Աստծո առաջ ես հանցավոր եմ:

Հաճախ Աստծուն մեր կրած անարդարությունների համար ենք մեղադրում ու մեր հոգում դառնության զգացումներ ենք պահում, թե Աստված մեր հանդեպ իրավացիաբար չի վարվել: Նույնիսկ, երբ անդրադառնում ենք, թե Նա շնորհատու է, կարծում ենք, թե բավականաչափ շնորհատու չի գտնվել: Կարծում ենք, թե մենք ավելի շատ շնորհքի ենք արժանի:

Այս նախադասությունը նորից կարդացե՛ք, կարծում ենք, թե մենք ավելի շատ շնորհքի արժանի ենք: Այս նախադասության ո՞ր մասն է սխալ: Քերականությամբ դա ուղիղ է: Բայց դրա բովանդակության ու իմաստի մեջ մի ահավոր սխալ գոյություն ունի:

Ոչ մեկի համար, ոչ մի տեղ ու ոչ որևէ ժամանակում շնորհքի արժանի լինելը ահնարավոր չէ: Շնորհքը իր սահմանումով արժանանալով չէ: Հենց որ մի բանի արժանի լինելու մասին ենք խոսում, մենք այլևս շնորհքի մասին չենք խոսում, այլ արդարության մասին ենք խոսում: Միայն արդարությունը կարող է արժանի լինել: Աստված երբեք պարտադրված չէ ողորմած լինել: Ողորմությունն ու շնորհքը պետք է կամավոր կերպով լինեն, ապա թե ոչ՝ դրանք այլևս ողորմություն ու շնորհք չեն: Աստված երբեք շնորհքի պարտական չէ: Նա այս բանը մեկից ավելի անգամներ է մեզ հիշեցնում՝ ասելով. «Ում ողորմելու եմ, կողորմեմ, և ում գթալու եմ, կգթամ»: (Ելից 33:19) Սա աստվածային առանձնաշնորհ է: Աստված Իր համար գործադրիչ գթության բարձրագույն իրավունք է վերապահում:

Ենթադրենք՝ տասը մարդիկ, ովքեր մեղանչել են ու հավասարապես են մեղանչել: Ենթադրենք, թե Աստված նրանցից հինգին պատժում է ու մյուս հինգի հանդեպ ողորմած է գտնվում: Արդյո՞ք սա անարդարություն է: Ո՛չ: Այս պարագայում առաջին հինգը արդարություն ստացան ու մյուս հինգը ողորմություն: Իսկ անարդարություն ոչ մեկը չստացավ: Ինչ որ ենթադրում ենք, այս է, որ եթե Աստված հինգի հանդեպ ողորմած գտնվեց, ուրեմն՝ պարտավոր է մյուս հինգի հանդեպ էլ հավասարապես ողորմած գտնվելու: Բայց ինչո՞ւ: Նա երբևիցե պարտավոր չէ ողորմած լինել: Եթե նա իննին ողորմեր, տասներորդը չէր կարող անարդարության զոհ գնալու համար բողոք ներկայացներ: Աստված երբեք պարտավոր չէ ողորմություն անելու: Աստված երբևէ պարտավոր չէ մարդկանց հանդեպ հավասարապես վարվել: Միգուցե այս նախադասությունը պետք է կրկնեմ, որ Աստված երբևէ պարտավոր չէ մարդկանց հանդեպ հավասարապես վարվել: Եթե երբևէ Նա անարդար գտնված լիներ, այն ժամանակ մենք բողոքելու իրավունք պիտի ունենայինք: Բայց պարզապես, որովհետև Նա իմ դրացուն ողորմություն է պարգևում, դա ինձ Նրա ողորմությունը պահանջելու որևէ իրավունք չի տալիս: Նորից հիշելու ենք,որ ողորմությունը միշտ կամավոր գետնի վրա է տրվում. «Ում ողորմելու եմ, կողորմեմ, և ում գթալու եմ, կգթամ»:

Ես Աստծուց միմիայն կամ արդարություն ու կամ էլ ողորմություն կստանամ: Ես Աստծո ձեռքից երբեք անարդարություն չեմ ստանա: Կարող ենք Աստծուն խնդրել, որ օգնի մարդկանցից արդարություն ստանանք, բայց ծայրահեղ հիմարություն պիտի լինի, եթե մենք Նրանից Իր ձեռքից արդարություն ստանալ խնդրենք: Ուսանողներիս զգուշացնում եմ՝ ասելով. «Երբեք Աստծուց արդարություն մի՛ խնդրեք, որովհետև հնարավոր է, որ ստանաք»:

Դա արդարության ու ողորմության միջև եղած շփոթությունն է, որ մեզ Նադաբի, Աբիուդի և Ոզայի պատմությունը կարդալիս սարսափեցնում է: Աստծո արդարությունը վրա հասնելիս, մենք վիրավորվում ենք, որովհետև մտածում ենք, որ Աստված պարտավոր է մեզ ողորմել: Չպիտի Նրա շնորհքը սովորական արարք համարենք: Երբեք չպիտի կորցնենք շնորհքի վրա զարմանալու մեր կարողությունը: Մենք «Հիանալի արդարություն» երգն ենք երգում, որի բառերն են՝

«Հիանալի արդարություն՝ դաժան ու սուր,
Որ ինձ՝ սուրբիս, խոցեցիր,
Այնքան լավն եմ, որ անհնար էր
Աշտարակը գլխիս ընկներ»:

Հիշում եմ «փորձի համար» քարոզներիցս մեկը, որ ճեմարանում քարոզաբանության դասարանում քարոզեցի: Քարոզիս մեջ Աստծո շնորհի սքանչելություններն էի գովում: Ասացի. «Աստծո շնորհը անսահման շնորհք» է:

Քարոզի վերջում ուսուցիչն ինձ հարց տվեց.

«Պարո՛ն Սփրոլ, - ասաց նա, - որտեղի՞ց ես ստացել այդ գաղափարը, թե Աստծո շնորհքը անսահման է: Արդյո՞ք Աստծո շնորհքին բացարձակապես որևէ սահման չկա՞»: Հենց որ նա այդ հարցը տվեց, ես հասկացա, որ դժվարության մեջ եմ գտնվում: Կարող էի այն հոգևոր երգի գլուխն ու համարը հիշեցնել, որ ինձ դա էր սովորեցրել, բայց չկարողացա նույնիսկ Սուրբ Գրքից մեկ համար մտաբերել, որ կուսուցաներ, թե Աստծո շնորհքը անսահման է:

Պատճառը, որ իմ ասած նախաասությունը պաշտպանող նույնիսկ մեկ սուրբգրային համար չկարողացա գնել, այն է, որ այդպիսին չկա: Աստծո շնորհքը անսահման չէ: Աստված անսահման է և շնորհալի: Մենք անսահման Աստծո շնորհքն ենք փորձառաբար վայելում, բայց շնորհքը անսահման չէ: Աստված իր համբերությանն ու երկայնամտությանը սահման է դնում: Նա կրկին ու կրկին ազդարարում է, որ մի օր կացինը վայր կընկնի, ու Նրա դատաստանը դուրս կթափվի:

Քանի որ Աստծո շնորհքը բնական երևույթ համարելը մեր միտումն է, կռահում եմ, որ Աստված անհրաժեշտ համարեց, որ ժամանակ առ ժամանակ Իսրայելին հիշեցներ, թե չպիտի շնորհքը երբևիցե ենթադրել: Հազվադեպ դեպքերում է Նա իր արդարության ահավոր զորությունը ցուցաբերել: Նա Նադաբին, Աբիուդին սպանեց: Նա Ոզային սպանեց: Նա քանանացիների ջարդը հրամայեց: Կարծես թե Նա ասում էր. «Զգուշացե՛ք: Մինչ Իմ շնորհքի բարիքներն եք վայելում, Իմ արդարությունը չմոռանաք: Մեղքի ծանրությունը չմոռանաք: Հիշե՛ք, որ Ես Սուրբ եմ»:

Թո՛ւյլ Տանք Աստծո Սրբությունը Դիպչի Մեր Կյանքին

Մինչ դու Աստծո սրբության մասին քո սովորածին ես անդրադառնում ու վերհիշում, պատասխանիր հետևյալ հարցերին: Մի տետրի մեջ Աստծո սրբության մասին քո պատասխանները գրիր կամ դրանք ընկերոջդ կիսվիր:

1. Աստծո արդարությունը քեզ ինչպե՞ս է վախեցնում: Ինչպե՞ս է քեզ հանգստացնում:
2. Ի՞նչ է քո պատասխանը, երբ անդրադառնում ես, թե մեղքիդ պատճառով արժանի ես մեռնելու:
3. Ի՞նչ է քո պատասխանը, երբ անդրադառնում ես, թե Աստծո արդարությունը քեզ համար Քրիստոսի մահը պահանջեց:
4. Աստված իր ողորմությունը ինչպե՞ս է քեզ ներկայացրել:

ԳԼՈՒԽ 7

ՍՈՒՐԲ ԱՍՏԾՈ ՀԵՏ ՊԱՏԵՐԱԶՄ ՈՒ ԽԱՂԱՂՈՒԹՅՈՒՆ

Եթե մարդը Աստծո համար չի ստեղծվել,
Ինչո՞ւ է նա միայն Աստծով ուրախ:
Եթե մարդը Աստծո համար է ստեղծվել,
Ինչո՞ւ է նա այդքան Աստծուն հակառակվում:

Բլեյզ Պասկալ

Աստվածաշնչի արձանագրությունը լի է Աստծո հետ մարտնչող տղամարդկանց ու կանանց պատմություններով: Իսրայել անունն իսկ նշանակում է «մեկը, որ Աստծո հետ է մարտնչում»: Աստված սուրբ է: Նա մեզանից վեր է՝ գերազանց: Սակայն Նա մի Աստված է, Ում հետ մենք կարող ենք մարտնչել: Մեր մարտնչության նպատակը վերջնական պատերազմին հասնելը չէ, այլ վերջնական խաղաղությանը հասնելն է: Ոմանք գտել են այն: Այս գլխի մեջ այն մարդկանց պիտի անդրադառնանք, ովքեր Աստծո հետ մարտնչության մեջ են մտել ու դրանից խաղաղությամբ դուրս եկել: Պիտի նայենք Հակոբին, Հոբին, Ամբակումին, և տարսոնցի Սողոսին: Ապա կքննարկենք, թե ինչ է նշանակում Աստծո հետ խաղաղություն կնքել:

Հակոբը մի անզգամ մեկն էր: Նրա անունը «փոխանակող» է նշանակում: Նա այն անձն էր, ով իր հորը խաբեց, իր եղբորը կեղծեց, ու իր մոր հետ մի անաստվածային դավադրության մեջ մտավ: Դժվար է երևակայել, թե Իսահակի որդին ու Աբրահամի թոռը այսպես ապականված լինի:

Սակայն Հակոբը կյանքի ընթացքում մի արմատային փոփոխության ենթարկվեց: Դա Բեթելից սկսվեց. «Եւ Հակոբը Բերսաբեեից դուրս եկավ և գնաց դեպի Խառան: Եւ մի տեղ հասավ և գիշերն այնտեղ մնաց, որովհետև արեգակը մայր էր մտել, և այնտեղի քարերից վերցրեց և իր գլխի տակ դրեց և այնտեղ պառկեց»: (Ծննդոց 28:10-11)

Հին Պաղեստինում ճամփորդելը հաճախ չաչարանք էր: Գիշերը կողոպտող ավազակների ու վայրի գազանների վտանգ կար: Հակոբի ճամփորդության ընթացքում օթևանելու պանդոկներ չկային: Նա իր հնարավորության չափով երկար ճամփորդեց՝ մինչև որ արեգակը մայր մտավ: Այդ ժամանակ, նա աստղերի տակ գիշերեց: Նրա բարձը մի քար էր: Երբ քնեց, մի երազ տեսավ, որը սահմանված էր իր կյանքը փոխելու:

«Եւ երազ տեսավ եւ ահա մի սանդուղք՝ երկրի վրա դրված և դրա գլուխը երկնքին էր դիպչում, և ահա Աստծո հրեշտակները դրանով վեր էին գնում և իջնում: Եւ ահա Տերը կանգնած էր դրա վրա և ասաց. «Ես եմ Տերը՝ քո հոր Աբրահամի և Իսահակի Աստվածը. այդ երկիրը, որի վրա պառկած ես, Ես քեզ եմ տալու և քո սերնդին: Եւ քո սերունդը երկրի ավազի չափ կլինի և կտարածվի դեպի արևմուտք և արևելք, և դեպի հյուսիս և հարավ. քեզանով և քո սերնդով կօրհնվեն երկրի բոլոր ազգերը: Եւ ահա Ես քեզ հետ եմ, և ամեն տեղ, ուր որ գնաս, քեզ կպահեմ և քեզ այս երկիրը կդարձնեմ, որովհետև քեզ չեմ թողնի, մինչև որ չկատարեմ այն, ինչ որ քեզ ասել եմ»:

Այն սանդուխքը, որ Հակոբն իր երազում տեսավ «Հակոբի սանդուղք» է կոչվում: Դա երկնքի ու երկրի միջև որպես մի կամուրջ էր ծառայում: Մինչև այս կետը, Հակոբը իր կյանքում երկնային բաների հետ չէր շփվել: Նա Աստծո բացակայության խորը զգացում ուներ: Իսահակի որդու ու Աբրահամի թոռան այսքան «աշխարհիկ» լինելը տարօրինակ է թվում: Աբրահամը Աստծո հետ էր խոսել: Վստահ ենք, որ պատանի Հակոբը, կրակի շուրջ նստած, իր հորից ու պապից պատմություններ էր լսել: Նա Մորիայի լեռան վրա՝ ողջակեզի սեղանին, Աբրահամին տրված Իսահակին զոհելու մասին Աստծո հրամանին տեղյակ պիտի լիներ:

Հակոբի կյանքը այս աշխարհիկ էր: Երկնային բաները նրա վրա չնչին ազդեցություն էին թողել: Նրա միտքը աշխարհին էր սևեռված: Նրա համար երկնքի ու երկրի միջև մի անկամրջելի խորոչ կար: Եթե Աստված կար, Նա այնքան հեռու էր, այնքան ծայրագունս գերազանց, որ Հակոբի կյանքի հետ որևէ առնչություն չուներ: Այս Աստվածը, Ում մասին նրա ծնողներ էին խոսել Հակոբի հասկացողությունից շատ բարձր էր, մինչև որ նա այս երազը տեսավ:

Երազում մի սանդուղք էր հայտնվել: Սանդուղքը կապակցության կետն էր, սրբության ու պղծության տիրապետության միջև խառնման կետն էր: Հակոբը սանդուղքի վրա վեր ելնող ու իջնող հրեշտակներ տեսավ: Նրանք երկու ուղղությամբ էին շարժվում: Շարժը շարունակական էր: Նրանք նրա ներկայությունից դեպի Աստծո ներկայությունն էին շարժվում: Սանդուղքի գլխի վրա Հակոբը Աստծո մատը տեսավ: Աստված նրա հետ խոսեց ու նախկինում Աբրահամին ու Իսահակին Իր տված խոստումը հաստատեց:

Աստծո խոստումը հաջորդ սերնդների համար պիտի շարունակվեր: Դա Հակոբի միջոցով պիտի լիներ: Նա Աստծո ուխտի երդման կրողն էր, այն ինչ Աստված էր երդվել: Աստված խոստացավ Հակոբի հետ լինել՝ ուր էլ որ նա գնար, մինչև Իր բոլոր խոստումները կատարվեին:

Ի՞նչ եղավ Հակոբի սանդուղքին: Այդ պատկերը Հին Կտակարանի պատմությունից անհետացավ: Առանց դրա մասին որևէ հիշեցման՝ դարեր անցան: Հետո հանկարծ դա Նոր Կտակարանում նորից երևաց:

> Փիլիպպոսն էլ գտնում է Նաթանայելին և ասում նրան. «Նա, որի մասին գրեց Մովսեսն Օրենքում և մարգարեներն էլ, մենք գտանք՝ Հովսեփի որդի Հիսուսին

Նազարեթից»:
-Նազարե՞թ, կարելի՞ է, որ Նազարեթիցը մի բարի բան
լինի,- հարցրեց Նաթանայելը:
-Ե՛կ և տե՛ս,- ասաց Փիլիպպոսը:
Երբ Հիսուսը տեսավ Նաթանայելին իր մոտ գալիս, ասաց
նրա համար.
-Ահա ճիշտ իսրայելացի, ում մեջ նենգություն չկա:
-Ոտեղի՞ց ես ինձ ճանաչում,-հարցերց Նաթանայելը:
Հիսուսը պատասխանեց. - Փիլիպպոսը դեռ քեզ չկանչած, քեզ
տեսա, որ թզենու տակին էիր:

Ապա Նաթանայելը հռչակեց. «Ռաբբի՛, դու Աստծո Որդին ես, Դու ես Իսրայելի Թագավորը»:

Հիսուսը նրան ասաց. «Որովհետև Ես ասացի քեզ, թե թզենու տակ տեսա քեզ, հավատո՞ւմ ես. սրանցից էլ ավելի մեծ բաներ կտեսնես»:

Եւ ասաց նրանց. «Ճշմարիտ, ճշմարիտ ասում եմ ձեզ, այսուհետև կտեսնեք երկինքը բացված, և Աստծո հրեշտակներին մարդու Որդու վրա ելնելիս ու իջնելիս»: (Հովհաննես 1:45-51)

Նաթանայելին ասած Հիսուսի բառերը արմատական էին: Այս խոսակցության մեջ նա հայտարարեց, թե Հակոբի սանդուղքը Ինքն է: Նա է երկնքի ու երկրի կամուրջը: Նա է այն Մեկը, Ով Գերազանց Միակի և պարզ մարդկության միջև եղած անդունդը կամրջում է: Աստծո հրեշտակները Նրա վրա են ելնում ու իջնում: Նա մեր մեջ բացակայող Աստծուն ներկա է դարձնում: Արդյո՞ք սա էր ինչ Հակոբը աղոտ ու ստվերոտ կերպով տեսավ:

Երբ Հակոբն արթնացավ, ապշած էր: Նա իր տեսած երազի զորությունից հաղթված էր: «Եւ Հակոբը զարթնեց իր քնիցը և ասաց. «Իրոք, Տերը այստեղ էր, և ես չգիտեի»: Եւ վախեցավ ու ասաց. «Ի՛նչ ահավոր է այս տեղը, սա ուրիշ բան չէ, բայց միայն Աստծո տունը, և սա է երկնքի դուռը»: (Ծննդոց 28:16-17)

Այն տեղի անունը, ուր Հակոբը իր երազը տեսավ, Բեթել կոչվեց: Եբրայերեն *Բեթել* «Աստծո տուն» է նշանակում: Այնտեղ վրան չկար, ոչ էլ տաճար, ու ոչ էլ եկեղեցի: Հակոբը այն Աստծո տուն կոչեց, որովհետև այնտեղ Սուրբ Միակը Հակոբին էր երևացել: Հակոբի բառերը այսօրվա մշակույթի նույն դժվարություններն են: Մեր օրերում մարդիկ Աստծո բացակայությունն են զգում: Մենք վառվող մորենիներ չենք տեսնում, ոչ էլ կրակի սյուններ, ոչ էլ մեր մեջ քայլող մարդեղացած Քրիստոսին: Մենք զգում ենք, թե լքված ենք ու թշնամացած կամ, ավելի վատ, անտարբեր մի տիեզերքի ջրերի մեջ ենք գցվել: Այնպես է թվում մեզ, թե մի աշխարհի մեջ ենք կապվել, որից դուրս գալու որևէ ելք չկա, ու աստղերին հասնող սանդուղք գոյություն չունի:

Հակոբը նույնն էր զգում, մինչև իր երազի տեսնելը: Նրա բառերն առնչվում են մեր արդի իրողությանը: «Իրոք, Տերն այստեղ է, և ես չգտնեի»: Աստված միշտ այնտեղ էր: Նա Հակոբից հեռացած չէր, բայց Հակոբը իր ամբողջ կյանքում Նրան չէր նկատել: Հակոբը Աստծո ներկայությունից անտեղյակ էր: Այս ցավալի տգիտությունը մեր մշակույթի մեջ ամեն օր միլիոնավոր մարդկանց փորձառությունն է: Աստված այստեղ է, բայց մենք անգիտակից ենք: Այն պահին, երբ Նրա աստվածային ներկայության գիտակցությունն է սկսվում, նաև մի ավելի խոր անհատական պայքարի փորձառությունն է սկսվում: Երազով Հակոբի պայքարը չավարտվեց: Դա մի շարունակվող պայքարի սկիզբն էր: Այդ պահից հետո, նա իր հոգու համար էր պաքարում:

«Ի՛նչ ահավոր է այս տեղը»: Սա, Աստծո տան մեջ գտնվելով, Հակոբի պատասխանն էր: Մարդիկ ընդհանրապես եկեղեցու մեջ այդպես չեն զգում: Երկյուղածության զգացում չկա, մեզ դողացնող այն Մեկի ներկայության մեջ լինելու զգացում չկա: Երկյուղած մարդիկ երբեք չեն գանգատվում, թե եկեղեցին ձանձրացնող է:

Դպրագետները Հակոբի ապաշխարության ճշտգրիտ պահի մասին իրար հետ չեն համաձայնում: Ոմանք ասում են, թե դա Բեթելում տեղի ունեցավ, երբ նա Աստծո հաղթական ներկայության մեջ գտնվեց: Ուրիշները մատնանշում են, թե դա տարիներ հետո Աստծո հետ ունեցած Հակոբի ճակատագրական մարտնչելու պահին տեղի ունեցավ. «Եւ այն գիշերը վեր կացավ, և իր երկու կանանց, և իր երկու աղախիններին, և իր տասնմեկ որդիներին առավ, և Հաբոկի անցքից անցավ: Եւ նրանց առավ ու վտակից անցկացրեց, և իր բոլոր ունեցածն անցկացրեց: Եւ Հակոբը մենակ մնաց, և մի մարդ գոտեմարտում էր նրա հետ՝ մինչև արշալույս: Եւ տեսավ, որ չկարողացավ նրան հաղթել, նրա ազդրի ամոլաջլին դիպավ, և Հակոբի ամոլաջիլը թուլացավ գոտեմարտելու պահին: Եւ Նա ասաց. «Թո՛ղ տուր ինձ, որովհետև արշալույսը բացվեց».

> և Հակոբն ասաց. «Չեմ թողի Քեզ, մինչև ինձ չօրհնես»: Եւ Նա ասաց նրան, - «Ի՞նչ է անունդ»,
> նա էլ ասաց. «Հակոբ է»:
> Եւ նա ասաց. «Այլևս քո անունը Հակոբ չասվի, այլ Իսրայել. որովհետև Աստծո հետ և մարդկանց հետ մարտնչեցիր և հաղթեցիր»:
> Եւ Հակոբը հարցրեց և ասաց. «Աղաչում եմ, անունդ ասա»:
> Եւ նա ասաց. «Ինչո՞ւ ես իմ անունը հարցնում».
> Եւ նա օրհնեց նրան այնտեղ: Եւ Հակոբն այն տեղի անունը Փանուել դրեց, որովհետև ասաց. «Դեմ առ դեմ տեսա Աստծուն, և իմ անձը ողջ մնաց»: (Ծննդոց 32:22-30)

Հստակ է, որ մարդը, ում հետ Հակոբը մարտնչեց, սովորական մարդուց տարբեր մեկն էր, նա Աստծո հրեշտակն էր:

Պայքարը սաստիկ էր, ամբողջ գիշերվա ընթացքում բռնկված էր, ու պայքարողներից ոչ մեկը չէր գերազանցում: Վերջապես հրեշտակը Աստծո հաղթահարող զորությունը գործածեց ու Հակոբի կոնքին դիպավ: Նա գոտեմարտից հեռացավ, բայց իր բոլոր ամբողջ կյանքում կաղ մնաց:

Անունների նկատմամբ հրեշտակի հետ ունեցած խոսակցությունը հետաքրքրական է: Հրեշտակը Հակոբի անունը հարցրեց: Անվան պահանջը հանձնվելու նշան էր: Պայքարողի համար իր անունը հայտնելը նշանակում էր, թե նա մյուս կողմի գերազանցությունն էր հաստատում: Անվան բացահայտումը հպատակվելու արարք էր: Նա իր անձնական կյանքի վրա ունեցած հեղինակությունից հրաժարվեց: Հանձնվելով ՝ նաև մի նոր անուն, մի նոր ինքնություն տրվեց՝ Իսրայել:

Թեպետ պարտված, բայց և այնպես, Հակոբը իր հպարտությունը պաշտպանելու համար դեռևս հավասարության հույս ուներ: Մի վայրկյանն անգամ կարող էր օգնել: Նա հրեշտակին ասաց. «Աղաչու՛մ եմ, անունդ ասա»: Անունները փոխանակելու խոսակցության տարբերությունը նկատեք: Հրեշտակը Հակոբի անունը պահանջեց, և Հակոբը հանձնվեց: Հակոբը քաղքավարությամբ հրեշտակի անունը խնդրեց, բայց նա այդ չստացավ: Սա աստվածային հաղթնակի վերջնական արարքն էր: Աստծո հետ հավասարվել չկա: Երբ Ամենազորի հետ ենք մարտչում, մենք պարտվում ենք: Նա տիեզերքի անհաղթ մրցակից է:

Սուրբ Միակը անձնական պայքարներում չի հաղթվում: Բայց այստեղ մի սփոփանք կա: Հակոբը Աստծո հետ մարտնչեց և ապրեց: Նա պարտվեց: Նա կաղ մնաց, բայց նա այդ պայքարի մեջ ողջ մնաց: Սրանից գոնե կարող ենք սովորել, որ Աստված մեզ հետ մեր անկեղծ պայքարներում կմարտնչի: Հնարավոր է, որ Միակ Սրբի հետ պայքարենք: Մեր կյանքը Աստծո զորությամբ փոխելու համար, իրոք որ, Նրա հետ պիտի մարտնչենք: Հոգու նվիրման քաղցրության փորձառության իմաստը հասկանալու համար պետք է իմանանք, թե ինչ է նշանակում ամբողջ գիշերը Աստծո հետ մարտնչել:

Ոչ ոք Աստծո հետ Հոբի նման ավելի ուժգին բանավեճ չի ունեցել: Եթե մի մարդու թվար, թե նա Աստծուն մարտահրավեր անելու իրավունք ուներ, դա Հոբն էր: Հոբը Աստծո կողմից արդար էր կոչվել, բայց և այնպես, նա անհամարելի թշվառությամբ էր զարկվել: Հոբի պատմությունը այնպես է ներկայացվում, կարծես թե այդ խեղճ մարդը Աստծո ու սատանայի միջև տեղի ունեցած տիեզերական պայքարի գրավականն էր: Աստված թույլատրեց, որ Հոբը փորձի ենթարկվել: Նրա ունեցվածքը կողոպտվեց, նրա ընտանիքը կորսվեց, ու վերջապես նա տանջալի վերքերով զարկվեց: Նա իր ցավից ոչ մի ազատում չէր գտնում: Նրա մարմնի տառապանքը շուտով հոգու վրա ազդեց:

Մի անգամ մի տարեց տիկնոջ հետ խոսեցի, ով քաղցկեղի դեմ քիմիաթերապիայի ընթացքի մեջ էր: Նա քիմիաբուժման սրտխառնոց առաջացնող հետևանքներից էր տառապում: Հարցրի, թե ինչպես էր դիմանում, ու նա, ամենայն անկեղծությամբ, պատասխանեց, որ դժվար է քրիստոնյա լինել, երբ գլուխդ արտաքնոցում է: Այս տիկինը մարմնի ու հոգու մոտիկ կապակցությունը հասկացել էր: Երբ մարմինը անդադար ցավի մեջ է, հոգևոր լինելը չափազանց դժվար է:

Սակայն Հոբը չհայհոյեց: Նա աղաղակեց. «Թե որ ինձ սպանի, ես Նրան եմ հուսալու»: (Հոբ13:15) Նույնիսկ նրա կինը փորձեց նրան վերջնական ազատում թելադրել: Նրա թելադրանքը պարզ ու հստակ էր. «Հայհոյի՛ր Աստծուն ու մեռիր» (Հոբ 2:9)

Հոբը մերժեց հեշտ ճամփով ազատվելը: Նա, իր ընկերների թելադրանքներին ականջ դնելով, հիմարների խորհրդատվությանը համբերեց: Վերջապես, նա վեր կացավ ու Աստծուն այս հարցով մարտահրավեր ուղղեց: Նա միայնակ Աստծուն դիմագրավեց ու իր թշվառության նկատմամբ պատասխաններ գտնելու համար Աստծո հետ մարտնչեց ու պայքարեց: Աստծո պատասխանը դժվար, թե սփոփիչ էր.

> «Այն ժամանակ Եհովան պատասխանեց Հոբին փոթորկի միջիցը և ասաց. «Ո՞վ է դա, որ խորհուրդը նսեմացնում է անիմաստ խոսքերով: Մեկ գոտևորիր մեջքդ տղամարդու պես և քեզ հարցնեմ, ու դու ինձ հասկացրու: Ո՞ւր էիր, երբ Ես երկրի հիմունքն էի դնում, ասա՛ ինձ, եթե իմաստություն գիտես: Ո՞վ դրեց դրա չափերը, եթե գիտես, կամ թե ո՞վ քաշեց լարը դրա վրա: Ինչի՞ վրա են հաստատված դրա խարիսխները, կամ ո՞վ է ձգել դրա անկյան քարը՝ առավոտյան աստղերը միասին ցնծալիս և երբ Աստծո որդիքը գովաբանում էին: Եւ ո՞վ կապեց ծովը դռներով, երբ դա հորդահոս ելավ արգանդից, երբ ամպը դրա համար հանդերձ դրեցի և մեգը՝որպես խանձարուր. և Իմ սահմանը հաստատեցի դրա համար, և փականք ու դռներ դրի և ասացի. «Մինչև այստեղ գաս և էլ չանցնես, այստեղ կդադարեն քո փառահեղ ալիքները»: (Հոբ 38:1-11)

Սա շատ դժվար բանավոր քննություն էր: Հոբը Աստծուց պատասխաններ պահանջեց: Պատասխանների փոխարեն նա մի շարք հարցեր ստացավ: Աստված Հոբին անձնական տգիտությամբ աստվածային իմաստության վրա մի մութ ստվեր քաշելու համար հանդիմանեց: Իբրև թե Աստված ասաց. «Շատ բարի, դու՞ ես ուզում ինձ հարցաքննել: Լա՛վ, ես քո հարցերին կպատասխանեմ, բայց նախ քեզ մի քանի հարցեր ունեմ»: Հրազենի արագ ու հաջորդող փամփուշտների նման Աստված մեկը մյուսից ավելի սպառնալի հարցեր կրակեց: Վերջապես Հոբը խոսեց: Եւ Հոբը պատասխանեց Տիրոջն ու ասաց. «Ահա ես նվաստ եմ, ի՞նչ պատասխանեմ. ձեռքս բերանիս եմ դնում: Մեկ խոսել եմ, այլևս չեմ պատասխանի, և մյուս անգամ էլ և չեմ կրկնի»: (Հոբ 40:3-5)

Հոբի գործած պատկերը նկատի առեք: Նա ասաց, որ իր ձեռքը իր բերանի վրա պիտի դներ: Նա ինքն իրեն լռեցրեց: Նա իր շրթունքները իր ձեռքով ծածկեց, որ չլինի թե նրա բերանից ավելի հիմար բառեր դուրս գային: Նա ցավում էր, որ Աստծուն մարտահրավերի էր կանչել: Նա գիտակցեց, որ իր բառերը հանդգնություններ էին: Նա բոլոր իր ուզածն ասել էր:

Բայց հարցաքննությունը շարունակվեց: Աստված դեռ իր քննարկումները չէր ավարտել: Նա Հոբին հաղթահարող հարցեր տվեց. «Իսկապես պիտի խափանե՞ս իմ դատաստանը, ինձ հանցավոր անե՞ս , որպեսզի դու արդարանաս»: (Հոբ 40:8)

Այստեղ խնդիրը պարզ է: Հոբի մարտահրավերը արդարության դեմ անհետանում է: Նրա մեղադրանքները սուրբ Աստծո դեմ նախատինքներ են: Աստծո հարցերը Հոբի ականջների մեջ են զրնգում. «Ինձ պիտի հանցապարտ անե՞ս, որ դու քեզ արդարացնե՞ս»: Կասկած չկա, որ Հոբը արդարանալ էր փափագում: Նա հոգնել էր իր ընկերներից կողմից մեղադրվելուց: Նա չէր հասկանում, թե ինչու է այսքան թշվառացել: Նա պաշտպանության համար էր աղոթում: Բայց նրա փափագը անկառավարելի էր դարձել: Նա Աստծո արդարությունը իր արդարացման հետ փոխանակելու սահմանին էր հասել: Բանավեճի ընթացքում նա մի գծից էր անցել, որ թելադրում էր՝ գուցե Աստված չարություն է գործել: Աստված նրան ուղղակի հարցրեց. - Ուզում ես ինձ դատապարտե՞լ, որպեսզի դու արդարանաս:

Աստծո հարցերի ամբողջ ծանրությունը Հոբի վրա ընկավ: Նա գրեթե ջախջախվելու էր: Վերջապես նա իր ձեռքն իր բերանի վրայից հանեց ու նորից սկսեց խոսել: Այս անգամ նրա խոսքերում մեղադրանքներ չկային: Նա լոկ իր զղջանքն արտահայտելու համար լռության ուխտը կոտրեց:

> «Գիտեմ, որ ամեն բան կարող ես, և քո դիտավորությունը չի արգելվի: Ո՞վ է նա, որ խորհուրդը նսեմացնի անիմաստ խոսքերով: Իրոք՝ խոսել եմ, բայց չեմ հասկացել, ինձ համար անիմանալի են եղել, և ես չգիտեի: Աղաչում եմ, լսիր, որ խոսեմ, քեզ հարցնում եմ և ինձ իմացրու: Ականջի լսելով ես լսել էի քո մասին, բայց հիմա աչքս տեսնում է քեզ, որովհետև նվաստանում եմ և զղջում հողի և մոխրի վրա»: (Հոբ 42:2-6)

Երբ Հոբ գրքի այս բաժինն ենք կարդում, հնարավոր է այն խորհուրդն ունենանք, թե Աստված Հոբին ճնշեց: Նա պատասխանների համար աղաղակեց, և Աստված նրան ասաց, թե Նա Հոբի հարցերին պիտի պատասխաներ: Բայց պատասխանները երբեք չառաջադրվեցին: Վստահ լինելու համար, պատասխաններ ստանալու խոստմանը մի պայմանավորություն էր կցված, որով նախ Հոբը պիտի պատասխաներ: Բայց Հոբը այս քննության մեջ ձախողվեց: Ուստի Աստված էլ պատասխանները չտվեց:

Սակայն Հոբը բավարարված էր: Թեպետ Աստված որևէ պատասխան չտվեց, բայց Հոբը խաղաղվեց: Նա ավելի վեհ պատասխան ստացավ, քան որևէ ուղղակի պատասխան կարող էր հայթայթել: Աստված Հոբի հարցերին ոչ թե բառերով, այլ Իրենով պատասխանեց: Հենց որ Հոբը տեսավ, թե Աստված Ով է, հագեցավ: Նրա ամբողջ կարիքը Աստծո բացահայտությունը տեսնելն էր: Նա կարողացավ մանրամասնությունները Աստծո ձեռքերը հանձնել: Հենց որ Աստված արդեն խորհրդավորությամբ ծածկված չէր, Հոբը կարողացավ մի քանի անպատասխան հարցերով մեկտեղ հանգիստ ապրել: Երբ Աստված հայտնվեց, Հոբն այնքան դարձի գալով էր զբաղված, որ նա հավելյալ մարտահրավերների ժամանակ չունեցավ: Նրա բարկությունը դեպի իր անձը ուղղվեց. «Ես նվաստանում եմ ու զզվում հողի ու մոխրի վրա»:

Այժմ Հին Կտակարանի մեկ այլ մարդու պիտի մատնանշենք, ով Աստծուն մարդահրավեր տվեց: Ամբակում մարգարեն իր արդարության զգացումները վիրավորող բաների համար Աստծուն քննության ենթարկեց: Մարգարեն վախեցած էր, որ Աստծո ժողովուրդը իրենցից ավել չար ազգից պիտի չարչարվեին: Այնպես էր թվում, թե Աստված իրեաներին Իր տրված խոստումները լքել էր ու, դասալիք լինելով, Իր աստվածային հավատարմությունը պիղծ բաբելոնացիներին էր տվել: Ամբակումի համար սա նույնն էր, թե այսօրվա մի հրեա մտածեր, որ միգուցե Աստված ցեղասպանության ընթացքում Հիտլերի կողմն էր անցել: Ամբակումի գանգատը բարձրաձայն բողոքով է արձանագրվել:

«Մինչև ե՞րբ, ո՛վ Տեր, աղաղակեմ ես, և Դու չլսես, աղաղակեմ Քեզ՝ զրկա՛նք և Դու չազատես: Ինչո՞ւ ես ինձ անօրենություն տեսնել տալիս, տառապանք ցույց տալիս, և հափշտակություն և զրկանք կա իմ առջև, և կռիվ է լինում, և վեճ բարձրանում: Սրա համար օրենքը խափանվել է և իրավունքը մշտատև չէ հանդիսանում, որովհետև ամբարիշտը շրջապատում է արդարին, դրա համար դատաստանն էլ ծուռ է դուրս գալիս»:

Ամբակումը շատ բարկացած էր: Նրա գանգատը այնքան տենդագին էր, որ մի քիչ չափն անցել էր: Նա ասաց. «Իրավունքը մշտատև չէ հանդիսանում»: Անշուշտ այս աշխարհում անարդարություն կա, ու դա իր վերջնական վերաճշտմանն է սպասում, բայց ասել, թե արդարությունը երբեք չի հայտնվում, չափազանցություն է: Հոբի պես Ամբակումն էլ որոշ պատասխաններ պահանջեց: Նա դուրս եկավ Աստծո հետ մարտնչելու և գոտեմարտելու էր պատրաստվել: Նա իր դիտաշտարակի վրա էր կանգնել, ու Ամենազորից պատասխան էր սպասում: Վերջապես, երբ Աստված խոսեց, Ամբակումի արարքը Հոբին նմանվեց. «Լսեցի և ներսս սարսափեց, ձայնիցը դողացին շրթունքներս, փտություն մտավ իմ ոսկորների մեջ, և ես սարսափեցի իմ տեղը…» (Ամբակում 3:16)

Մարգարեի պատասխանը ծնողից պատժված մի փոքր երեխայի պատասխանին է նմանվում: Նրա սիրտը տրոփեց, նրա շրթունքները սկսեցին դողալ: Բոլորս էլ լացակումած երեխաներ տեսել ենք: Նրանք իրենց արցունքների հեղեղները հետ պահել են ջանում, բայց իրենց ներքևի շրթունքի դողդոջանքը դա արտահայտում է: Ահա մի չափահաս մարդ, ում շրթունքները Աստծո ներկայությյան մեջ դողդոջում են: Նա մի տեսակ ներքին ապականություն էր զգում ու իր ոսկորներում՝ փտություն: Իբրև թե նրա կմախքային կառուցվածքը փլվում էր: Մեծասքանչ Խորհրդի դողը նրա սրունքերին հարձակվեց, նրա ոտներն սկսեցին դողալ: Աստծո հետ մարտնչելուց դադարեց, բայց նրա ոտքերը երերացին:

Աստծո երևալով Ամբակումի բարկացկոտ գանգատները դադարեցին: Հանկարծ նրա խոսելաոճը դառն վհատությունից անվարանելի վստահության ու հույսի փոխվեց. «Թեև թզենին չծաղկի, և որթերի վրա բերք չլինի, ձիթենու արդյունքը ստի, և արտերը կերակուր չտան, կտրվի ոչխարը փարախից, և արջառ չլինի գոմերումը: Սակայն ես Տիրոջով պիտի ցնծամ, իմ փրկության Աստծով պիտի ուրախանամ»:

Հիմա Ամբակումը այնքան էր գլխապտույտ ուրախությամբ լցվել, որչափ իր վհատությամբ էր եղել: Նա Աստծո գերիշխանությանը կարողանում էր բացարձակապես վստահել: Նրա խոսքերը այսօրվա բառերով միգուցե այսպես հնչեին. «Նույնիսկ, երբ ծախսացույցը հավասարակշռված չլինի, և բաժնետոմսի շուկան ջախջախվի, և կերակրի գինը երկինք սլանա, ու եթե զավակս երբեք իր հիվանդությունից չառողջանա, և աշխատանքս կորցնեմ, և բնակարանս ձեռքից տամ, սակայն ես դեռևս իմ փրկության Աստծով պիտի ուրախանամ»:

Հակոբը, Հոբը, և Ամբակումը բոլորն էլ Աստծո դեմ պատերազմ հռչակեցին: Նրանցից բոլորն էլ երկնային ռազմատան վրա հարձակվեցին: Նրանցից բոլորն էլ պարտվեցին, սակայն բոլորն էլ այն պայքարներից վերացած հոգիներով դուրս եկան: Նրանք ցավի գին վճարեցին: Աստված բանավեճ թույլատրեց, բայց նախքան խաղաղության մեկնարկը, կռիվը թեժ էր:

Տարսոնցի Սողոսը Աստծուց նույն հաղթահարող նվաճումը զգաց: Նա փարիսեցիների համար նախանձավոր մեկն էր ու քրիստոնեություն կոչված մի նոր աղանդի հայտնաբերումը ամբողջովին մերժում էր: Նա մտադրվել էր քրիստոնեությունը երկրագնդի երեսից վերացնել: Հեղինակություններից հանձնարարված, նա տնից տուն էր գնում ու քրիստոնյա հավատացյալներին բռնում ու նրանց բանտարկել էր տալիս: Ստեփանոսի քարկոծության պահին նա այնտեղ կանգնած էր ու այդ արարքը ծափահարողներից էր: Դամասկոս գնալու ու այնտեղ քրիստոնյաներին եղեռնի մատնելու նոր պարտականություն ստանալով՝ ցնծում էր: Դամասկոսի ճամփին էր, երբ Սուրբ Միակին հանդիպեց: Ագրիպպաս թագավորի առջև՝ իր դատավարության ընթացքում, նա այդ տեսարանն այսպես վերհիշեց.

«Կեսօրվա ժամանակին ճանապարհի վրա տեսա, ո՛վ արքա, որ երկնքից, արեգակի լույսից ավելի, մի լույս ծագեց իմ չորս կողմովը և նրանցով էլ, որ ինձ հետ գնում էին: Եւ երբ մենք ամենքս գետնի վրա ընկանք, մի ձայն լսեցի, որ եբրայեցիների բարբառով ինձ ասում էր. «Սավու՛ղ, Սավու՛ղ, ինչո՞ւ ես ինձ հալածում, դժվար բան է քեզ խթանի դեմ քացի տալ»: Եւ ես ասացի. «Դու ո՞վ ես, Տե՛ր»: Եւ Նա ասաց. «Ես Հիսուսն եմ, Ում դու հալածում ես: Բայց վե՛ր կաց և ոտներիդ վրա կանգնիր, որովհետև դրա համար երևացի քեզ, որ քեզ վերցնեմ որպես իմ պաշտոնյա և վկա այն բաներին, որ դու տեսար, և այն բաներին որոնցով պիտի երևամ քեզ: Որ ազատեմ քեզ այդ ժողովրդիցը և հեթանոսներիցը, որոնց մեջ Ես հիմա քեզ ուղարկում եմ՝ նրանց աչքերը բացելու և խավարից դեպի լույսը դարձնելու, և սատանայի իշխանությունից դեպի Աստված, որ նրանք մեղքերի թողություն և սրբերի հետ ժառանգություն առնեն՝ ինձ հավատալով: Ուստի, ով Ագրիպպաս արքա, ես անհնազանդ չեղա այն երկնային տեսիլքին»:

Սավուղը արդարության նախանձախնդիր էր: Նա փարիսեցիների փարիսեցին էր ու օրինական կատարելության նվիրված մի մարդ: Նրա նախանձախնդրության հեգնանքը իր մեջ է հայտնվում, որքան ավելի նա իր նպատակի համար էր նախանձախնդիր լինում, այնքան ավելի իրապես Աստծո գործին էր հակառակվում: Ոչ թե Աստված արդարության հետապնդմանը հակառակ է: Աստված արդարության հետապնդմանը համաձայն է, բայց նա հպարտի ու գոռոզի դեմ է կանգնում: Նա ինքնաարդարությամբ փքվածների դեմ է կանգնում: Մինչ Սողոսը համոզված էր, թե նա Աստծո համար էր պայքարում, իրականության մեջ նա Աստծո դեմ էր կռվում: Այս հեգնական պատերազմի մեջ նա այն նույն Քրիստոսի հետ, Ում հակառակվում էր, վերջնական դեմ առ դեմ տեսակցության էր սահմանվել:

Հին Կտակարանում անուններից մեկը, որով Աստված հայտնվում է Էլ Շադդայի անունն է: Այս անունը «որոտացող» կամ «հաղթահարող» է նշանակում: Էլ Շադդայի անվամբ էր, որ Աստված Հոբին երևաց: Այն, ինչ որ Հոբը փորձառաբար ընկալեց, գերիշխան Աստծո ահարկու զորությունն էր, Ով բոլոր մարդկանց հաղթահարում է, ու Ինքը ոչ մեկից չի հաղթահարվում: Դամասկոսի ճանապարհին Սողոսը Հաղթողին հանդիպեց:

Սողոսը անապատի ճանապարհին ունեցած իր փորձառության բացատրությունը մի պայծառ լույսի երևույթով սկսեց: Կեսօրվա ժամանակին անապատի ճանապարհը մի տեղ էր, ուր արևի պայծառությունը հատկապես ուժեղ էր, ու օրվա բարակ օդն էր ճեղքում: Այս անապատի արևի պաստառի դեմ մի ուրիշ լույս տեսանելի լինելու համար, այն հատկապես տարօրինակ պիտի լիներ: Սողոսը արևից մի ավելի պայծառ ու փայլուն լույսի մասին էր խոսում: Նա դա որպես «երկնքից մի լույս» բացատրեց:

«Երկնքից մի լույս» արտահայտությունը երկնակամարից մի լույս չի նշանակում: Երկնակամարից արեգակն է շողում: Սողոսը Աստծո երկնային փառքի ներկայության մեջ էր: Աստծո փառքը Նրա սրբության արտաքին արտահայտությունն է: Նրա փառքի փայլն այնքան շողշողուն ու այնքան պայծառ էր, որ կեսօրվա արեգակին խավարեցնում էր: Հայտնության գրքի մեջ նոր Երուսաղեմի հայտնվելու մասին ենք կարդում, այն քաղաքը, որ երկնքից է իջնում. «Եւ տաճար չտեսա դրա մեջ, որովհետև Տէր Աստված Ամենակալը և Գառն է դրա տաճարը: Եւ քաղաքը ոչ արեգակի ու ոչ էլ լուսնի կարիք չուներ, որ լույս տան դրա մեջ, որովհետև Աստծո փառքը լուսավորում էր նրան, և նրա ճրագը Գառն էր:» (Հայտնություն 21:22-23)

Նոր Երուսաղեմը արև չունի պարզապես, որովհետև արևի կարիքը չունի: Աստծո փառքը և Նրա Քրիստոսը այնքան պայծառ են, որ արևը դրանից հաղթահարվեց: Սողոսը դրա ճառագայթներից կուրացավ: Տեսեք, թե ինչ է պատահում, երբ մարդիկ ուղղակի արևին են նայում: Արեգակնային խավարման պահերին, արևի վրայից անցնող ստվերի տարօրինակ տեսարանը գրավում է մարդկանց ուշադրությունը: Զորավոր փորձություն է, երբ մեր հայացքն ուղղակի դրան հառենք: Սակայն, նույնիսկ արեգակնային խավարման ընթացքում, ուղղակի արեգակին նայելը ցավեցնող ու վտանգավոր է: Այսպիսի պահերին լրատվամիջոցներից զգուշացվում ենք, որ չփորձենք նայել. միգուցե մեր աչքերը վնասվեն: Եթե արեգակնային խավարման ընթացքում չենք կարող արևին ուղղակի նայել, ապա այն պայծառությունը, որ արևից ավելի է, որքան ուժգին պիտի լիներ: Աստծո փառքը արևի կատարյալ ուժից շատ ավելի պայծառ մակարդակի է հասնում:

Սողոսի հետ մարտնչող հրեշտակ չհայտնվեց: Սակայն մի գերբնական ուժ նրան գետնին տապալեց: Մի վայրկյանում Սողոսը կուրացավ: Ոչ մի ազդարարություն կամ մի քամու սուլոց նրան չտրվեց: Ուժգնությամբ նա անապատի հողին տապալվեց:

Երկնքից եղած լույսի հետ նաև մի ձայն եկավ: Ուրիշ տեղ այդ ձայնը որպես շատ ջրերի ձայն է բացահայտված, մի ձայն, որ ժայռերի վրայից թնդացող ջրվեժի հոսքի պես է գոռում: Սողոսը այս ձայնը արամերեն է ընկալում, որը Հիսուսի մայրենի լեզուն էր: Ձայնը Սողոսին անձնապես է խոսում ու նրա անունը կրկնելով՝ Սողո՛ս, Սողո՛ս է կանչում: Այս կրկնակի ուղղերձը մի անհատական ու մտերիմ ուղղերձ է ներկայացնում: Աստված Մորեայի լեռան վրա վառվող մորենու միջից Մովսեսին այս նույն ձևով խոսեց: Սա նույն ձևն էր, որով Հիսուսը Երուսաղեմի վրա լացեց և խաչի վրա Իր ամենախավար ժամին Հորը կանչեց:

«Սողո՛ս, Սողո՛ս, ինչո՞ւ ես ինձ հալածում»: Նկատեք. ձայնը Սողոսին չի հարցնում, թե ինչո՞ւ է Սողոսը եկեղեցուն հալածում: Այլ հարցնում է. «Ինչո՞ւ ես ԻՆՁ հալածում»: Քրիստոսի եկեղեցուն հալածելը Քրիստոսին հալածել է: Ուստի հարցը. «Ինչո՞ւ ես խըթանին քացի տալիս»... Եզների խթանները փայտյա կաղապարների վրա մեխված սուր մեխեր էին, որ եզների հետևից էին կապում: Եթե համառեր դեպի առաջ շարժվել, հաճախ դա փայտի վրա մեխված խթանին քացի տալով էր իր համառությունը արտահայտում: Երևակայեցե՛ք՝ որքան անմտություն է մի եզի համար, որ առաջին անգամ սուր խթանին քացի տալուց հետո, ավելի բարկանալով, այն խթանին քացի տալը շարունակեր կրկին ու կրկին: Որքան շատ խթանին քացի տար, այնքան ավելի իրեն պիտի ցավեցներ: Դա նմանվում է այն մարդուն, որ իր գլուխը պատին է զարկում ու գտնում, թե դա դադարեցնելը որքան հանգստացնող կարող է լինել:

Ձայնը Սողոսին ասում էր. «Դու՝ անմի՛տ եզ, որքան անմիտ պիտի լինես, որ խթանին քացի տալդ շարունակես: Դու չես կարող հաղթել: Քո պայքարը անօգուտ է: Ժամանակն է, որ դու հանձնվես»: Սողոսի պատասխանը մի պարզ հարց էր, բայց դա մի լի հարց էր. «Ո՞վ ես Տեր»: Սողոսը իրեն հաղթահարող Միակի ինքնությունը չէր ճանաչում, բայց մի բան հստակ էր, Ով էլ որ էր, Նա Տերն էր:

Այս փորձառությամբ Սողոսը Պողոս դարձավ, ճիշտ ինչպես Հակոբը՝ Իսրայել: Պայքարը վերջացավ: Սողոսը Աստծո հետ պայքարեց ու պարտվեց: Եսայիայի նման, Սողոսն իր առաքյալ լինելու կոչն ու առաքելությունը ստացավ: Նրա կյանքը փոխվեց և անշուշտ, որ դրա հետ նաև աշխարհի պատմությունը փոխվեց: Պարտության մեջ Պողոսը խաղաղություն գտավ:

Ագրիպպաս արքային իր պատմությունը պատմելուց հետո Պողոսը այս բառերը ավելացրեց. «Ուստի, ո՛վ Ագրիպպաս արքա, ես այն երկնային տեսիլքին անհնազանդ չեղա»: Թեպետ Սողոսը Քրիստոսի ԴԵՄ պայքարելու մեջ սաստիկ նախանձախնդիր էր, սակայն նա Քրիստոսի ՀԱՄԱՐ ավելի նախանաձախնդիր էր դարձել: Աստծո սրբության վերաբերյալ նա մի այնպիսի տպավորիչ տեսիլք էր տեսել, որ երբեք չէր մոռանա: Նա իր նամակներում դրա մասին է մտածում ու դրա իմաստն է մեկնաբանում: Նա արդարանալու նշանակությունը հասկացող մի մարդ դարձավ: Նրա համար սուրբ պատերազմը ավարտված էր, ու նա սուրբ խաղաղության մեջ էր մտել: Նա այն առաքյալը դարձավ, ում գրությունները մենաստանում Լյութերին արթնացրին ու Քրիստոնյա եկեղեցուն Աստծո հետ մնայուն խաղաղության բաղադրատոմսը տվեցին:

Սուրբ Աստծո հետ ունեցած մեր պայքարը Աստծո արդարության և մեր անարդարության միջև եղող հակառակության մեջ է արմատացած: Նա արդար է, մենք՝ անարդար: Այս պրկումը Աստծո հանդեպ մեր մեջ վախ, թշնամություն և բարկություն է առաջացնում: Անարդար անհատը մի արդար դատավորի հետ ընկերանալ չի ցանկանում: Մենք փախստականներ ենք դառնում, ու այն Միակի ներկայությունից, Ում փառքը կարող է մեզ կուրացնել, և Ում արդարությունը կարող է մեզ դատապարտել, փախչում ենք: Մենք, մինչև մեր արդարացվելը, Նրա հետ պատերազմի մեջ ենք: Միայն արդարացված անձը կարող է Սուրբ Աստծո ներկայության մեջ հանգիստ լինել:

Պողոս առաքյալը արդարացման պտուղները անմիջապես որպես առավելություններ է առաջադրում: Հռոմնացիներին ուղղած իր նամակի մեջ նա բացատրում է, թե մեզ ինչ է լինում, երբ հավատքով արդարացվում ենք ու Քրիստոսի արդարությամբ ենք ծածկվում: «Արդ մենք, հավատքով արդարացած լինելով, Աստծո հետ խաղաղություն ունենք՝ մեր Տեր Հիսուս Քրիստոսի ձեռքովը, որով ընդունեցինք հավատքով այս շնորհքի մեջ մտնելն էլ, որ նրանում կանգնած ենք և պարծենում ենք Աստծո փառքի հույսով»: (Հռոմայեցիս 5:1-2)

Մեր արդարացման առաջին պտուղը Աստծո հետ խաղաղությունն է: Վաղեմի Հրեայի համար խաղաղությունը արժեքավոր, սակայն մի հազվագյուտ իրողություն էր: Միջին Արևելքի արդի տվյալանքները վաղեմի պատմության կրկնություններ են թվում: Քանանի վրա հաղթության օրերից մինչև նորկտակարանյան ժամանակամիջոցը հռոմեական տիրապետումը, միայն մի քանի տարիներ կային, երբ Իսրայելը պատերազմի մեջ չէր: Պաղեստինի վայրը Աֆրիկայի և Ասիայի միջև ոչ թե միայն տնտեսական, այլ նաև պատերազմական երկրամասային կամրջակետն էր: Փոքրիկ Իսրայելը հաճախ մրցակցող աշխարհակալ ուժերի միջև էր բռնվում ու գործածվում էր որպես մի զինագնդային գնդակ:

Հրեաները խաղաղություն էին ուզում: Նրանք այն օրն էին երազում, երբ սուրը պիտի ձուլվեր ու մաճի պիտի փոխվեր: Նրանք այն ժամանակին էին սպասում, երբ Խաղաղության Իշխանը պիտի գար, որ անդադար թշնամությունները վերջ տար: Հրեաների համար խաղաղության տենչանքն այնքան կարևոր էր, որ խաղաղություն բառը նրանք գործածում էին առօրյա բարևելու համար: Մինչև օրս Շալոմ-ը (խաղաղություն) հրեական բառամթերքի մեջ կարևոր բառ է մնում:

Խաղաղություն բառն իր առաջին իմաստով պատերազմական հակառակության դադարն է ակնարկում: Բայց դրան կցված ավելի խորը իմաստ կա: Հրեաները նաև ներքին խաղաղության նկատմամբ խորապես մտահոգ էին՝ հոգու այն անդորր հանգստության համար, որը հոգեկան խառնաշփոթությանը վերջ է տալիս: Մենք էլ «մտքի հանգստություն» կոչված մի դիտանկյուն ունենք:

Հիշում եմ 1945թ. տաք ամառային օրը, երբ Չիկագոյի փողոցներում գնդակ էի խաղում: Այն օրերին իմ աշխարհը մի փողոցի ջրարկղից մյուսին հասնող տարածքն էր: Ինձ համար միակ կարևոր բանն այն էր, որ վերջապես գնդակը զարկելու իմ հերթն եկավ: Շատ նեղվեցի, երբ գնդակի առաջին իսկ զգված պահին շուրջս մեծ անկարգություն ու ձայն բարձրացավ: Մարդիկ իրենց հարկաբաժինների դռներից բղավելով և կերակրի ամանները փայտյա գդալներին զարկերով, սկսեցին դուրս վազել: Մի պահ կարծեցի, թե աշխարհի վերջն է եկել: Վստահաբար իմ գնդակախաղի վերջն էր եկել: Խուճապահար շփոթահարության մեջ մորս տեսա, որ, արցունքները աչքերից հոսելով, դեպի ինձ էր վազում: Նա ինձ իր բազուկների մեջ վեր առավ ու սեղմելով ու կրկնաբար հեծելով՝ ասաց. «Վերջացա՛վ, վերջացա՛վ»:

Այդ օրը 1945-ին Ճապոնիայի նկատմամբ Ամերիկայի Միացյալ Նահանգների տարած հաղթանակի օրն էր: Վստահ չէի, թե այդ բոլորը ինչ էին նշանակում, բայց մի բան շատ հստակ էր. դա նշանակում էր, որ պատերազմը վերջացել էր, ու հայրս տուն էր վերադառնալու: Հեռավոր երկրներ նամակ ուղարկելը այլևս չկար: Ամենօրյա լրատուներից պատերազմի մեջ զոհվածների մասին լսելն այլևս չկար: Լուսամուտներից մետաքսյա աստղազարդ վարագույրներ կախելն այլևս չկար: Ապուրի մետաղյա ամանների ջարդոտվել այլևս չկար: Բաժնետոմսերը այլևս չկային: Պատերազմը վերջացել էր, ու վերջապես մեզ խաղաղություն էր հասել:

Ցնծության պահը երեխայական ուղեղիս վրա մնայուն տպավորություն թողեց: Սովորեցի, որ խաղաղությունը մի կարևոր բան էր, մի անսահման ուրախության պատճառ՝ երբ դա հաստատվեր. մի դառն վշտի պատճառ՝ երբ դա կորչեր:

Այդ օրում Չիկագոյի փողոցներում ստացած տպավորությունս այն էր, թե խաղաղությունը հավիտենապես էր վրա հասել: Գաղափար չունեի, թե դա որքան դյուրաբեկ էր: Այնպես էր թվում, թե շատ կարճ ժամանակից հետո Գաբրիել Հիթերի պես լրատուներ Չինաստանի զորահավաքի, Ռուսաստանի հյուլեական վտանգի ու Բեռլինի արգելափակման չարաշուք ահազանգներն էին հաղորդում: Ամերիկայի խաղաղությունը կարճատև էր ու մեկ անգամ ևս Կորեայում և հետո Վիետնամում էր պատերազմում:

Դյուրաբեկ, անկայուն, նրբանկատ: Սրանք երկրավոր խաղաղության բնական վիճակներն են: Թվում է, թե խաղաղության դաշինքները օրենքների նման խախտվում են: Մեկ միլիոն Նեւիլ Չեմբըրլիններ պայուսակներից կախված ու իրենց ձեռքերը մեկնած հայտարարությունը. «Մեր ժամանակների համար խաղաղության ենք հասել»: Երբևիցե չէին երաշխավորել, թե մարդկային պատմությունը որևէ մի բան է, եթե ոչ միայն մեկ շարունակական Մյունիխ:

Շուտով սովորում ենք խաղաղությանը շատ ուժգին չվստահել: Պատերազմը շատ արագ և շատ հեշտությամբ է ներս խուժում: Սակայն մենք մի մնայուն խաղաղության կարոտ ունենք, որի վրա կարող ենք հենվել: Սա ճիշտ այն խաղաղությունն է, որի մասին Պողոս առաքյալը Հռոմեացիներին ուղղած իր նամակի մեջ հայտարարեց:

Երբ Աստծո հետ ունեցած մեր սուրբ պատերազմը դադարում է, երբ մենք էլ Լյութերի նման դրախտի դռներից ներս ենք քայլում, երբ մենք հավատքով արդարանում ենք, պատերազմը հավիտենապես դադարում է: Մեղքից մաքրվելով և աստվածային ներման հայտարարությամբ, մենք Աստծո հետ մի հավիտենական խաղաղության դաշինքի մեջ ենք մտնում: Դա մի անկործանելի խաղաղություն է:

Երբ Աստված խաղաղության դաշինքը ստորագրում է, դա շարունակականության համար է: Պատերազմը հավիտյանս հավիտենից ավարտվել է: Անշուշտ, մենք դեռ մեղանչում ենք, դեռևս ըմբոստանում ենք, դեռևս Աստծո դեմ թշնամական արարքներ ենք կատարում: Բայց Աստված պատերազմակից չէ: Նա մեզ հետ պատերազմի մեջ չի մտի: Մենք Հոր մոտ մի Բարեխոս ունենք: Մենք մի Միջնորդ ունենք, Ով խաղաղությունը պահում է: Նա խաղաղության վրա իշխում է, որովհետև Նա թե՛ Խաղաղության Իշխանն է և թե՛ նաև ՄԵՐ խաղաղությունն է:

Այժմ մենք Աստծո որդիք ենք կոչվում, ու սա նրանց համար, ովքեր խաղաղարարներ են՝ օրհնությամբ շնորհված մի տիտղոս: Մեր մեղքերը Հոր կողմից են սրբագրվել ու ոչ թե մի զինվորական հրամանատարի կողմից: Մենք խաղաղություն ունենք: Դա մեր սեփականությունն է՝ Քրիստոսի կողմից կնքված և երաշխավորված:

Աստծո հետ մեր խաղաղությունը դյուրաբեկ չէ, այլ հաստատուն է: Երբ մեղանչում ենք, Աստծուն տհաճ է, ու Նա մեզ ուղղելու և մեղքը գիտակցելու հնարավորություն է տալիս: Նրա աղեղը այլևս կամարած չէ, ու Նրա զայրույթի նետերն այլևս մեր սրտերին չեն ուղղված: Ամեն անգամ, երբ մենք դաշինքը խախտում ենք, Նա իր սուրը չի երերացնում:

Արդարացման խաղաղությունը միայն արտաքին չէ: Ներքին խաղաղության ամենախոր տենչանքը նաև Քրիստոսի մեջ է իրականանում: Սբ. Օգոստինոսը մի անգամ այսպես աղոթեց՝ ասելով. «Դու մեզ Քեզ համար ես արարել, ու մինչև Քո մեջ հանգիստ գտնելը, մեր սրտերը անհանգիստ են»: Բոլորս էլ գիտենք, թե սրտով անհանգստանալն ինչ է նշանակում: Դատարկության և մեղավորության զգացումներին, որոնք Աստծուց օտարացումից են առաջանում, ծանոթ ենք: Հենց որ մեր խաղաղությունը հաստատվում է, այդ ահռելի դատարկությունը լցվում է և մեր սրտերը հանդարտվում են:

Նոր Կտակարանը այս խաղաղությանը մեր մտքերից վեր եղող խաղաղություն է անվանում: Դա մի սուրբ խաղաղություն է, մի խաղաղություն, որ մեր երկրավոր ամենօրյա խաղաղությունից այլ է: Դա այնպիսի խաղաղությունն է, որ միայն Քրիստոսն է կարող պարգևել: Դա այնպիսի խաղաղությունն է, որ Քրիստոսը Ինքը ուներ:

Ավետարանի արձանագրություններից գիտենք, որ Քրիստոսն այս աշխարհի հարստությունից քիչ ունեցվածք ուներ: Նա ո՛չ բնակարան, ո՛չ էլ իր գլուխը դնելու տեղ ուներ: Նա աշխատանք կամ ընկերությունների բաժնետոմս չուներ: Նրա միակ ունեցվածքն իր պատմուճանն էր: Այդ արժեքավոր պատմուճանը Իրեն մահապատժողները գողացան: Ուստի այնպես է թվում, թե Նա անստացվածք ու առանց Իր ժառանգներին ժառանգություն թողած մեռավ:

Քրիստոսի ժառանգները մենք ենք: Առաջին հայացքից թվում է, թե մենք Նրա ժառանգներն ենք՝ առանց ժառանգության:

Սակայն Աստվածաշունչը հստակեցնում է, որ Աստված հաճեցավ թագավորությունը Իր Որդուն տալ: Հիսուսը իր Հորից ժառանգություն ստացավ, ու Նա այդ ժառանգությունը մեզ փոխանցեց: Նա խոստացավ, որ մի օր մենք այս խոսքերը պիտի լսենք. «Եկե՛ք, ով իմ Հոր օրհնածները, ժառանգեցե՛ք աշխարհի սկզբից ձեզ համար պատրաստված թագավորությունը»: (Մատթեոս 25:34)

Աստծո թագավորությունը մեր միակ ժառանգությունը չէ: Նրա վերջին կտակի ու վկայության մեջ, Հիսուսն Իր ժառանգորդներին մի ուրիշ բան էլ թողեց՝ մի շատ յուրահատուկ բան. «Խաղաղություն եմ թողնում ձեզ, Իմ խաղաղությունն եմ տալիս ձեզ. ոչ թե ինչպես աշխարհն է տալիս՝ Ես եմ ձեզ տալիս. ձեր սիրտը չխռովի ու չվախենաք: (Հովհաննես 14:27)

Քրիստոսի կտակն այս է՝ խաղաղություն: Մեր ժառանգությունը Նրա խաղաղությունն է: Նա այս պարգևը այնպիսի մի ձևով է տալիս, որ աշխարհում պարգև տալու կերպից տարբեր է: Կցված հետին շարժառիթներ ու խարդախության թելեր չկան: Նա մեզ խաղաղությունը ոչ թե Իր, այլ մեր բարիքի համար է տալիս: Դա մի այլաշխարհային պարգև է, որը այլաշխարհային կերպով է տրվում: Դա մերն է հավիտյան պահելու համար:

Խաղաղությունը արդարացման միակ անմիջական պտուղն է: Այս սուրբ խաղաղությանը մի ուրիշ բան էլ է ավելացված, ու դա կարողությունն է: Կարողություն բառը նրա համար, ով երբևիցե Սուրբ Աստծո հետ պայքարել է, խիստ իմաստալից է: Մեր շուրջբոլորը կարողության մասին շատ նշաններ կան: Նշանների վրա հնարավոր է կարդալ «Անհասանելի» և ուրիշի վրա «Սահմանափակ կարողությամբ»: Պատմության մեջ մի կետում դրախտի դարպասների վրա «Առանց կարողության» գրությունով մի նշան դրվեց: Նույնիսկ Հին Կտակարանի տաճարում Աստծո գահին մոտենալը հասարակ մարդկանց համար անհասանելի էր:

Նույնիսկ քահանայապետի կարողությունը տարին մեկ անգամվա համար էր սահմանված ու այն էլ լավ պաշտպանված պարագաներով: Սրբության Սրբոցը հաստ վարագույրով բաժանված էր տաճարի մնացած մասերից: Այն արգելված, անհասանելի էր: Սովորական հավատացողի համար մուտքն արգելված էր:

Այն պահին, երբ Հիսուսը սպանվեց, ու այն Արդարը անարդարների համար մեռավ, տաճարի վարագույրը պատռվեց: Աստծո ներկայությունը մեզ համար հասանելի դարձավ: Քրիստոնյայի համար «Անհասանելի» նշանը դրախտի դարպասներից վերցվեց: Այժմ մենք կարող ենք ազատությամբ սուրբ գետնի վրա քայլել: Նրա շնորհքին հասանելիություն ունենք, ու նույնիսկ ավելի, մենք Նրա հասանելիությունն ունենք: Արդարացած մարդիկ Սուրբ Միակին չեն ասում. «Ինձանից հեռացիր, որովհետև ես մի մեղավոր մարդ եմ»: Այժմ մենք սուրբ Աստծո ներկայության մեջ ընդունված ենք զգում: Կարող ենք մեր հարցերը Նրան տալ: Նա մեր աղաղակները կլսի: Մենք Նրան՝ որպես Քրիստոսի արդարությունով ծածկվածներ ենք մոտենում: Կրկնում եմ, մենք Աստծո ներկայության մեջ ընդունված ենք զգում: Վստահաբար, մենք տակավին երկյուղածությամբ, հարգանքի և պաշտամունքի հոգով ենք գալիս, բայց հիանալի լուրն այն է, որ մենք կարող ենք գալ:

> «Արդ որովհետև մեծ Քահանայապետ ունենք երկինքներովն անցած՝ Աստծո Որդի Հիսուսին, պինդ բռնենք դավանությունը: Որովհետև ոչ թե այնպիսի Քահանայապետ ունինք, որ չկարողանա մեր տկարություններին կարեկից լինել, այլ մի այնպիսին, որ ամեն բանով փորձված է մեր նմանությամբ, բայց առանց մեղքի: Ուրեմն համարձակությունով մոտենանք շնորհքի աթոռին, որ ողորմություն ընդունենք և շնորհք գտնենք պատշաճ ժամանակին օգնելու»: (Եբրայեցիս 4:14-16)

Աստվածաշունչը մեզ համարձակությամբ շնորհքի գահին մոտենալ է հրավիրում: Ուրիշ թարգմանիչներ «քաջությամբ» բառն են գործածում: Որպես արդարացված մարդիկ, կարելի է մեզ քաջությամբ Աստծուն մոտենալ: Քաջ կամ համարձակ լինելը պետք չէ ամբարտավանության կամ հպարտության հետ շփոթել: Ոզան քաջ լինելուց ավելին էր, նա ամբարտավան էր: Նադաբն ու Աբիուդը համարձակությունն անցել էին ու Աստծո փառապանծությունն էին նախատել: Մենք քաջությամբ և համարձակությամբ ենք Նրա ներկայության մեջ գալիս: Նրանից նահանջելու կամ հապաղելու որևէ կարիք չկա: Բայց երբ գանք, պետք է երկու բաներ հիշել: Առաջինը՝ թե Նա Ով է, երկրորդը՝ թե մենք ով ենք:

Քրիստոնյայի համար սուրբ պատերազմը վերջացած ու խաղաղությունը հաստատված է: Հորը հասնելու կարողությունը մերն է: Բայց դեռ պետք է մենք Աստծուց վախենանք: Նա դեռ սուրբ է: Մեր դողալը երկյուղածության ու մեծարանքի դող է ու ոչ թե վախկոտի կամ սոսափող տերևից վախեցող մի հեթանոսի դող: Լյութերը այսպես բացատրեց. «Պետք է մեզ Աստծուց վախենալ ոչ իր տանջողների առջև կանգնող մի բանտարկյալի նվաստացած վախի նման, այլ իրենց սիրելի Հորը տհաճություն պատճառել չցանկացող զավակների նման: Մենք համարձակությամբ ենք Նրան մոտենում, մենք քաջությամբ ենք Նրան գալիս, մենք իրավունք ունենք: Մենք սուրբ խաղաղություն ունենք:

Թու՛յլ Տանք Աստծո Սրբությունը Դիպչի Մեր Կյանքին

Մինչ դու Աստծո սրբության մասին քո սովորածին ես անդրադառնում ու վերհիշում, պատասխանի՛ր հետևյալ հարցերին: Մի տետրի մեջ Աստծո սրբության մասին քո պատասխանները գրի՛ր կամ դրանք ընկերոջդ հետ կիսվիր:

1. Արդյո՞ք Աստված քեզ երբևիցե անկեղծ պայքարի մեջ դրե՞լ է ` ինչպես Հակոբին արեց: Դրա արդյունքն ի՞նչ եղավ:
2. Երբևէ Աստծուն մարտահրավեր ներկայացրե՞լ ես` ինչպես Հոբն արեց: Ի՞նչ էր Աստծո պատասխանը:
3. Աստծո հետ Ամբակումի պայքարը հավատքի մի խիզախ նախադասությամբ ավարտվեց: «Նույնիսկ եթե ___________________________տեղի ունենա, տակավին ես Տերով կցնծամ: Քո կյանքի «Նույնիսկ եթե»-ները որո՞նք են:
   Կամենու՞մ ես դրանք Տիրոջը հանձնել:
4. Քեզ համար `Քրիստոսի մահը մեզ Աստծո հետ անվերջանալի խաղաղություն է տալիս, ի՞նչ է նշանակում:
5. Մեզ` անսահման կարողություն տալու համար, Աստծուն ինչպե՞ս պիտի պաշտես:

ԳԼՈՒԽ 8

ՍՈՒՐԲ ԵՂԵՔ, ՈՐՈՎՀԵՏԵՎ ԵՍ ՍՈՒՐԲ ԵՄ

Ապոլլիոն, զգուշացիր, թե ինչ ես անում,
որովհետև ես թագավորի մայրուղին եմ
սրբության ուղին,
Ուստի անձիդ զգուշություն արա:

Ջոն Բանյան

Վաղ եկեղեցու քրիստոնյաները սրբեր էին կոչվում: Այդ ժամանակից ի վեր, մեր բառամթերքում սուրբ անունը ուժգին փոփոխության է ենթարկվել: Այժմ սուրբ բառը մի արտասովոր սրբակյաց և հոգևոր զորություն ունեցող գեր-արդար մարդու պատկերն է ներկայացնում: Հռոմի Կաթոլիկ եկեղեցին սրբացվածների ու մի հատուկ հոգևոր մրցակիցների շարքին դասվածների համար հատուկ տիտղոս է կարգել:

Աստվածաշունչը սուրբ բառը առօրյա հասարակությանը պատկանող հավատացյալի համար է գործածում: Նոր Կտակարանում Աստծո ժողովուրդը սուրբ տիտղոսն է վայելում: Բառը «սուրբ մեկ»-ն է նշանակում: Նորկտակարանյան սուրբերը հատուկենտ էին: Այս բառը ամեն տեսակ մեղքերի դեմ պայքարող հավատացյալների համար գործածելը խորթ է թվում: Պողոսի նամակները կարդալիս, զարմանում ենք, թե ինչպես է նա մարդկանց՝ որպես սրբերի, ուղղերձ հղում և, ապա շարունակելով, նրանց իրենց անմտության ու մեղաչնող վերաբերմունքի համար խրատում:

Աստվածաշնչի սուրբերը սուրբ էին կոչվում, ոչ որովհետև

նրանք արդեն կատարյալ էին, այլ որովհետև նրանք մի ջոկված և կատարյալ մաքրության համար կանչված ժողովուրդ էին: Մարդկանց վերագրելով սուրբ բառը այդ երկու նույն իմաստները ունի ինչ որ, երբ դա Աստծուն է վերագրվում: Հիշելու ենք, որ երբ սուրբ բառը Աստծուն նկարագրելու համար է գործածվում, դա ոչ միայն նշում է, թե Նա մեզանից տարբեր կամ ջոկ է, այլ նաև, որ Նա իր մաքրության մեջ բացարձակապես կատարյալ է: Բայց մենք Աստված չենք, մենք գերազանց չենք, մենք անշուշտ մաքուր չենք: Ուստի մեզ Աստվածաշնչի սրբեր կոչելը ինչպե՞ս է հնարավոր:

Այս հարցին պատասխանելու համար, պետք է Հին Կտակարանին նայել: Երբ Աստված Իսրայելին Եգիպտոսի ստրկությունից դուրս հանեց ու նրանց մի յուրովի ազգ համարեց, Նա նրանց ջոկեց, Նա նրանց Իր ընտրած ժողովուրդը կոչեց ու նրանց մի հատուկ առաքելություն տվեց: Նա նրանց ասաց. «Սու՛րբ եղեք, որովհետև Ես սուրբ եմ»: (Ղևտացիս 11:44)

Իսրայելին ուղղված այս հատուկ կոչը նորություն չէր: Դա Մովսեսով կամ նույնիսկ Աբրահամով չսկսվեց: Սա մարդկային ցեղի նախնական պարտականությունն էր: Մենք Աստծո պատկերով էինք ստեղծվել: Այլ բաներից առավել, Աստծո պատկեր լինել նշանակում է՝ մենք Աստծո նկարագիրը ցուցաբերելու ու դա արտացոլելու համար ենք ստեղծվել: Մենք Աստծո սրբությունը աշխարհին փայլեցնելու համար ենք արարվել: Սա մարդու գերագույն նպատակն ու նրա գոյության բուն պատճառն է:

Երեցական եկեղեցիները երեխաների հոգևոր դաստիարակչության համար «Ուեսթմինստրը Կրոնագիտության հարցարանն» են գործածում: Այս հարցարանի առաջին հարցը այսպես է. «Ո՞րն է մարդու գերագույն նպատակը»: Այս հարցը յուրաքանչյուր մարդ արարածի կրած առաջնակարգ պատասխանատվության մասին է: Այս հարցման պատասխանն այսպես է. «Մարդու գերագույն նպատակը Աստծուն փառաբանելն ու Նրան հավիտյան վայելելն է»:

Երբ դեռատի էի այս հարցի վերաբերյալ դժվարություն ունեի: Դրա պատասխանի երկու մասնիկներ իրար հետ համատեղել չէի կարողանում: Չէի կարողանում տեսնել, թե ինչպես է վայելքը Աստծուն փառաբանելու հետ համատեղվում: Անդրադառնում էի, որ Աստծուն փառաբանելը Նրա սուրբ օրենքին հնազանդվելու հետ կապված էր: Դա ինձ շատ հաճելի չէր թվում: Արդեն գիտեի, որ իմ անձնական վայելքի ու Աստծո օրենքին հնազանդվելու միջև հակադրություն կա: Նույնիսկ, երբ դրա իրական իմաստը չէի ընկալում, սակայն պարտաճանաչ պետք եղած պատասխանը արտասանում էի: Աստծուն որպես ուրախության խոչընդոտ էի տեսնում: Նրա փառքի համար ապրելը, որպես իմ գերագույն նպատակ, չունեի մտքիս: Գուշակում եմ, որ Ադամն ու Եվան էլ նման դժվարություն ունեցան:

Պատանեկան շրջանում ունեցած մեծ դժվարությունն այն էր, որ ես ուրախության և հաճույքի տարբերությունը լավ չէի հասկացել: Ուզում եմ հայտարարել, թե այն օրերից ի վեր ես չափահաս մարդ եմ դարձել ու երեխայական բաները մի կողմ եմ դրել: Ոչ թե տխրությամբ: Դեռ երեխայական բաներ կան, որ իմ չափահաս կյանքին կպած են մնացել: Դեռևս ուրախության ու հաճույքի տարբերության հետ պայքարում եմ: Մտքումս դրանց տարբերությունը գիտեմ, բայց դա դեռ իմ շրջանառության մեջ չի հասել:

Կյանքումս շատ մեղքեր եմ գործել: Մեղքերիցս ոչ մեկն ինձ երբևիցե չի ուրախացրել: Դրանցից ոչ մեկը երբևիցե մի կաթիլ անգամ կյանքի ուրախության վրա չի ավելացրել: Այն համբավավոր դեմքերի ու հեռուստացույցի կամ մամուլի հարցազրույցներում երևացող մարդկանց վրա, ովքեր ասում են, որ եթե կյանքս նորից ապրելու լինեի, որևէ բան չէի փոխի, զարմանում եմ: Այսպիսի անմտությունը ինձ զարմացնում է: Բազմաթիվ բաներ կան, որ պիտի ցանկանայի դրանք փոխելու առիթ ունենալ: Անշուշտ հնարավոր է, որ երկրորդ առիթն ունենալով, նույն պարագայում նորից նույն անմտությունները կատարեի, բայց համենայն դեպս պիտի ցանկանայի այդ առիթն օգտագործել:

Մեղքերս ինձ ուրախություն չեն բերել: Բայց մեղքերս ինձ հաճույք են տվել: Ես հաճույքը սիրում եմ: Դեռ հաճույքը շատ է գրավում ուշադրությունս: Հաճույքը խիստ մեծ վայելք կարող է լինել: Ոչ բոլոր հաճույքներն են մեղքեր: Արդարության մեջ շատ հաճույք է գտնվում: Բայց դեռևս տարբերությունը կա: Մեղքը կարող է հաճույք պարգևել, բայց դա երբեք ուրախություն չի բերում:

Արդ եթե այս հասկանայի, ինչո՞ւ պիտի փորձեի մեղանչել: Թեթևամտություն է թվում այն, որ ուրախության և հաճույքի տարբերություն իմացող մեկը ուրախությունը հաճույքի հետ փոխանակի: Մարդու համար ծայրագույն հիմարություն է մի բան անելը, որ գիտի, թե դա իր ուրախությունը պիտի խլի: Սակայն մենք այդպես անում ենք: Մեղքի խորհուրդը լոկ այն չէ, որ դա պիղծ ու կործանարար է, այլ՝ որ դա նաև ուղղակի հիմարություն է:

Տարիներ շարունակ ծխախոտ էի ծխում: Իրականության մեջ դրա հաշիվը երբեք չեմ պահել, բայց ենթադրում եմ, որ այդ տարիների ընթացքում հարյուրավոր մարդիկ ինձ ներկայացրին ,որ ծխելն իրենց համար լավ արարք չէր: Նրանք պարզապես ինձ մատնանշում էին այն, ինչ որ Ամերիկայում յուրաքանչյուր ծխող արդեն գիտեր: Նախքան դարձի գալս, ես կատարելապես գիտեի, որ ծխելը առողջությանս համար վնասակար էր: Նախքան ծխախոտի տուփերի վրա գերագույն բժշկի ազդարարության տպագրությունը, ես դրա մասին գիտեի: Ես առաջին իսկ ծխախոտը ծխելուց սկսած՝ դա գիտեի: Բայց և այնպես, այդ անելը շարունակեցի: Լոկ խենթություն: Մեղքը դա է:

Երբևիցե մի բան արե՞լ ես, որ զգացել ես, թե ցանկանում

ես անել նույնիսկ, երբ միտքդ քեզ ասում էր, թե դա սխալ է: Եթե այս հարցին ոչ պատասխանես, դու կամ ստախոս ես կամ ցնդած: Բոլորս էլ այդ ծուղակի մեջ ենք ընկնում: Մենք անում ենք այն, ինչ որ ցանկանում ենք, քան թե այն, ինչ որ գիտենք, թե պետք է անել: Զարմանալի չէ, որ Պողոսի նման աղաղակում ենք ասելով. «Ի՜նչ խղճալի մարդ եմ: Ո՞վ կազատի ինձ այս մահվան մարմնից»:(Հռոմեացիս 7:24)

Մեր դժվարությունն այն է, որ մենք կանչվել ենք սուրբ լինելու,բայց սուրբ չենք: Նորից այն նույն հարցն է ծագում, որ եթե սուրբ չենք, Աստվածաշունչն ինչո՞ւ է մեզ սրբեր կոչում:

Աստվածաշունչը մեզ սուրբ անհատներ է կոչում: Մենք սուրբ ենք, որովհետև մենք Աստծո համար սրբացված ենք: Մենք ջոկված ենք: Մենք մի ուրիշ կյանքի համար ենք կանչվել: Քրիստոնեական կյանքը անհամակերպվող կյանք է: Անհամակերպության գաղափարը Հռոմեացիս նամակում այսպես է բացահայտված. «Արդ, աղաչում եմ ձեզ, եղբայրներ, Աստծո ողորմությունովը, որ ձեր մարմինները ներկայացնեք կենդանի, սուրբ և Աստծո ընդունելի պատարագ, որ է ձեր բանավոր պաշտոնը: Եւ մի կերպարանվեք այս աշխարհի կերպարանքով, այլ նորոգվեցեք ձեր մտքի նորոգությամբ, որ դուք քննեք, թե ի՞նչ է Աստծո կամքը՝ բարին, հաճելին և կատարյալը»: (Հռոմեացիս 12:1-2)

Հին Կտակարանում պաշտամունքը կենտրոնացած էր զոհասեղանին դրված Աստծուն նվիրած զոհերի վրա: Առավելաբար, այս անասունների ու բազմազան հատիկների զոհերը որպես մեղքի պատարագ էին մատուցվում: Անասունների զոհերը ինքնուրույն մեղքեր քավելու որևէ զորություն չունեին: Դրանք առաջիկայում խաչի վրա այն մեծ Զոհը մատնանշող նշաններ էին: Կատարյալ Գառի զոհվելուց հետո, զոհասեղանի պատարագները դադարեցին: Քրիստոնյա եկեղեցին այլևս անասունների զոհեր չի մատուցում, որովհետև այսպիսի զոհերի կարիքը չկա: Այժմ դրանց մատուցելը Քրիստոսի կատարյալ զոհին անարգություն պիտի համարվեր:

Որովհետև անասնազոհության օրերն ավարտվել են, շատերը ենթադրում են, թե Աստծո համար բոլոր զոհերը զզվելի են: Պարզապես սա ճշմարտություն չէ: Այստեղ Պողոս առաքյալը մի նոր տեսակ զոհի կոչ է ուղղում՝ մեր մարմինների կենդանի զոհը: Մենք Աստծուն ոչ թե մեր ստացած բերքը կամ անասունները, այլ մեր մարմինները պիտի նվիրենք: Այս նոր զոհը քավության արարք չէ, ու դա մեղքի պատարագ չէ: Մեր մարմինների զոհը Աստծուն շնորհակալություն հայտնելու պատարագ է: Դա Պողոսի գործածած «Արդ» բառին է հետևում:

Աստվածաշնչում «Արդ» բառը կարդալիս, անմիջապես զգուշացվում ենք, թե մի եզրափակություն է գալիս: «Արդ» բառը դրանից առաջ ասված խոսքերը դրանից հետո եկող եզրափակության հետ է շաղկապում: Հռոմեացիս 12-ի մեջ «Արդ» բառը, նախորդ, մեր փոխարեն Քրիստոսի կատարած փրկարար գործի մասին Պողոսի բոլոր հիշածներն է ակնարկում: Այս բառը մեզ այն պատշաճ ու դրան հասնելու միակ հնարավոր եզրափակությանն է հանգեցնում: Մեզ համար Քրիստոսի շնորհալի արդարացման իրականացման լույսի տակ, միակ տրամաբանական եզրափակությունը, որին կարող ենք հասնել, այն է, որ մենք պարտավոր ենք մեր անձերը Աստծուն ներկայացնել որպես կատարելապես քայլող, շնչող ու կենդանի զոհեր:

Կենդանի զոհը ինչպիսի՞ն է: Պողոսը նախ դա անկերպարանակից իմաստով է բացատրում: «Այլ այս աշխարհին մի կերպարանվեք»: Սա այն կետն է, որ քրիստոնյաներից շատերը շեղվել են: Պարզ է, որ մենք համակերպվողներ չենք: Բայց դժվար է հասկանալ, թե ճշգրտորեն սա ինչպիսի անհամակերպություն է պահանջում: Անհամակերպությունը խաբուսիկ նյութ է ու շատ հեշտությամբ կարող է ծանծաղության վերածվել:

Քրիստոնյաների կողմից չհամակերպվելու խնդրի հետ ծանծաղաբար վարվելը ողբերգություն է: Չհամակերպվելու պարզ ձևն է՝ նայել մեր մշակույթի նորաձևություններին և ապա ՝ դրա հակառակն անել: Եթե կարճ մազն է մոդայիկ, ապա համակերպվողը երկար մազեր է պահում: Եթե կինոթատրոն գնալն է օրվա մոդայիկ, ապա քրիստոնյան ֆիլմերը «աշխարհիկ» անվանելով դրանից խուսափում է: Սրա ծայրահեղություններն այն խմբերի մեջ են հանդես գալիս, ովքեր մերժում են կոճակներ հագնել կամ էլեկտրականություն գործածել, որովհետև դրանց աշխարհիկ են համարում:

Անհամակերպության մակերեսային կերպը դասական փարիսեցիական թակարդն է: Աստծո թագավորությունը կոճակների ֆիլմերի ու պարելու մասին չէ: Աստծո նպատակը կենտրոնացած չէ, թե մենք ինչ ենք ուտում կամ ինչ ենք խմում: Չհամակերպվելու կոչը մի շատ ավելի խորը մակարդակով արդարության խորը կոչ է, որ արտաքիններից անց է: Երբ սրբակյացությունը բացարձակապես արտաքինով է սահմանվում, առաքյալի ուսուցման բուն կետը կորչում է: Մենք Հիսուսի խոսքից, թե Մարդուս բերանից ներս մտնող բանը չէ, որ նրան պղծում է, այլ դա՝ ինչ որ դուրս է գալիս նրա բերանից» մի տեսակ ձախողել ենք: Դեռ ուզում ենք թագավորությունը ուտելիքի ու ըմպելիքի մասին դարձնենք:

Ինչո՞ւ են այսպիսի խեղաթյուրումները քրիստոնեական շրջանականերից ներս շատացել: Դրա միակ պատասխանը, որ կարող եմ տալ մեղքն է: Սրբակյացության մեր չափանիշները իրականության մեջ կարող են անսրբակյացության ապացույցներ լինել: Երբ մենք աննշանները նշանավոր ենք համարում ու անկարևորը չափից դուրս ենք սնաբանում, մենք փարիսեցիներին ենք նմանվում: Երբ պարելն ու ֆիլմեր նայելը հոգևորության չափանիշ ենք դարձնում, իրական բարոյագիտությունը դրա անարժեք կեղծվածի հետ փոխանակելու մեղավոր ենք դառնում: Այսպիսի բաներ անելով՝ արդարության ավելի խորը խնդիրները նսեմացնում ենք: Ոչ մեկը չի կարող խուսափել պարելուց կամ շարժապատկեր նայելուց: Սրանք որևէ մեծ բարոյական համարձակություն չեն պահանջում: Դժվարը լեզուն ղեկավարելն է, ողջախոհությամբ վարվելն է, ու Հոգու պտղի հայտնաբերումն է:

Երբեք ցանկանալու մասին քարոզ չեմ լսել: Վիսկի խմելու չարության մասին քարոզներ շատ եմ լսել, բայց ոչ ցանկամոլության մասին: Անշուշտ, Աստվածաշունչը հայտարարում է, թե արբեցողությունը մեղք է, բայց հարբելը երբեք ամենակարևոր տասը ցանկի մեջ չի հայտնվել: Իսկական համակերպվողները ցանկանալուն են վերջ տալիս, բամբասանքին են վերջ տալիս, չարախոսությանն են վերջ տալիս, ատելությանն ու դառնությանն են վերջ տալիս ու Հոգու պտուղների վարժությունն են սկսում:

Հիսուսը փարիսեցիերին հանդիմանեց արտաքնապես զբաղված լինելու համար.

> «Վա՜յ ձեզ, դպիրնե՛ր և փարիսեցինե՛ր՝ կեղծավորներ, որ անանուխի և սամիթի ու չամանի տասանորդը տալիս եք և թողնում եք օրենքի ծանր-ծանր բաները՝ դատաստանը և ողորմությունը և հավատարմությունը. սա պետք էր անել՝ և այն չթողնել: Կու՜յր առաջնորդներ, որ մժեղը քամում եք, բայց ուղտը կուլ եք տալիս»:
> (Մատթեոս 23:23-24)

Հիսուսը փարիսեցիներին կարևոր խնդիրները աչքաթող անելու ու չնչին բաները գերշեշտելու համար հանդիմանեց: Նա այս խնդիրը այս կամ այն չնկատեց այլ երկուսն էլ կարևոր համարեց: Տասանորդները պետք է վճարվեին, բայց չանտեսվեին ավելի ծանր խնդիրները, ինչպես՝ արդարությունը, ողորմությունն ու հավատարմությունը: Փարիսեցիները հոգատար էին, հոգ էին տանում դրսից, արտաքինից, տեսանելի սրբակյացության խնդիրների նկատմամբ, բայց ամենավեհ հոգևոր խնդիրները անտեսել էին:

Ոչ մեկը չէր կարող անհամակերպության սիրուն անհամակերպ լինել: Նորից եմ ուզում շեշտել , որ սա անարժեք սրբակյացություն է: Ինչին որ մենք ծայրահեղ կանչվել ենք, անհամակերպությունից ավելին է: Մենք ՓՈԽԱԿԵՐՊՈՒԹՅԱՆ ենք կանչված: Նկատի առնենք, որ «համակերպվել» ու «փոխակերպվել» բառերից երկուսն էլ նույն արմատից են: Այս երկու բառերի տարբերությունը դրանց նախածանցների մեջ է: «ՀԱՄ» նախածանցը «հետ» է նշանակում: Ուրեմն համակերպվել կերպի կամ կազմության հետ «լինել» է նշանակում: Մեր մշակույթում համակերպող անձը նա է, ով դրա հետ է: Չհամակերպվող մեկը մշակույթից դուրս ընկած է համարվում: Եթե Քրիստոնյայի նպատակը դուրս ընկած լինելն է, ուստի վստահ մենք բոլորս էլ դրա մեջ հաջողված ենք գտնվել:

«Փոխ» նախածանցը «դեմ» կամ «անց» է նշանակում: Երբ մենք փոխակերպության ենք կանչվել, դա նշանակում է, որ այս աշխարհի կերպերից ու կազմից վեր բարձրանալու համար ենք կանչված: Մենք աշխարհի առաջնորդությանը չպիտի հետևենք, այլ դրան հակառակ խաչաձևելով, կտրելու ու դրանից շատ ավելի բարձր կոչի ու կերպի ենք բարձրանում: Սա կոչվում է վսեմության մեջ գերազանցել ու ոչ թե՝ թառածթափած «դուրս ընկնել»: Քրիստոնյաները, ովքեր իրենց անձերը որպես կենդանի զոհեր են նվիրում ու այս կեպով են պաշտամունք մատուցում, կարգապահության բարձր չափանիշով ապրող մարդիկ են: Նրանք արդարության մակերեսային կերպով չեն հագենում: «Սուրբերը» Աստծո թագավորության խստապահանջ հետևողականության կանչվածներն են: Նրանք կանչվել են իրենց հոգևոր հասկացողության խորքին:

Փոխակերպված կյանքի միջոցը, որը Պողոսը որպես բանալի ձև է ընդգծում, «մտքի նորոգությունն» է: Սա «կրթություն»-ից ոչ մի բան ավել ու ոչ մի պակաս չի նշանակում: Լուրջ կրթություն, խորը կրթություն: Աստծո բաների մեջ կարգապահության կրթություն: Դա Աստծո խոսքի իմտությունն է պահանջում: Պետք է մենք վերափոխված մարդիկ լինենք, որովհետև մեր միտքն է նորոգվել:

Ճշմարիտ փոխակերպությունը Աստծո մասին, մեր մասին ու աշխարհի մասին նոր հասկացողությամբ է առաջանում: Մեր հետապնդածը Քրիստոսին նմանվելու ձգտումն է: Մենք Հիսուսին պիտի նմանվենք, անշուշտ ոչ այն իմաստով, որ երբևիցե հնարավոր է աստվածանալ: Մենք աստված-մարդ չենք: Սակայն պետք է մեր մարդեղությունը Հիսուսի կատարյալ մարդեղությունը արտացոլի ու դա շողարձակի: Իրոք որ դա շատ վեհ նպատակ է:

Հիսուսին նմանվելու համար նախ պետք է Հիսուսի նման մտածենք: Մենք «Քրիստոսի մտքի» կարիքը ունենք: Պետք է մենք արժևորենք այն բաները, որ Նա է արժևորում ու անարգել այն բաները, որ Նա է անարգում: Մենք նույն նախապատվությունները պիտի ունենանք, ինչ որ Նա ունի: Մենք կարևոր ենք համարելու այն բաները, որոնք Նա է կարևոր համարում:

Առանց Նրա Խոսքի իմտության, դրանց կատարվելն անհնար է: Հոգևոր աճման բանալին լուրջ մակարդակով զոհողություն պահանջող քրիստոնեական կրթությունն է:

Դա է մեր ստացած վսեմության կանչը: Մենք մնացյալ աշխարհին նմանվելու ու մեր կյանքը Աստծո մասին մակերեսային հասկացողությամբ ապրելու բավարարված չենք: Մենք հոգևոր կաթից չբավարարված ու հոգևոր մսի քաղցի ծարավի մեջ աճելու ենք:

Սուրբ լինել նշանակում է զատված լինել: Բայց դա դրանից

ավելի իմաստալից է: Սուրբը նաև պետք է սրբացման կենսական ընթացքի մեջ գործունյա լինի: Սրբության մեջ աճելու համար պետք է ամեն օր մաքրվենք: Եթե արդարացած ենք, հարկավոր է նաև սրբվենք:

Լյութերն արդարացած մեղավորի վիճակը բացատրելու համար լատիներեն մի սքանչելի բառ գործածեց՝ simul Justus es pecator: Այս նախադասության յուրաքանչյուր բառին նայենք ու դրա իմաստը զանազանենք: Simul լատիներեն բառ է, որից անգլերեն simultaneous բառն է ստացվում: Դա «մեկ ու նույն պահին» է նշանակում: Justus լատիներեն բառ է, որից անգլերեն just (արդար) բառն է ստացվում, և et լատիներեն «Եւ» շաղկապն է նշանակում: Հավանաբար Pecator բառը մեզ համար անծանոթ բառ է: Անգլերեն impeccable (անմեղադրելի) և peccadillo (փոքր մեղքեր) բառերը այդ բառից են ստացվում: Ուրեմն, picador՝ մեղավոր է նշանակում: Այս բառերը իրար միացնելով՝ ստանում ենք simul Justus es pecator նախադասությունը, որը «նույն պահին արդար ու մեղավոր» է նշանակում: Սուրբերը սրանք են, մարդիկ, ովքեր նույն պահին արդար, սակայն մեղավոր են:

Սուրբերի դեռևս մեղավոր լինելն ակնհայտ է: Սակայն ինչպե՞ս կարող են նրանք արդար լինել: Սուրբերը արդար են, որովհետև արդարացված են: Նրանք ինքնըստինքյան արդար չեն: Նրանք Քրիստոսի արդարությամբ Աստծո աչքերում արդարացվել են: Սա է հավատքով արդարացման իմաստը: Երբ մենք անձնական փրկության համար մեր վստահությունը Քրիստոսի ու միայն Նրա մեջ ենք հիմնում, ապա Աստված Հիսուսի ամբողջ արդարությունը մեր հաշվին է փոխանցում: Երբ Նրան ենք հավատում, Նրա արդարությունը մերն է դառնում: Սա մի օրինական առևտուր է: Արդարության առևտուրը մի հաշվապահական գործառնության պես է, ուր իրական սեփականություն է փոխանակվում: Մինչև հիմա ես մի մեղավոր եմ, Աստված Հիսուսի արդարությունն իմ հաշվին է փոխանցում:

Սա մի տեսակ խարդախություն է թվում, որով կարծես թե Աստված օրինական խաղ է խաղում: Նա մեզ արդար է համարում նույնիսկ, երբ մենք ինքնըստինքյան արդար չենք: Բայց ավետիսը սա է: Բարի լուրը սա է, որ մենք արդար ու սուրբ Աստծո դատաստանի աթոռի առջև կարող ենք կատարելապես արդարի հաշիվ ունենալ: Դա Քրիստոսի արդարությունն է, որ հավատքով մերն է դառնում: Դա խարդախություն չէ, ու ոչ էլ՝ խաղ: Առևտուրը իրական է: Աստծո հռչակումը լուրջ է: Քրիստոսի արդարությունը իրապես մեր հաշվին է անցել: Աստված մեզ որպես արդար է տեսնում, որովհետև մենք Հիսուսի արդարությամբ ծածկված ու հագնված ենք: Հիսուսն Իր մահով լոկ մեր պարտքերը չվճարեց: Մեզ համար Նրա կյանքը Նրա մահվան պես կարևոր է: Ոչ թե միայն Հիսուսը մեր մեղքերը, մեր պարտքը ու մեր անարժանությունը վեր առավ, այլ նաև մեզ Իր հնազանդությունը, Իր ստացվածքն ու Իր արժանիքը տվեց: Դա միակ ճանապարհն է, որ մի անարդար անձ երբևցե կարող է արդար ու սուրբ Աստծո առջև կանգնել:

Այս արդարության առումախի գաղափարը վտանգով լիքն է: Դա հեշտությամբ շփոթություն է առաջացնում ու լրջորեն չարաշահվում: Ոմանք ենթադրում են, որ եթե մենք Քրիստոսին ենք հավատում, երբեք չպիտի մտահոգվենք մեր կյանքը փոխելու համար: Արդարացմանը որպես մեղանչելու արտոնագիր են նայում: Եթե Քրիստոսի արդարությունն ունենք, ինչո՞ւ պետք է մեր մեղսալի ճանապարհները փոխենք: Քանի որ բարեգործությունները մեզ երկինք չեն տանում, ինչո՞ւ պիտի դրանց մասին երբևէ մտահոգվենք: Այսպիսի հարցերը երբևէ չպետք է անգամ մի ճշմարտապես արդարացված անհատի շուրթերին լինեն:

Երբ Լյութերը քաջաբար հավատքով միայն աստվածաշնչյան արդարացման վարդապետությունը հռչակեց, նա ասաց.

«Արդարացումը միայն հավատքով է, բայց ոչ այնպիսի հավատքով, որ առանձին է»: Ավելի վաղ, Հակոբոսը մի ուրիշ կերպ ասաց. «հավատքն առանց գործերի մեռած է»: (Հակոբոս 2:26) Ճշմարիտ հավատքը կամ փրկարար հավատքն այն է, որը Լյութերը որպես fides viva մի «կենդանի հավատք» կոչեց: Դա մի հավատք է, որ անմիջապես ապաշխարության և արդարության պտուղներ է առաջացնում: Եթե ասենք, թե հավատք ունենք, բայց ոչ մի գործ չիետևի, պարզ փաստ է, որ մեր հավատքը իսկական չէ: Իրական հավատքը միշտ Քրիստոսին իրապես հնազանդվել է առաջ բերում: Եթե մենք արդարացել ենք, ապա սրբացումն անպայման կիետևի: Եթե սրբացում չկա, դա նշանակում է, որ երբևէ որևէ արդարացում չի եղել:

Այն պահին, երբ հավատում ենք, անմիջապես արդարացվում ենք: Նախքան մեզ արդար հռչակելը, Աստված մեր բարեգործությանը չի սպասում: Հռչակումը եկած պահին մենք դեռևս մեղավորներ ենք:

Որքա՞ն ժամանակ է անցնում մինչև մեղավորի մաքրվելը: Պատասխանը՝ ոչ մի ժամանակ: Մեր արդարացման և մեր սրբացման միջև որևէ ժամանակի ընթացք չկա: Բայց մեր արդարացման ու սրբացման կատարելության միջև մեծ ժամանակամիջոց կա:

Լյութերը սա բացատրելու համար մի պարզ նմանություն գործածեց: Նա մի մահացու հիվանդի վիճակ ներկայացրեց: Բժիշկը հայտարարեց, որ նա հիվանդին վստահաբար բուժելու դեղ ուներ: Այն նույն պահին, երբ դեղը մատուցվեց, բժիշկը մարդուն առողջացած հայտարարեց: Այդ պահին հիվանդը դեռ վատառողջ էր, բայց հենց որ դեղը նրա շուրթերից անցնելով՝ մարմնի մեջ մտավ, հիվանդը սկսեց առողջանալ: Մեր արդարացումն էլ է այսպես: Հենց որ մենք հավատում ենք, այդ նույն պահին մենք սկսում ենք ավելի լավը լինել: Մաքրվելու և սրբանալու գործընթացը սկսվում է, ու դրա ավարտը պարզ է:

Քրիստոնյայի անման նպատակը արդարության հաջողումն է: Այսօրվա քրիստոնեական աշխարհում այսպիսի մի նախադասությունը հավանաբար արմատական կարող է հնչել: Քրիստոնյաները արդրարության մասին հազվադեպ են խոսում: Այդ բառը գրեթե հայհոյանքի պես է դառել: Համարյա բոլոր այլ բառերն այս արդարություն բառից ավելի են նախընտրվում: Երբեք ոչ մի աշակերտ, կամ եկեղեցական, կամ ուրիշ անձ ինձ «Ինչպե՞ս կարող եմ ավելի արդար դառնալ» չի հարցրել:

Շատ մարդիկ են ինձ բարոյագիտության, բարոյականության, նույնիսկ սրբակյացության մասին խոսել: Բայց այնպես է թվում, թե ոչ ոք չի ուզում արդար լինելու մասին խոսել: Միգուցե, որովհետև գիտենք, որ ինքնարդարացումը մեղք է: Արդար բառը մի քիչ փարիսեցիական է հնչում: Ավելի հոգևոր է հնչում, երբ հոգևոր լինելու մասին ենք խոսում, քան թե՝ արդար լինելու մասին:

Հոգևոր լինելը միայն մեկ նպատակ ունի: Դա մի նպատակի միջոց է ու ինքնըստինքյան նպատակ չէ: Բոլոր հոգևոր վարժությունների նպատակը պետք է արդարությունը լինի: Աստված մեզ սուրբ լինելու է կանչում: Քրիստոսը քրիստոնյայի կյանքի նախապատվությունն է նշում. «Սակայն առաջ Աստծո արքայությունը և նրա արդարությունը խնդրեցեք, և այդ ամենը կտրվի ձեզ»: (Մատթեոս 6:33) Նպատակը արդարությունն է:

Մեր արդարության առաջընթացն ինչպե՞ս կարող ենք իմանալ: Ինչպե՞ս կարող ենք մեր սրբության կոչի մեջ իրական առաջընթացն իմանալ: Աստվածաշունչը այս հարցերի վրա լույս է ծագեցնում: Արդար մարդիկ իրենց պտղից են ճանաչվում: Նրանց մեջ ու նրանց վրա Սուրբ Հոգու ներգործիչ զորությունով սրբանում են: Սուրբ Հոգին գիտի, թե սուրբ լինելն ինչ է: Նա Սուրբ Հոգի է կոչված ոչ միայն, որ սուրբ է, այլ որովհետև Նա մեր մեջ սրբություն առաջացնելու համար է գործում:

Արդարության պտուղն այն պտուղն է, որ Սուրբ Հոգու միջոցով մեր մեջ վարժվելու է դրվում: Եթե ուզում ենք սուրբ դառնալ, եթե արդարության համար իրական քաղց ունենք, ապա հարկավոր է մեզ մեր ուշադրությունը Սուրբ Հոգու պտղի վրա կենտրոնացնենք:

Սուրբ Հոգու պտուղը մեզ համար բացահայտ հակադրվում է մեր մեղավոր բնության պտղին:

> «Եւ հայտնի են մարմնի գործերը, որ են շնություն, պոռնկություն, պղծություն, գիջություն, կռապաշտություն, կախարդություն, թշնամություններ, կռիվներ, նախանձներ, բարկություններ, հակառակություններ, երկպառակություններ, բաժանումներ, չար նայվածքներ, սպանություններ, հարբեցողություններ, անառակություններ, և ինչ որ սրանց նման են, որ սկզբից ասում եմ ձեզ, ինչպես էլ սկզբից ասում էի, թե այսպիսի բաներ գործողներն Աստծո արքայությունը չեն ժառանգելու»:
> (Գաղատացիս 5:19-21):

Այս հատվածի մեջ Պողոսը Աստծո թագավորության կորստի մասին Հիսուսի ազդարարությունն է արձանագրում: Մարդիկ, ում կյանքը վերը նշվածներով է հատկանշվում, Աստծո թագավորությունը չեն ժառանգելու: Սա չի նշանակում, թե ամեն մի մեղք գործելիս մենք երկինքը կկորցնենք: Պողոսը սովորաբար վերոհիշյալ չար նկարագրով կենսավարության մասին է խոսում: Ցարքն իր մեջ թե՛ արտաքին ու թե՛ ներքին մեղքերը, թե՛ մարմնի և թե՛ սրտի մեղքերն է ներառնում:

Նշված մեղքերը կարելի է որպես այլանդակ և գարշելի մեղքեր ներկայացնել: Նոր Կտակարանը մեղքերի աստիճաններ է ճանաչում: Որոշ մեղքեր մյուսներից ավելի վատն են: Հաճախ այս կարևոր կետը քրիստոնյաների ուշադրությունից վրիպում է: Հատկապես Բողոքականները մեղքի աստիճանավորման գաղափարի հետ պայքարում են: Սա մասնակի Հռոմի Կաթոլիկ եկեղեցու ուսուցանած երկու տեսակ մահացու և ներելի մեղքերի գաղափարի դեմ արաքի հետևանքն է: Հռոմը որոշ մեղքերը «մահացու» է կոչում, որովհետև դրանք այնքան լուրջ են, որ մեր հոգու մեջ շնորհքը սպանում են: Ավելի քիչ մեղքերը «ներելի» են կոչվում, որովհետև դրանք փրկության շնորհքը չեն սպանում:

Մենք կարծում ենք, որ մեղքը մեղք է, ու ոչ մի մեղք մյուսից ավելի մեծ չէ: Հիսուսի Լեռան վրայի քարոզի մասին ենք մտածում, որ մի կնոջ ցանկալի նայվածքը շնության հավասար է համարվելու: Մենք գիտակցում ենք, որ Աստվածաշունչը ուսուցանում է, որ եթե օրենքի մի կետի դեմ մեղանչենք, մենք ամբողջ օրենքի դեմ կմեղանչենք: Այս երկու աստվածաշնչյան ուսուցմունքները կարող են մեղքերի աստիճանավորության նկատմամբ մեզ հեշտությամբ շփոթեցնել:

Երբ Հիսուսն ասաց, որ ցանկանալը շնության դեմ օրենքի խախտումն է, Նա չասաց կամ չուզեց ասել, թե ցանկանալը շնության արարքին հավասար է: Նրա կետը այս էր, թե օրենքի ամբողջական ծիրը պարզապես շնության արարքից ավելին է արգելում: Օրենքն ավելի լայն կիրառում ունի: Փարիսեցիները կարծում էին, եթե իրենք այդ արարքը երբեք չէին կատարել, ուրեմն օրենքի դեմ չէին մեղանչել: Նրանք ենթադրում էին, եթե որևէ մարդ չէին սպանել, նրանք սպանության դեմ օրենքը պահում էին: Նրանք չէին կարողանում տեսնել, թե անարդար բարկությունը և ատելությունը նաև սպանության դեմ օրենքի ավելի լայն իմաստի մեջ ներփակված էին:

Հիսուսը ուսուցանեց, որ ատելությունը ուրիշի կյանքի դեմ մեղք է: Ատելությունը մարդկանց բռնադատում է: Դա իրական սպանության պես սաստիկ չէ, բայց և այնպես, դա մեղք է: Ամենափոքր մեղքը օրենքի դեմ, մեղք է պարունակում: Մեզ համար սրբության չափանիշը օրենքն է: Մեր ամենաչնչին հանցանքով այդ չափանիշի դեմ մեղանչում ենք ու սրբության կոչը խախտում: Նորից, դա չի նշանակում, որ յուրաքանչյուր մեղք ուրիշ մի մեղքի պես պիղծ է: Հիսուսը կրկնաբար դժոխքի տանջանքների աստիճանավորման մասին ու նաև ոմանց մեղավորությունը ուրիշներից ավելի մեծ լինելու մասին խոսեց:

Մեղքի աստիճանավորության գաղափարը մտքում ունենալը մեզ համար կարևոր է, որպեսզի մեղքի ու այլանդակ մեղքի տարբերությունը հասկանանք: Նորից, բոլոր մեր մեղքերը ներման կարիք ունեն: Բոլոր մեր մեղքերը Աստծո դեմ դավաճանություն են: Մենք մեր «փոքրիկ» ու նմանապես «մեծ» մեղքերից փրկության կարիք ունենք: Բայց որոշ մեղքերը մյուսներից ավելի սաստիկ են, և հարկավոր է դրանց ինքնությունը պարզել, որ չլինի հանկարծ աննշանները նշանավոր դարձնելու փարիսեցիական թակարդի մեջ ընկնենք:

Մեր ընկերության մեջ գիրության դժվարությանը հատկացված ուշադրությունը նկատե՛ք: Յուրաքանչյուր տարի Ամերիկայի Միացյալ Նահանգերում մարդիկ սննդաժուժկալության ծրագիրների համար միլարդ դոլարներ են ծախսում: Որպեսզի մեր մարմնի կշիռը կառավարման տակ պահենք, գերազանց պատճառներ կան: Գիտենք, որ գիրությունը առողջապահական մեծ խնդիր է: Նաև գիտենք, որ անժուժկալությունը մեղք է: Սուրբ Հոգու տաճարը լցնելու ու քաշքշելու միտում ունենք: Բայց մեր ազգային նիհարության նկատմամբ մտահոգության շեշտը առողջության կամ անժուժկալության վրա կենտրոնացած չէ, որքան զարդարանքի վրա է հիմնված: Ուզում ենք նիհարել, որովհետև է այդպես լավ է նայվում: Դրա մեջ որևէ սխալ չկա: Բայց նիհարությունը սրբության ամենաբարձր չափանիշը չէ:

Որևէ մեկը իր գիրությամբ ինձ չի վնասել: Նրանք ինձ վնասել են, որովհետև նրանք ինձ զրպարտել են: Զրպարտելու դժվարությունը կառավարելու համար շատ քիչ դրամ ենք ծախսում: Միգուցե, որովհետև որոշ բաների կառավարումը կշեռքի խնդրի կառավարումից ավելի դժվար է: Ոմանք ախորժակը կառավարելու հնարքին տիրապետում են: Բայց ոչ մեկը լեզվի ղեկավարման արվեստին չի տիրապետում:

Քեզ հանդիպած ամենից ավելի աստվածապաշտ նկատածդ մարդկանց հիշիր: Որքա՞ն է նրանց կշիռը իրենց աստվածահաճության մասին ունեցած ձեր հիացմունքին ազդում: Այս աստվածահաճո մարդկանցից քանի՞սը vicious լեզուներ ունեն: Սա բառերի հակադրություն է, չէ՞: Աստվածահաճությունն ու չկառավարվող լեզուն իրար անհամապատասխան են:

Հոգու պտուղը մարմնավոր մեղքերի դեմ հստակ հակադրությամբ է կանգնում: Հոգու պտուղը աստվածահաճո մարդկանց մեջ մեզ համար ճանաչելի արժանիքներ է առաջացնում: Պողոս առաքյալի նշած պտուղը նկատի առեք. «Բայց Հոգու պտուղն է սեր, ուրախություն, խաղաղություն, երկայնմտություն, քաղցրություն, բարություն, հավատարմություն, հեզություն, ժուժկալություն, այսպիսիների դեմ օրենք չկա»: (Գաղատացիս 5:22-23)

Սրանք սրբության մեջ աճող անձի նշաններն են: Սրանք այն արժանիքներն են, որոնց մշակելու համար ենք կանչվել: Հոգու պտուղը մշակելու համար այն գործադրել է պետք: Հոգին մեզ պտղի գործադրության նկատմամբ օգնելու համար մեր մեջ գործի վրա է, բայց մենք ամբողջ ուժով դրա առաջադրման ձգտելու ենք կանչվել:

Հոգու պտղի շարքում առաքյալը մեզ սրբագործության բաղադրատոմսն է տալիս: Բոլորս էլ մի բան տասը հեշտ դասերով սովորել ենք սիրում: Սրբանալու համար որևէ հեշտ բան գոյություն չունի: Սակայն Աստվածաշունչը մեզ համար սրբությունը ճանաչելը հեշտացնում է: Հոգու պտուղը այդ տեղն է, ուր մեր կենտրոնացումը պիտի լինի: Պողոսը դա մեզ համար պարզաբանում է: Նա արժանիքների իր շարքին Հոգու պտուղը բովանդակող հետևյալ բառերն է ավելացնում. «Սրանց դեմ օրենք չկա….»: (Գաղատացիս 5:23-26)

Թու՛յլ Տանք Աստծո Սրբությունը Դիպչի Մեր Կյանքին

Մինչ դու Աստծո սրբության մասին քո սովորածին ես անդրադառնում ու վերհիշում, պատասխանիր հետևյալ հարցերին: Մի տետրի մեջ Աստծո սրբության մասին քո պատասխանները գրիր կամ դրանք ընկերոջդ հետ կիսվիր:

1. Քեզ համար սուրբ լինել ու սուրբ կյանք ապրելը ի՞նչ է նշանակում:
2. Դու ինչպե՞ս ես ջանում միտքդ նորոգել:
3. Ինչպե՞ս ես պատասխանում, երբ գիտակցում ես, որ Աստված Քրիստոսի բոլոր արդարությունը քո հաշվին անցկացնելով է քեզ արդարացրել:
4. Քո կյանքում Սուրբ Հոգին ի՞նչ պտուղ է առաջացրել:
5. Ինչպե՞ս ես ուզում սրբության մեջ աճել:

ԳԼՈՒԽ 9

ԱՍՏՎԱԾ՝ ԲԱՐԿԱՑԱԾ ՄԵՂԱՎՈՐՆԵՐԻ ՁԵՌՔՈՒՄ

Գրեթե դժոխքի մասին յուրաքանչյուր լուր
բնական մարդ ինքն իրեն համոզում է,
թե նա դրանից պիտի խուսափի:

Ջոնաթան Էդվարդս

Ամերիկայի մեջ երբևիցե քարոզված ամենահամբավավոր քարոզը հավանաբար Ջոնաթան Էդվարդսի «Մեղավորներ՝ բարկացած Աստծո ձեռքում մեղավորներ» խորագրով քարոզն է: Այս քարոզը ոչ միայն քարոզչության գրացուցակների մեջ է տպագրվել, այլ դա նաև ամերիկյան ամենավաղ գրական ծաղկաքանությունների մեջ է ներառվել: Դժոխքի վտանգի տակ գտնվող անապաշխար մարդկանց անկայուն վիճակի հստակ նկարագրությունը այնքան վատ է, որ արդի վերլուծողները դա ծայրագույն դաժանություն են կոչել:

Էդվարդսի քարոզը՝ «Աստվածային բարկության կատաղությունը դժոխքում» մեղավորների անողոք պատժի սարսափի պատկերներով լիքն է: Մեր օրերում այսպիսի քարոզները ընդունելությունից դուրս են ու ընդհանրապես անճաշակ են համարվում ու նախալուսավորման շրջանի աստվածաբանության վրա հիմնավորված: Մարդկային անապաշխար սրտին ուղղված Սուրբ Աստծո սաստիկ բարկությունը նշող քարոզները տեղական եկեղեցու ընկերային համաժողովի մթնոլորտին չեն հարմարվում: Գոթական կամարները անհետացել են, նկարազարդ ապակյա լուսամուտները անհետացել են, բարոյական անձկահարանք առաջացնող քարոզները անհետացել են: Մերը ինքնաբարելավման շեշտով ու մեղքի լայնախոհ դիտանկյունով կայտառ ենթաշեշտ սերունդն է:

Մեր մտածելակերպը այսպիսին է. Եթե Աստված կա, նա վստահաբար սուրբ չէ: Եթե Նա պատահմամբ սուրբ է, Նա արդար չէ: Նույնիսկ, եթե Նա սուրբ է և արդար էլ, Նրանից վախենալ պետք չէ, որովհետև Նրա սերն ու ողորմությունը Իր սուրբ արդարության գերիշխում են: Եթե Նրա սուրբ և արդար նկարագիրը կարողանանք մարսել, մի բանում կարող ենք հանգիստ լինել, թե Նա չի կարող բարկություն ունենալ:

Եթե հինգ վայրկյան սրա մասին զգաստությամբ մտածենք, մեր սխալը պիտի տեսնենք: Եթե Աստված սուրբ է, եթե Աստված Իր նկարագրում մի կաթիլ արդարություն ունի, իիրավի, եթե Աստված որպես Աստված, գոյություն ունի, ինչպե՞ս կարող է ուրիշ լինել տվյալ վիճակում, եթե ոչ մեզ վրա բարկացած: Մենք Նրա սրբությունը խախտում ենք, Նրա արդարությունը հայհոյում ենք, Նրա շնորհքը ցածրացնում ենք: Այս բաները դժվար թե կարողնային Նրան հաճեցնել:

Էդվարդսը Աստծո սրբության բնույթը հասկացավ: Նա ըմբռնեց, որ անսուրբ մարդիկ այսպիսի Աստծուց շատ վախենալու տեղ ունեն: Էդուարդսը կարիք չուներ վախի աստվածաբանությունն արդարացնելու: Նրա կարիքը Աստծո սրբության մասին հստակ, շեշտակի, համոզիչ ու զորավոր կերպով քարոզելն էր: Նա չէր քարոզում մարդկանց վախեցնելու դաժանաբարո հաճույքից դրդված, այլ՝ գթությունից մղված: Նա իր ժողովրդի սիրուց դրդված էր, որ Աստծո բարկության առջև գտնվելու ահավոր հետևանքների մասին ազդարարեց: Նա մտահոգված չէր իր ժողովրդի վրա խղճահարություն բարդելու, այլ նրանց արթնացնելու՝զգուշացնելով այն վտանգի մասին, որ պիտի դիմագրավեին, եթե դարձի չգային:

Այս քարոզի համն ընկալելու համար եկե՛ք դրա մի բաժնին նայենք:

Այն Աստվածը, Ով պահում է քեզ դժոխքի գուբի վրա, ինչպես որ մեկը՝ կրակի վրա սարդին կամ մի ուրիշ զզվելի սողունին, քեզանից զզվում է, ու խիստ բարկացած է: Նրա բարկությունը կրակի նման վառվում է, Նա նայում է քեզ որպես կրակի մեջ գցվելու արժանի: Նրա աչքերը՝ քո տեսքը իրենց մեջ կրելուց, ավելի մաքուր են, դու տասը հազար անգամ ավելի գարշելի ես Նրա աչքին, քան թե ամենաատելի թունավոր օձը՝ մեր աչքին: Դու անհաշիվ շատ ես վիրավորել Նրան, քան թե մի հանդուգն ապստամբ՝ իր իշխանին, և դեռ դա ուրիշ ոչ մի բան չէ, եթե Նրա ձեռքը, որ բռնում է քեզ, որևէ վայրկյան կրակի մեջ ընկնելուց: Այն, որ դու երեկ գիշեր դժոխք չգնացիր, որ դու քնելուց հետո դարձյալ արթնացար այս աշխարհում, և որ այս առավոտ արթնանալուց հետո դժոխք չես ընկել, վերագրվում է միայն Աստծուն, Ով քո ձեռքն է բռնել: Որևէ ուրիշ պատճառ չի տրվում, թե ինչու դու այստեղ՝ Աստծո տան մեջ, մեղավորությամբ ու չարությամբ այս լուրջ պաշտամունքին հաճախելով, Նրա սուրբ աչքերը բարկացնելուց ի վեր դժոխք չես գնացել: Այո՛, ուրիշ ոչ մի բան չկա, որ որպես պատրվակ տրվի, թե ինչու դու հենց այս պահին դժոխք չես ընկնում:

Ո՜հ, մեղավո՛ր, նկատի առ սարսափելի վտանգը, որի մեջ գտնվում ես դու: Դա բարկության մի մեծ վառարան է. մի լայն ու անհատակ փոս, բարկության կրակով լիքը, որի վրա կախված՝ Աստծո ձեռքում ես պահվել, Ում բարկությունը գրգռված ու բորբոքված է այն չափով, ինչքան որ դժոխքում անիծվածների դեմ: Դու կախված ես մի բարակ թելով, որի շուրջ աստվածային բարկության բոցերն են փայլատակում, և պատրաստ են ցանկացած պահի խանձել ու իրենց տակ այրել, ու դու որևէ միջնորդ, որևէ բռնվելու բան չունես, որ փրկվես, որ քեզ հետ պահի բարկության բոցերից, դու ոչինչ չես արել ու չես կարող անել Աստծուն դրդելու՝ մի պահ խնայել քեզ:

Քարոզի արագությունը անվարան է: Էդուարդսը հարվածը հարվածի հետևից ժողովրդի խղճահարված սրտին է զարկում: Նա մեղավորների համար Աստվածաշնչից իրենց կորուստն ահազանգող գծագրյալ պատկերներ է գործածում: Նա նրանց ասում է, որ նրանք նայում են սահուն տեղերով, վտանգված են իրենց կշռից վայր ընկնելու: Ասում է, որ նրանք դժոխքի գուբի վրա կախված՝ փտած, կոտրվելու պատրաստ սյուների վրա կառուցված, փայտյա կամրջի վրայով են քայլում: Նա անտեսանելի նետերի մասին է խոսում, որոնք ժանտամահի պես կեսօրին են թռչում: Նա ազդարարում է, որ Աստծո աղեղը քաշած ու Նրա բարկության նետերը նրանց սրտերին են ուղղված: Նա Աստծո բարկությունը մի ջրամբարի դարպասներին հորդող շատ ջրերի է նմանեցնում: Եթե ջրամբարը կոտրվի, մեղավորները հեղեղով կողողվեն: Նա իր ունկդիրներին հիշեցնում է, որ նրանց ու դժոխքի միջև, օդից բացի այլ բան չկա:

> Քո պղծությունը քեզ արճիճի պես ծանրանցնում է, և մեծ ծանրությամբ ու խիստ ճնշումով դեպի վար ու դժոխք է հրում, և եթե Աստված բաց թողնի, որ գնաս, դու անմիջապես կխորտակվես և արագությամբ կիջնես ու անհատակ խորոչի մեջ կմխրճվես, ու քո առողջ կազմվածքը և քո անհատական խնամքն ու խոհեմությունը, և ամենալավ հնարագիտությունը, և բոլոր քո արդարությունը ավելի ուժեղ չպիտի լինի քեզ բռնելու և քեզ դժոխքից դուրս պահելու, քան մի սարդի ոստայնը՝ ընկնող քարին կանգնեցնելու:

Այս քարոզի կիրառության բաժնում Էդուարդսը Աստծո բարկության բնույթի և դրա սաստկության վրա մեծ շեշտ է դնում: Նրա մտածողության կենտրոնը այն հստակ ըմբռնումն է, որ Սուրբ Աստված պետք է նաև բարկացկոտ լինի: Նա Աստծո բարկության մասին մի քանի բանալի կետեր է շարում, որոնք չենք կարող անտեսել.

1. *Աստծո բարկությունը աստվածային է*: Բարկությունը, որի մասին Էդվարդսը քարոզեց, անսահման է: Նա Աստծո բարկությունը մարդկային բարկության կամ իր հպատակի վրա ունեցած մի թագավորի բարկության հետ է համեմատում: Մարդկային բարկությունը ավարտվում է վերջակետ ունի, սահմանափակ է: Աստծո բարկությունը կարող է հավիտյան շարունակվել:

2. *Աստծո բարկությունը դաժան է*: Աստվածաշունչը Աստծո բարկությունը կրկնակի վայրագության հնձանի է նմանեցնում: Դժոխքի մեջ չափավորություն կամ ողորմություն չի տրվում: Աստծո բարկությունը պարզապես անհանգստացնող կամ թեթև անախորժություն չէ: Դա անապաշխարի դեմ սպառիչ ցասում է:

3. *Աստծո բարկությունը հավիտենական է*: Դժոխքում եղողների դեմ ուղղված Աստծո բարկությանը վերջ չկա: Եթե մենք ուրիշ մարդկանց հանդեպ գթություն ունենայինք, նրանցից մեկի այնտեղ ընկնելու մտքի համար կողբայինք: Անիծյալների աղաղակները լսելու համար հինգ վայրկյան անգամ չէինք կարող դիմանալ: Մի պահ Աստծո բարկությունը կրելը մեր կարողությունից շատ ավելին պիտի լիներ: Դրա հավիտենական լինելը մեր մտածելակերպից շատ վեր է: Մենք չենք ուզում այսպիսի քարոզներով արթնանալ: Մենք ուրախ նինջ ենք ուզում ու հանգիստ քնում:

Մեր ողբերգությունն այն է, որ Սուրբ Գրքի պարզ ազդարարություններին ու այս նյութով Հիսուսի արթնացնող ուսուցմունքին հակառակ՝ մենք մեղավորների ապագա պատժի հանդեպ շարունակում ենք հանգիստ լինել: Եթե աստվածային ճշմարտությունը երբևէ իրականացվելու է, այն ահառելի ճշմարտությանը պիտի բախվենք, թե մի օր Նրա վայրագ բարկությունը դուրս պիտի թափվի: Էդվարդսը նկատում է՝

«Գրեթե յուրաքանչյուր բանական մարդ……»

Մենք ինչպե՞ս ենք արձագանքում Էդվարդսի քարոզին: Արդյո՞ք դա վախի զգացում է առաջացնում: Արդյո՞ք մենք բազմաթիվ ժողովուրդների նման ե՞նք զգում, ովքեր բացի դժոխքի ու հավիտենական պատժի գաղափարները ծաղրելուց, ուրիշ բան չունեն: Արդյո՞ք մենք Աստծո վախը համարում ենք հնադարյան կամ պիղծ: Եթե այսպես է, դա հստակ է, որ այն Աստծուն, ում պաշտում ենք, սուրբ Աստված չէ: Փոխարենը Նա երբևէ Աստված չի եղել: Եթե մենք Աստծո արդարությունը անարգում ենք, ու մենք քրիստոնյաներ չենք, ամբողջովին Էդվարդսի նկարագրած անկայուն վիճակում ենք կանգնած: Եթե Աստծո բարկությունը ատում ենք, պատճառը այն է, որ մենք Աստծուն ենք ատում: Կարելի է այս մեղադրանքը ամեհությամբ բողոքենք, բայց մեր ամեհությունը Աստծո դեմ մեր թշնամությունն է հաստատում: Կարող ենք շեշտակի ասել. «Ո՛չ, ես Աստծուն չեմ ատում, այլ Էդուարդսին եմ ատում: Աստված իմ հանեպ ամբողջովին քաղցր է: Իմ Աստվածը սիրո Աստված է»: Բայց սիրող Աստված, ով բարկություն չունի, Աստված չէ: Նա մեր շինած կուռքն է՝ ճիշտ քարից քանդակածի պես:

Ջոնաթան Էդվարդսը մի ուրիշ քարոզ էլ տվեց, որ կարելի է «Մեղավորներ՝ բարկացած Աստծո ձեռքում» քարոզի մի տեսակ շարունակությունը համարել: Նա այս քարոզը «Մարդիկ՝ բնականաբար Աստծո թշնամիներ» խորագրեց: Եթե ենթադրեի, որ կարող եմ Էդվարդսի խորագիրը բարեփոխել, «Աստված՝ բարկացած մեղավորների ձեռքում» խորագիրը կառաջարկեի:

Եթե անփոփոխ ենք, մի բան բացարձակապես հստակ է. մենք Աստծուն ատում ենք: Աստվածաշունչը այս կետում աներկբա է: Մենք Աստծո թշնամիներն ենք: Նրան վերջնականապես կործանելու համար ներքնապես երդվյալներ ենք: Մեզ համար Աստծուն ատելը բնական է, ինչպես իջնող անձրևի համար երկիր թացացնելն է բնական: Հիմա մեր անհանգստությունը բարկության է վերածվում: Մենք այս գրությունը սրտանց մերժում ենք: Մենք կամենում ենք ընդունել, որ մեղավորներ ենք: Շուտով խոստովանում ենք, որ Աստծուն այնքան, որ պիտի սիրենք, չենք սիրում: Բայց մեզանից ո՞վ կխոստովանի, որ ատում է Աստծուն:

Հռոմեացիս 5-ը հստակ ուսուցանում է. «Երբ Աստծո թշնամիներ էինք….» (Հռոմեացիս 5:10) Նոր Կտակարանի կենտրոնական բներգը հաշտության նյութն է: Միմյանց սիրողների համար հաշտության կարիք չկա: Մեր հանդեպ Աստծո սերը կասկածելի չէ: Կասկածի ստվերը մեզ վրա կախված է: Կասկածի տակ եղողը Աստծո հանդեպ մեր սերն է: Մարդկային բանական միտքը, այն ինչ որ Աստվածաշունչը «մարմնավոր միտք» է կոչում, Աստծո դեմ թշնամության մեջ է:

Աստծո դեմ մեր թշնամությունը բացահայտում ենք, երբ Նրան ցածր ենք գնահատում: Նրան մեր ամբողջական նվիրմանն անարժան ենք համարում: Նրա մասին խորհելուց հաճույք չենք ստանում: Նույնիսկ քրիստոնյայի համար, պաշտամունքը հաճախ դժվար ու աղոթելը ծանր բեռ է: Մեր բանական միտքը Նրա ներկայությունից հնարավորինս հեռու փախչելն է: Նրա խոսքերը մեր մտքից տախտակին դիպչող գնդակի նման ետ են ցատկում:

Ըստ բնության, Աստծո հանդեպ մեր մտադրությունը միմիայն անտարբերություն չէ: Դա չարության կեցվածք է: Մենք Նրա տնօրինությանը հակառակում ենք ու Նրա մեզ վրա իշխելը մերժում ենք: Մեր սրտերը դատարկ են Նրա հանդեպ սիրուց ու Նրա սրբության հանդեպ պաղ ու սառած են:

Ինչպես Էդվարդսն է նշում. «Բանական մարդկային միտքը Աստծուն որպես թշնամի է դիտում», - ասելը բավաբար չէ: Հարկավոր է մենք ավելի ճշմարիտ լինենք: Աստված մեր մահաբեր թշնամին է: Նա մեր մեղավոր ցանկությունների դեմ ամենաբարձր սպռնալիքն է ներկայացնում: Նրա մեր հանդեպ զզվանքը բացարձակ է ու որևէ պակասեցման աստիճանավորում չի ճանաչում: Փիլիսոփաների ու աստվածաբանների համոզմունքները՝ Աստծուն սիրել դրդելու, անկարող են: Մենք անարգում ենք Նրա գոյությունը ու պիտի որևէ բան անեինք, որ տիեզերքը Նրա սուրբ ներկայությունից ձերբազատեինք:

Եթե Աստված Իր կյանքը մեր ձեռքը հանձներ, Նա մի վայրկյան ապահով չէր լինի: Մենք Նրան աչքաթող չէինք անի, այլ մենք Նրան կորստյան կմատնեինք: Այս մեղադրանքը կարող է չափազանցված ու անպատասխանատու թվալ, մինչև մի անգամ ևս այն արձանագրությունը քննարկենք, թե ի՞նչ պատահեց, երբ Աստված Քրիստոսի մեջ հայնտվեց: Քրիստոսը պարզապես չսպանվեց: Նա չար մարդկանցից սպանվեց: Ամբոխը Նրա սուրբ արյունը պահանջեց: Նրան միայն անհետացնելը բավարար չէր, այլ դա ծաղրանքի ու նվաստացման հետ պիտի ընկերանար: Գիտենք, որ Նրա աստվածային բնությունը խաչի վրա չկործվեց: Դա Նրա մարդեղությունն էր, որ մահվան ենթարկվեց: Եթե Աստված աստվածային բնույթը մահապատժի մատներ, ու եթե Նա Իր աստվածային բնությունը մահապատժողների մեխերին խոցելի դարձներ, ապա Քրիստոսը տակավին մեռած պիտի լիներ ու Աստված երկնքից պիտի բացակայեր: Եթե սուրբ Աստծո հոգուն խոցեր, ծայրագույն հեղափոխությունը հաջողված պիտի լիներ, ու այժմ մարդը պիտի թագավորեր:

Բայց, բողոքում ենք, թե քրիստոնյաներ ենք: Աստծուն սիրողներ ենք: Մենք հաշտություն ենք ճաշակել: Մենք Սուրբ Հոգուց ենք ծնվել ու Աստծո սերը մեր սրտերի մեջ է տարածվել: Մենք այլևս թշնամիներ չենք, այլ բարեկամներ: Քրիստոնյայի համար այս բոլոր բաները ուղիղ են: Բայց պետք է մենք ուշադիր լինենք հիշելու, որ մեր դարձի գալով մեր բնական մարդկային բնույթը վերացավ: Մեր ընկած բնության մնացած հետքեր կան, որոնց հետ ամեն օր պիտի պայքարենք: Տակավին հոգու մի անկյուն կա, որ Աստծով չի հաճենում: Դրա անտաշ եզրը մեր շարունակական մեղքի մեջ ենք տեսնում ու կարող ենք դա մեր անփույթ պաշտամունքին նկատել: Դա նույնիսկ մեր աստվածաբանության մեջ է երևան գալիս:

Ավել է, որ պատմական երեք ընդհանուր աստվածաբանության տեսակներ քրիստոնյա եկեղեցու մեջ մուտք գործելու համար մրցում են՝ Պելագիականությունը, Կիսապելագիականություն և Օգոստինոսականությունը:

Պելագիականությունը քրիստոնեական չէ: Ոչ թե միայն անդրա-քրիստոնեական չէ, այլև ուժգին հակաքրիստոնեական է: Հիմնորեն դա անհավատության մի աստվածաբանություն է: Շատ եկեղեցիների վրա դրա բռնագրավությունը Աստծո դեմ ժողովրդի բնական թշնամության ուժի վկայությունն է: Պելագիականի կամ ազատամտի համար գերբնական արարք գոյություն չունի: Նրանք հրաշքներին, Քրիստոսի աստվածությանը, Քավությանը, Հարությանը, Համբարձմանը կամ Երկրորդ Գալստյանը չեն հավատում: Մի խոսքով, դրա մեջ որևէ աստվածաշնչյան քրիստոնեություն չկա: Դա աստվածավախությունը թաքցնող զուտ հեթանոսությունն է:

Կիսապղեգիականությունն ի՞նչ է: Դա հստակաբար Քրիստոսի աստվածությունը խանդավառությամբ դավանող ու Քավությանը, Հարությանը ու մնացած աստվածաշնչյան վարդապետություններին վստահող քրիստոնեություն է: Կիսապղեգիականությունը ավետարանական քրիստոնյաների մեծամասնություն է ու հավանաբար այս գիրքը ընթերցողների մեծամասնության աստվածաբանությունն է: Բայց համոզված եմ, որ իր բոլոր արժանիքներով, Կիսապղեգիականությունը մեր բանական մտքերի նկատմամբ տակավին հանդուրժող աստվածաբանություն է ներկայացնում: Դա Աստծո վերաբերյալ հասկացողության բացահայտ թերություն ունի: Թեպետ Աստծո սրբությունը ընդունում է ու բարձրաձայն գոչում, որ Աստծո գերիշխանությանը հավատում է, սակայն դա տակավին Աստծուն վերարժևորելու կարողության ու վերստին ծնվելու «որոշում» տալու մասին խաբկանք է ընդունում: Դա անվանում է անկում կրած մարդկանց, ովքեր Աստծո դեմ թշնամացած են, նախքան նույնիսկ իրենց մեղավոր սրտերի փոփոխությունը, կարող են հաշտվել: Դա ուսուցանում է, որ մարդիկ, ովքեր վերստին ծնված չեն, կարող են մի թագավորություն տեսնել, այն ինչ որ Քրիստոսը հայտարարեց, թե չէին կարող տեսնել ու մտնել այդպիսի մի թագավորություն, որտեղ ոչ ոք առանց վերստին ծնվելու չի կարող մտել: Այսօր ավետարանականների մեջ անդարձ մեղավորներ կան, ովքեր իրենց մեղքի ու հանցանքների մեջ մեռած՝ վերստին ծնունդ ընտրելով, իրենք իրենց կյանքի են բերում: Քրիստոսը հստակեցրեց, որ մեռած մարդիկ չեն կարող որևէ բան ընտրել, թե մարմինը որևէ բան հաշվի չի առնում, ու թե նախքան Աստծո թագավորությունը տեսնելն անգամ, հարկավոր է, որ մենք Հոգուց վերստին ծնվենք, ուր մնաց այնտեղ մտնելը: Արդի ավետարանականության ձախողումը Աստծո սրբությունը հասկանալու ձախողում է: Եթե այդ մի կետը հասկանային, այլևս Քրիստոսի մահացու թշնամիների իրենք իրենց ուժով Քրիստոսին գալու մասին ոչ մի խոսակցություն չէր լինի:

Միայն Օգոստինոսյաններն են, ովքեր շնորհքը իրենց աստվածաբանության կենտրոնն են տեսնում: Երբ մենք հասկանում ենք Աստծո նկարագիրը, երբ Նրա սրբությունը որոշ չափով ըմբռնում ենք, ապա սկսում ենք մեր մեղքի արմատային նկարագիրը, մեր անօգնականությունը հասկանալ: Անօգնական մեղավորները միայն շնորհքով կարող են ապրել: Մեր ուժը ինքնըստինքյան անօգուտ է, մենք, առանց ողորմած Աստծո օգնության, հոգևորապես անզոր ենք: Հնարավոր է չսիրենք Աստծո բարկությանն ու արդարությանն ուշադրություն դարձնելը, բայց մինչև որ մենք մեր ուշադրությունը Աստծո բնույթի այս երևույթին չուղղենք, երբեք չենք կարող գնահատել, թե շնորհքով մեզ ինչ է տրվել: Նույնիսկ Էդվարդսի «Մեղավորներ՝ Աստծո ձեռքում» քարոզը դժոխքի բոցերը շեշտելու համար չէր ծրագրվել: Արձագանքված շեշտը կրակոտ գուբի վրա չի ընկնում, այլ Աստծո ձեռքի վրա, որ մեզ պահում է ու դրանից ազատում: Աստծո ձեռքերը շնորհալի ձեռքեր են: Միայն դրանք ունեն մեզ կորստից ազատելու զորություն:

Ինչպե՞ս կարող ենք սուրբ Աստծուն սիրել: Այս հարցի պարզ պատասխանը, որ կարող եմ տալ, այն է, որ մենք չենք կարող: Սուրբ Աստծուն սիրելը մեր բարոյական կարողությունից վեր է: Մեր մեղավոր բնությամբ կարող ենք միայն սիրել մի անսուրբ աստծո ՝ մեր ձեռքերով շինված մի կուռքի: Մինչև որ Սուրբ Հոգուց վերստին չծնվենք, մինչև որ Աստված Իր սուրբ սերը մեր սրտերի մեջ չթափի, մինչև որ Նա Իր շնորհքով մեր սրտերը փոխելու համար չիջնի, մենք Նրան չենք սիրի: Նա է այն Մեկը, Ով մեր հոգիները վերապրեցնել է նախաձեռնում: Առանց Նրան մենք որևէ արդարություն չենք կարող անել: Առանց Նրան մենք Իր սրբությունից հավիտենական օտարացման պիտի դատապարտվեինք: Մենք կարող ենք Նրան սիրել, որովհետև նախ Նա մեզ սիրեց: Սուրբ Աստծուն սիրելը շնորհք է պահանջում՝ մի բավականաչափ զորավոր շնորհք՝ մեր պնդացած սրտերը ծակելու ու մեր մահամերձ հոգիները արթնացնելու:

Եթե մենք Քրիստոսի մեջ ենք, մենք արդեն արթնացել ենք: Մենք հոգևոր մահից հարություն ենք առել կյանքի համար: Բայց մենք մեր աչքերի վրա թմրություն ունենք ու երբեմն զոմբիների նման ենք քայլում: Մենք Աստծուն մոտենալու համար մի տեսակ վախ ունենք: Մենք դեռևս Նրա սուրբ լեռան ստորոտում դողում ենք:

Սակայն Նրա գիտության մեջ աճելիս մենք Նրա մաքրության հանդեպ ավելի խորը սեր ու Նրա շնորհքի հանդեպ ավելի խորը ապավինություն ենք շահում: Մենք սովորում ենք, որ Նա ամբողջովին արժանի է մեր պաշտամունքին: Մեր՝ Նրա հանդեպ սիրո աճման պտուղը Նրա անվան նկատմամբ ավելացող հարգանքն է: Մենք հիմա Նրան սիրում ենք, որովհետև արժանի ենք տեսնում Նրան սիրելու: Մենք Նրան պաշտում ենք, որովհետև Նրա փառքը և սքանչությունն ենք տեսնում: Մենք Նրան հնազանդվում ենք, որովհետև Սուրբ Հոգին մեր մեջ է բնակվում:

Թո՛ւյլ Տանք Աստծո Սրբությունը Դիպչի Մեր Կյանքին

Մինչ դու Աստծո սրբության մասին քո սովորածին ես անդրադառնում ու վերհիշում, պատասխանի՛ր հետևյալ հարցերին: Մի տետրի մեջ Աստծո սրբության մասին քո պատասխանները գրի՛ր կամ դրանք ընկերոջդ հետ կիսվի՛ր:

1. Ինչպե՞ս ես Ջոնաթան Էդվարդսի քարոզին պատասխանում: Արդյո՞ք դա այն գթառա՞տ է:
2. Աստծո բարկության մասին քո հասկացողությունը՝ Նրան որպես սուրբ Աստված ճանաչելու վերաբերյալ ինչպե՞ս է քեզ օգնում:
3. Աստծուն սիրելու հարցում ինչպիսի՞ օգնության կարիք ունես:

ԳԼՈՒԽ 10

Սովերներից այն կողմ նայել

Ճշմարտությունը միշտ մի բանի մասին է,
Բայց իրականությունն այն է, որի մասին ճշմարտությունն է:

Սի Էս Լյուիս

Սաղմոսերգուն իր բնակության տեղի մասին խորհելիս երկյուղածության ու պատվի զգացումներով էր լցվել: Հայացքը երկնքին ու երկնայիններին ուղղելով՝ նա իր ամենախոր զգացումները արտահայտելու էր բորբոքվել. «Երբ տեսնում եմ երկինքը՝ Քո մատների գործը՝ լուսինն ու աստղերը, որ Դու հաստատեցիր, ի՞նչ է մարդը, որ Դու նրան հիշում ես, ու մարդու որդին, որ Դու նրա համար խնամք ես տանում: Նրան հրեշտակներից մի քիչ ցածրացրիր, բայց նրան փառքով ու պատվով պսակեցիր»:

Սրանք մի վարպետ տիեզերագնացի կամ հետամնաց աստղաբաշխի զգացումներ չեն: Սրանք մի սովորական անհատի հետակնարկներն են, ով մի լայնատարած տիեզերքի մեջ իր փոքրիկ տեղի մասին էր մտածում: Սաղմոսերգուն բիլիոնավոր աստղեր ու անհամար գալակտիկաներ պարունակող և ընդլայնվող տիեզերքի մասին որևէ գաղափար չուներ: Նա պայթող գաճաճաստղերի կամ պարուրաձև աստղահույլի մասին մտքեր չուներ: Նա Մեծ-Պայթյուն տիեզերագիտության մասին երբեք չէր լսել: Տարածության ու ժամանակի մեջ գտնվող նրա դիտանկյունից երկինքը մի կամարաձև հովանի էր, որի լուսավորները հավանաբար մի քանի մղոն բարձրության վրա էին երևում:

Դավիթը ի՞նչ պիտի մտածեր, եթե մեկը նրան թելադրեր, որ ամենամոտիկ աստղի լույսը (բացառությամբ մեր Արեգակից) երկրագնդին հասնելու համար 186,000 մղոն-վայրկյան արագությամբ սլանալով՝ չորս ու կես տարի ժամանակ է տևում: Մեզ համար այսպիսի հեռավորությունն ու տարածքային ահագնությունը հասկանալը գրեթե անհնար է, թեպետ մենք Կոպերնիկյան շրջանից այս կողմ ենք ապրում: Երբ մտածում ենք, թե մեր մոլորակի շրջագիծը 25,000 մղոն երկարությամբ է, ու լույսը ամեն մի վայրկյանում յոթ ու կես անգամ երկրագնդի շուրջն է պտտվում, մենք պարզապես ապշում ենք: Այդ ապշահարությունն ավելի բարդանում է, երբ մի օրվա, դեռ դրանից ավելին, չորս ու կես տարվա մեջ գտնվող վայրկյանների մասին ենք մտածում: Բայց այդ չափերը միմիայն մեզ ամենամոտ գտնվող աստղի վերաբերյալ են: Մեզանից ամենահեռու գտնվող աստղի հեռավորության մասին խորհելու որևէ իմաստալի նմանություն չունենք: Իրականության մեջ ամենահեռու աստղը նույնիսկ չենք ճանաչում, որովհետև շատ հավանաբար դա դեռևս չի գտնվել:

Սաղմոսերգուն իր խղճուկ հնարավորություններով, երբ Պաղեստինի գիշերային երկնքին էր նայում, երկնքի շքեղության ծանրակշիռ զգացման ու համեմատաբար իր կյանքի նսեմության ու աննշանության հակադրությունից ջախջախվում էր: Աստղերին նայելիս նա իր անձնական գոյության վերաբերյալ պարտադրվում էր ծայրագույն հարցը տալ. «Ի՞նչ է մարդը, որ Դու նրան հիշում ես»: (Սաղմոս 8:4)

Հնարավոր է ակնկալել, որ նրա եզրափակումը պիտի լիներ այն, որ նա իսկապես ոչնչություն է, պատմության էջի վրա մի աննշան կետ կամ տիեզերային անապատում մի անիմաստ բիծ: Բայց նրա եզրափակումը այսպիսին չէր: Նա այս մոլորակի վրա կյանքը և մարդկության արժեքն ու պատիվը բարձր իմաստալիության տեսանկյունից արտահայտեց: Նա փառաց պսակի ու պատվի մասին խոսեց, որով Արարողը ստեղծագործության այս փոքրիկ մասին դիպավ:

Սաղմոսերգուն ինչպե՞ս կարողացավ այսպիսի

լավատեսության բարձունքներին բարձրանալ: Արդյո՞ք դա մեծության մասին ունեցած ցնորամտություններ էին: Արդյո՞ք սաղմոսերգուն երկինքն ու երկիրը բաժանող հսկայական խոռոչը կամրջող գիտությա՞մբ էր զինված: Միգուցե սաղմոսերգուն մի բան էր հասկանում, որը տեսնելու համար մենք գրեթե կույր ենք: Միգուցե սաղմոսերգուն կարողանում էր աստղերից ու լուսնից այն կողմ տեսնել այն Միակին, Ով սկզբից դրանք երկինքների մեջ էր դրել:

Հռոմեացիներին ուղղած իր նամակում Պողոս առաքյալը բնության մեջ ու միջոցով Աստծո ինքնության հայտնվելու մասին է գրում: Նա ասում է. «Որովհետև Նրա աներևույթ բաները աշխարհի սկզբից ստեղծվածներով իմացվելով տեսնվում են, որ է Նրա մշտնջենավոր զորությունը և Աստվածությունը, այնպես որ նրանք արդարացում չունեն»: (Հռոմեացիս 1:20)

Այստեղ Պողոսի ասածը հիացնող է: Նա Աստծո աներևելիությունն է գիտակցում: Բայց և այնպես, նա Աստծո չերևացող բաների տեսնված լինելու մասին է խոսում: Եթե մի բան տեսել են, դա աներևույթ չէ, իսկ եթե դա աներևույթ է, դա տեսնելը անհնար է: Ուրեմն ինչո՞ւ է առաքյալը աներևույթը տեսնելու մասին խոսում: Պողոսը անիմաստություն կամ հանելուկներ չէր խոսում: Նա այս էր ուզում ասել, թե, այն ինչ որ հնարավոր չէ ուղղակի տեսնել, հնարավոր է անուղղակի տեսնել: Աստվածաբանական լեզվով Պողոսը Միջնորդային հայտնությունն է բացատրում:

Միջնորդային հայտնությունն այն հաղորդումը կամ բացահայտությունն է, որ մի որոշ միջոցով է տեղի ունենում: Մենք միջոց բառը մի հաղորդման աղբյուրի, օրինակ՝ լրագրի, ռադիոյի կամ հեռուստատեսության համար ենք գործածում: Մենք օրվա լուրեր անունով տեղեկությունները՝ ոչ թե որպես ականատեսներ, ուղղակի կերպով ենք ստանում, այլ դրանց մասին հրատարակված մամուլի մեջ ենք կարդում կամ ռադիոյի միջոցով ենք լսում կամ հեռուստացույցի միջոցով ենք դրանք նայում: Հեռուստատեսությունը այնպիսի մի հզոր միջոց է, որ կարելի է կարծել, թե մենք դրա պաստառի վրա տեսած եղելությունների իրական ականատեսներն ենք: Ֆուտբոլի խաղեր նայելիս, կարող ենք զգալ, թե մենք իրապես ներկա ենք այդ տեսարանին: Բայց, իհարկե, մենք ներկա չենք: Մենք հեռարձակված պատկերները կամ նկարներն ենք նայում: Խաղը մեզ միայն «հեռ-ուստ-ա-ցույցով» «տեսանելի» է, որը հաղորդման մի միջոց է:

Երբ մենք մեր ուշադրությունը աստղերին ենք դարձնում, մենք մի ուրիշ միջոց ենք գործածում: Մի աստղի կամ լուսնին նայելը Աստծո երեսին նայել չէ: Դա Աստծո ձեռագործին նայել է: Ամստերդամի Ռայքմյուզեմ թանգարանում «Գիշերապահ» նկարչությանը նայելիս, մենք Ռեմբրանտին չենք նայում: Մենք նրա ձեռքով գծագրված նկարչությանն ենք նայում: Նկարչությունը այն մարդու մասին, ով դա նկարել է, որոշ բաներ է ասում, բայց վստահաբար այդ մարդու մասին ամեն բան չի ասում:

Իհարկե, բնությունը իր բոլոր լիությամբ Ռեմբրանտի որևէ ստեղծագործությունից շատ ավելի մեծ գլուխգործոց է: Բնությունը «Գիշերապահ» նկարչությունից մեզ համար շատ ավելի մեծ մի պատկեր է հայթայթում: Դա իր Արարչի մասին շատ ավելին է բացահայտում, քան որևէ նկար կարող էր իր նկարչին բացահայտել: Պողոսը հռչակում է, որ բնության միջոցը Աստծո աստվածությունն ու Նրա աներևույթ զորությունը տեսանելի է դարձնում:

Պողոսը հստակեցնում է, որ ամեն ոք Աստծո փառքի, սքանչության այս բացահայտությունը տեսնում է: Այս հայտնությունը բոլոր մարդկանց է հասնում, որպեսզի բոլոր մարդիկ դա պարզ տեսնեն: Պողոսը պնդում է, որ յուրաքանչյուր անհատ, ով երբևիցե ապրել է, իմանում է, որ Աստված կա ու Նրա գերազանց փառքի, սքանչության ու սրբության մասին գիտակից է: Միջոցը, որ Աստված Իր անձը տիեզերապես բացահայտելու համար է ընտրել, այնքան հստակ ու այնքան զորավոր է, որ որևէ մեկին որևէ պատճառաբանությամբ նույնիսկ չի թողնում: Դա հեռուստացույցի հեռարձակումից շատ ավելի զորավոր ու ազդեցիկ մի միջոց է: Նույնիսկ, եթե Բարբարա Ուալթըրզը Աստծո հետ հարցազրույց ունենար, դա չէր կարող բնության պես Աստծո մասին մեզ շատ բան բացահայտեր:

Թեպետ բոլոր մարդիկ Աստծո մասին այս գիտությունը ստանում են, նրանցից ոչ բոլորն են սա իսկույն գիտակցում: Բոլոր մարդկանցից նրանց պատճառաբանությունները խլելուց հետո, նա հայտարարում է.

> «Որովհետև Աստծուն ճանաչելով՝ Նրան Աստծո պես չփառավորեցին, ո՛չ էլ շնորհակալ եղան, այլ իրենց դատողությունների մեջ ունայնացան, և նրանց անմիտ սրտերը խավարեցին: Ասելով, թե իմաստուն են՝ հիմարացան, և անեղծ Աստծո փառքը եղծանելի մարդու և թռչունների և չորքոտանիների և սողունների պատկերի նմանության հետ փոխեցին»:
> (Հռոմեացիս 1:21-23)

Երբևէ Մայքլ Ջորդանին հանդիպե՞լ եք: Եթե ինձ հարցնեին, թե ինչպե՞ս կարող էի այս հարցին պատասխանել, ես պիտի պատասխանեի այս հարցին երկու ձևով: Կարող էի ասել. «Այո՛, ես Մայքլին հանդիպել եմ: Ես նրան տեսել եմ ու նրա հետ զրուցել» Կամ կարող էի ասել. «Ո՛չ, ես երբևիցե այդ մարդուն չեմ հանդիպել»: Երկու պատասխաններն էլ ինքնըստինքյան ճշմարտություն են: Ես Մայքլ Ջորդանին տեսել եմ: Ես նրան հեռուստացույցով եմ տեսել: Ես նրա հետ խոսել եմ: Բասկետբոլի Բուլզ խմբի խաղերը հեռուստացույցով դիտելիս նրա վրա բղավել եմ: Սակայն ճիշտ է նաև այն, որ ես երբեք այս մարդուն չեմ հանդիպել: Ընդհանրապես, երբ այսպես ենք խոսում, մենք «անձամբ» բառն ենք օգտագործում: Մենք իրական անձի ու անձի պատկերի տարբերությունը հասկանում ենք:

Պողոսն ասում է, որ Աստծո իրական անձը մի իրական հայտնաբերումով է հայտնվում, որը իրական բնության միջոցով է տեղի ունենում: Սակայն Աստծո հետ կապված դժվարությունն այն է, որ Նրա մասին ունեցած մեր գիտությունը, մեր ստեղծած պատկերով փոխարինած, աղավաղում ենք: Սա կռապաշտության ծուծն է՝ իրականը կեղծով փոխել: Մենք Աստծո ճշմարտությունը աղավաղում ենք, Նրա մասին մեր հասկացողությունը, մեր նախասիրությունների համաձայն, ձևափոխում ենք, ու մեզ համար մի Աստված ենք կազմում, որ բացի սուրբ լինելուց, ամեն ինչ է:

Դարձյալ հիշենք, որ կարևոր է նշել՝ Պողոսը մարդկության դեմ Աստծուն չճանաչելու տիեզերական մեղադրանք չի բերում: Մեր դժվարությունը դա չէ: Մենք ընդունել ենք, որ Աստված կա, ու Նա Ով է, բայց դժվարանում ենք մեր իմացած ճշմարտությանը հավատալ: Մեզ դիմագրավող դժվարությունը մտքի դժվարություն չէ, այլ՝ բարոյական: Դա անպարկեշտության դժվարություն է:

Բոլոր կռապաշտությունները հիմնականաբար անպարկեշտության մեջ են արմատացած: Պողոսը այս փոխանակաման բառերով է բացատրում՝ ինչ-որ մի անպարկեշտ փոխանակում է: «Որոնք Աստծո ճշմարտությունը ստության հետ փոխեցին, և երկրպագեցին ու պաշտեցին ստեղծվածներին, քան թե Ստեղծողին, որ օրհնյալ է հավիտյանս, ամեն»: (Հռոմեացիս 1:25)

Այստեղ նշված անպարկեշտ փոխանակումը Ստեղծողին ստեղծվածի հետ փոխելն է: Սա ճշտգրտապես անազնիվ փոխանակում է, որովհետև մենք դա լավ ենք հասկանում: Քարլ Սագան տիեզերքի բարդությունների մասին մտածելիս ակնածանքի և հարգանքի զգացման մասին է խոսել: Բայց Սագան հստակեցրել է, որ այս հարգանքը տիեզերքի Հեղինակի համար չէր, այլ հենց տիեզերքի նկատմամբ էր: Աստղերի հանդեպ Սագանի ունեցած արարքը սաղմոսերգուի արարքի ճիշտ հակառակն էր: Սաղմոսերգուն բնությունը ստեղծող ու այդ բնության միջոցով Իրեն հայտնող Աստծուն սկսեց պաշտել, ոչ թե բնությանը պաշտեց: Սա է աստվածպաշտության ու հեթանոսության էական տարբերությունը: Հեթանոսները արարածին Արարողի հետ շփոթում են: Նրանք պատշաճաբար Աստծուն պատկանող փառքը ստեղծվածին են վերագրում:

Հիշենք, որ Պողոսը մարդկային մեղքը Աստծուն որպես Աստված պատվելու մերժման մեջ է տեսնում: Մարդիկ սա մերժում են նույնիսկ, երբ նրանք Արարչի հավիտենական զորությունը և աստվածությունը ճանաչում են: Կարծում եմ, որ Պողոսը Աստծուն որպես Աստված պատվելու մերժումը մտքի մեջ ունենալով է, որ պնդում է, թե մարդիկ Աստծո մասին իրենց իմացած ճշմարտությունն են մերժում:

Առաքյալի ուսուցման սթափեցնող եզրափակումն այն է, որ Աստծո սրբությունը մթագնած կամ ծածկված գաղտնիք չէ, որը միայն որոշ ազնվական հոգևորականներ կարող են գտնել: Ընդհակառակը, Աստծո սրբությունը ամեն օր բոլորին տեսանելի ցուցադրված է: Դա պարզապես միայն անձկությամբ որոնողների համար տեսանելի չէ: Այլ Պողոսի տեսակետը այն է, որ Աստծո սրբությունը տեսանելի է ու այն էլ՝ հստակաբար տեսանելի:

Ուրիշ տեղ առաքյալը նշում է, որ բնության միջոցով տրված Աստծո մասին գիտությունը մի գիտություն չէ, որ մենք ջերմորեն ենք ստանում ու ողջունում: Ընդհակառակը, մեր բնությունը Աստծո սրբության գիտությունը ատում է: Ամբարիշտ մտքի յուրահատկությունն է, որ չենք ուզում Աստծուն մեր գիտակցության մեջ պահել: Նախընտրում ենք սուրբը մի ավելի նվազ սրբի հետ փոխանակել: Աստծո փառքի և սքանչության այս մերժումն է, որ մեր մտքերը խավարեցնում է: Մեր կյանքի մեջ կործանարար հետևանքներ ունեցող հսկայական հիմարություն է առաջացնում: Հենց որ Աստծուն Աստծո պես հարգելը մերժում ենք, մեր ամբողջ կենսահայացքն ու աշխարհայացքը աղավաղվում է:

Սաղմոս 8-ին վերադառնանք: Նախքան, որ սաղմոսերգուն աստղերի, լուսնի ու երկնքի մասին կխոսի, նա մի սրախայթ փառաբանություն է մրմնջում. «Ով Տե՛ր՝ մեր Տերը, ի՜նչ հրաշալի է Քո անունը բոլոր երկրի վրա, որ Քո փառավորությունը երկնքից վեր ես բարձրացնում»: (Սաղմոս 8:1)

Սաղմոսերգուի հաստատած վճռական կետը այն է, թե Աստծո փառքը երկնքից ավելի բարձր է: Աստծո փառավորությունը բոլոր արարածային փառավորություններին գերազանցում է: Իսկապես այս աշխարհում գտնվող ամեն փառք Արարչի ձեռքից է վերցվել կամ դրանից ծագել: Ակնհայտ է, որ սաղմոսերգուն վերածնված մարդ է: Սաղմոսերգուն Աստծուն որպես Աստված փառավորելուց ու բնության միջոցով հայտնության ճշմարտությունը վերահաստատելուց հաճույք է ստանում: Նա իր աչքերը երկնքի շքեղությունից վեր է բարձրացնում, ու դրանց միջոցով հայտնված փառքով ցնծում:

«Հանրապետությունը» խորագրով իր աշխատանքի մեջ, Պղատիոսը մի շատ հայտնի նմանություն է գործածում: Պղատիոսը մի մութ քարայրի ներսում շղթայված մարդկանց մասին է խոսում: Նրանք մի փոքրիկ կրակից ջերմություն ու լույս են ստանում: Միակ բանը, որ այս մարդիկ կարողանում էին տեսնել՝ քարայրի պատի վրա կրակից պլպլացող շվաքներ էին: Նրանց սահմանն այս էր: Նրանց իմացած իրականությունը այդ շվաքներն էին: Բայց միայն, երբ նրանք խավարից ու իրենց կապանքներից արձակված օրվա լույսի մեջ հայտնվեցին, այն ժամանակ կարողացան իրականությունն ըմբռնել: Մինչ այդ, նրանք պատի վրայի շվաքները իրական ճշմարտության հետ շփոթում էին:

ԱՐ. ՍԻ. ՍՓՐՈՒԼ

Պղատիոսի նմանությունը գիտության և կարծիքի տարբերությունը նշելու համար էր ծրագրվել: Կարծիքը ստվերներից ստացած ենթադրությունների վրա է հիմնված: Դա ճշմարտության մեջ չի թափանցում: Պղատիոսի համար բոլոր գիտությունը, որ լոկ այս արտաքին աշխարհի դիտողությունների վրա է հիմնված ճշմարիտ գիտություն չէ, այլ դա միայն ճշմարտության ստվերն է: Ճշմարիտ գիտությանը հասնելու համար պետք է անմիջական ըմբռնումից ծայրագույն իրականության հավիտենական փուլին անցնել:

Թեպետ Պղատիոսի նմանությունը դարեր առաջ է գրվել, դա մեր այսօրվա ժամանակակից հոգու հարմար մեկնաբանությունն է: Մենք արտաքին աշխարհի արդի գիտության պայթումից հպարտանում ենք: Մեր գիտության զարգացումը մեզ մեր ըմբռնման մերկ կարողությունից պարտադրված սահմանափակումից շատ ավելին է առաջ տարել: Մանրադիտակով անհուն փոքրությունների աշխարհից ներս ենք մտնում ու հեռավորությունները հեռադիտակով ենք քննում: Մոտակայի ու հեռավորության մեր տեսությունը անցյալում կատարված հետազոտություններից շատ ավելին է առաջ գնացել:

Մեր շուրջը գտնվող աշխարհի ու մեզանից վեր եղող աշխարհի հայացքը այնքան ուժգին կերպով է առաջացել, որ կարծեք թե մենք մի փառասքանչ բեմադրության մեջ ենք շպրտվել, ուր նշանավոր փառավորության ամենօրյա ցուցադրություններ են տեղի ունենում: Սակայն մեր ունեցած աշխարհայացքը, միգուցե ավելի քան երբեք, երկրավոր ու անհեռատես է: Մեր ժամանակահատվածը կարճատեսության օրեր են, մի ժամանակաշրջան, որ իրականության ամբողջականությունն այստեղ ու հիմա է: Սա աննախընթաց տեսակի ապակրոնություն է: Սրբություններից արձակվելու և արարածային ազատության տենչանքով մենք միայն մեզ կարողացել ենք սրբություններից կտրել : Մենք Պղատոնի երևակայածից ավելի փոքր քարայրում ենք ապրում, և մեր տեսած ստվերները մռնչող կրակից չեն ձևավորվում, այլ արագ սառչող-խամրող մոխրակայծերից:

«Քրիստոնեական կրոնի կանոներ» իր գրքում, տասնվեցերորդ դարվա աստվածաբան Ջոն Կալվինը մի ուրիշ նմանությունն է առաջարկել՝ աչքերը կապածի նմանությունը: Նա համոզում է, թե բնությունը մի հսկա թատերաասրահ է, իսկապես աստվածային հայտնության մի փառավոր թատերասրահ: Բայց մենք այս թատերասրահի մեջ մեր աչքերը կապված ենք քայլում: Կալվինի տեսակետը չի հերքում, թե մենք իրապես բնական հայտնությունից գիտություն ենք ստանում: Այլ նա կամովին իրենց հայացքը ակներև դարձնելու մերժող մարդկանց վիճակն է ներկայացնում: Մենք մեր աչքակապերն ենք հագնում, ու հետո խարխափելով խավարն ենք անիծում: Այս նմանությունը մարդկային հիմարությունն ընդգծելու նպատակով է գծագրվել, որը խավարը լույսից ու արարածը Արարչից է նախընտրում:

Կալվինը նշում է.

> «Սակայն մարդկության ավելի մեծ մասը, սխալին ստրկացած, այս փառավոր թատերասրահից աչքերը կապված, քայլելիս բացականչում է, թե Աստծո այս գործի վրա ուշադրությամբ մտորելը հազվագյուտ ու հատուկ իմաստություն է, որ շատերը, ովքեր ուրիշ առումներով միգուցե սրատես են երևում, առանց շահի են դիտում: Դա իսկապես ճիշտ է, որ աստվածային փառքի ամենապայծառ բացահայտությունը հարյուրի մեջ մի իսկական դիտորդ չի գտնում: Տակավին ոչ Նրա զորությունը ու ոչ էլ Նրա իմաստությունը խավարում չի ծածկված»:

Մենք այնպիսի արարածներ ենք, ովքեր նախընտրում են քարայրի մեջ կյանքը կատարելապես շողացող արևի լույսից ավելի: Աստծո փառքը մեր ամբողջ շուրջն է: Մենք չենք կարող դրանից խուսափել: Սակայն, մենք ոչ թե միայն ծաղիկների բուրմունքը զգալու մեջ ենք թերանում, այլ նաև ծաղիկները Արարողի փառքը նկատելուց:

Հիրավի, որ աստվածային փառքի ու սքանչության թատերգության կենտրոնական ներկայացումը, որի միջով ամեն օր ենք քայլում, Աստծո փառքն է: Սաղմոսերգուն հայտարարում է, թե երկինքը ու ամբողջ բնությունը Աստծո փառքն ու սքանչությունն են նրգում:

Մենք Աստծո սրբության ու Նա փառքի միջև շաղկապ ենք: Նրա փառքը Իր ամենակատարյալ էության արտաքին բացահայտությունն է: Դա Նրա ծանրությունը կամ ծանրակշռությունն է, որ ցուցադրվում է: Սուրբ Գիրքը հաճախ խոսում է Աստծո փառքի ամպի միասին, որ արտաքնապես երբեմն տեսանելի էր: Դա Աստծո փառքն *(շեքինահ)* է: Այս փառքի ամպը այլակերպության լեռան վրա ծածկեց աշակերտներին: Դա Հիսուսին, երկինք համբարձման ընթացքում, որպես ուղեկից ծառայեց, ու Նրա վերադարձին վայր պիտի իջեցնի: Այս փառաց ամպը այնքան շլացնող է, որ կարող է նայողին ուղղակի կուրացնել, ինչպես Դամասկոսի ճանապարհին Պողոսին արեց:

Աստվածաշնչյան ժամանակաշրջանում, երբ Աստծո փառքը իր ամբողջ չափով ժայթքում էր, բոլոր դիտողների մոտ սարսափ էր առաջացնում: Սակայն Աստվածաշնչում Աստծո ներկայության բացահայտությունը միմիայն այս փառաց ամպը չէ: Նա նաև զանազան աստվածհայտնություններով էլ է երևացել, օրինակ՝ որպես վառվող մորենի, կրակի սյուն և Պենտեկոստեի օրում վայր ընկնող կրակի լեզուներ: Նրա փառքը ամեն տեղ ու ամեն ժամանակ բացահայտվում է: Դա արևի լույսից ոչ ավելի քիչ է հնարավոր հանգցնել: Հնարավոր է արևը մի ամպի ծածկոցից մթագնի կամ նույնիսկ շրջանաբար մոլորակային խավարման ենթարկվի, բայց այսպիսի բնության երևույթներն անգամ դրա լույսը ամբողջովին մարել չեն կարող:

Կալվինը Աստծո փառքի նկատմամբ մեր ըմբռնումը բացատրելու համար «ակնադիտակի» կամ «ակնոցի» փոխաբերությունը գործածեց: Նա հավատքի ակնոցի մասին խոսեց, որ հավատացյալները դրանով բաների մակերեսից ներս են նայում ու այնտեղ, հստակաբար եղող փառքով, իրենց աչքերն են խրախճանում:

Աստվածաշունչը տեսնելու աչքեր ու լսելու ականջ ունեցողների մասին է խոսում: Այս ակնարկը զգայարանների բնական կարողության մասին չէ, այլ սա մեղքի խավարն ու վատաձայնությունը ճեղքելու ու ճշմարտությունը լսելու կարողությունն է: Վերածննդով, մեր աչքերից թեփերը ընկնում են այնպես, որ մենք կարողանում ենք մեր տեսածը ճշմարտապես ըմբռնել ու մեր լսածը ճշմարտապես հասկանալ: (Մարկոս 4:12): Մեր հավատքի մեջ հասունանալով՝ այս կարողությունն աճում է:

Մի քանի տարիներ առաջ, որպես ժամանց, գծագրության ու յուղանկարչության դասընթացի հետևեցի: Իմ անհմուտ աշխատանքը լուրջ ցուցասրահների պատերը երբևէ չի զարդարի: Այս զբաղմունքի ճամփին ես սայթաքելով էի առաջ գնում ու փորձերից ու սխալներիցս սովորում էի: Ամենավաղ ուսուցմունքների ընթացքում, ինձ պատվիրվել էր, որ ես շուրջս գտնվող աշխարհին մի այլ ձևով նայեմ: Ուսուցանվում էի, որ շվաքների ու ստվերների նրբություններին ուշադրություն դարձնեմ ու գույնին և հյուսվածքին նայեմ: Նախքան այս փարձությունը, ճանապարհից անցնելիս, միայն ծառեր էի տեսնում: Հիմա ծառերին եմ նայում, կոճղի յուրահատուկ հյուսվածքն ու տերևների ցայտուն գույներն եմ նկատում: Այս նրբությունները միշտ այնտեղ են եղել:

Իսկ, ես դրանց չեմ նկատել: Այդ նրբություններից յուրաքանչյուրը Աստծո փառքի ներկայությունը հայտարարող յուրահատուկ միջոց ունի:

Նկարչությամբ կամ մի ուրիշ արվեստով զբաղվելիս մենք գեղեցկությամբ ենք հետաքրքրված: Գեղեցկության բուն գաղափարի սահմանումը խորապես դժվար է: Դա անըմբռնելի և վիճահարույց է: Փիլիսոփայության կրթությունը գեղագիտության ենթաբաժինն ունի, որը որոնում է գեղեցկության տիպարը որոշելը: Պատմականորեն, գեղագիտության բազմաթիվ մրցակից խորհուրդներ են եղել: Շատերը այն եզրափակությանն են հասել, թե գեղեցկության համար օրենքներ չկան, ու թե դա զուտ ենթակայական խնդիր է: Ուրիշները՝ Արիստոտելից հետո ու դրանից առաջ, հանուն գեղեցկության առարկայական որականշերի են վիճել: Ենթակայականությունները «Գեղեցկությունը դիտողի աչքի մեջ է» ասացվածքի մեջ են ապավինում գտնում: Սա միտվում է գեղեցկությունը պարզապես անհատական ճաշակի կամ նախընտրության նվազեցնել, ինչպես մեկը զանազան պաղպաղակի համեր է նախընտրում: Այստեղ մեկի գեղեցկությունը մյուսի տգեղությունն է:

Մյուս ձեռքի վրա որոշ խորհրդաբանություններ փորձել են գեղեցկությունը գնահատելու ցուցանիշեր գտնել: Արիստոտելի, Ակյուինասի, և Էդվարդսի նման մտորողներ, գեղեցկությունը համեմատաչափության, զուգանմանության, բարդության, ներդաշնակության, ու սրանց պես ազդակների հիման վրա են տեսել: Բարդ առարկաների մանրակրկիտ զուգանմանությունը գեղեցկության տարրերն է ակնարկում: Թեպետ խոստովանելի է, թե կարելի է պարզը գեղեցիկ լինել, սակայն հաճախ բարդ մասնիկների ներդաշնակ հյուսաշարքն է, որ գեղեցկության է մատնանշում: Փայտիկներից կազմված ու Միքելանջելոյի աշխատած մարդու ձևակերպի ներկայացումների տարբերությունը հասկանում ենք:

Նմանապես, «Փայլի՛ր, փայլի՛ր, փոքրիկ աստղ» երգի մի երեխայի մատով նվագածի ու համերգային դաշնակահարի Բեթհովենի Դաշնամուրի Համերգ համար 4-ի նվագածի տարբերությունը նշելի է:

Գեղեցիկ գեղարվեստի ու գեղեցիկ երաժշտությունից խորության մի ծավալ է ստացվում, որ շուտ չի հնանում կամ մաշվում: Օրինակ՝ Բախի «Ջեսու, Մարդու ցանկության ցնծություն» կտորի ու արդի սիրված մի երգի կամ շարժապատկերի մասին մտածեք: Որոշ ժողովրդական երգեր տարիներ են դիմանում, բայց մեծամասնությունը կարճ կյանք ունեն: Եթե նստելով վեց ժամ անընդհատ ժողովրդական մի երգ լսեք, հավանաբար դրանից կհոգնեք: Սակայն եթե ուշադրությամբ և շարունակաբար Բախի մի գլուխգործոց երաժշտությունը լսեք, դրա ավելի մանրակրկիտ նրբությունները գտնելիս այդ հատվածը ավելի ու ավելի հիանալի է դառնում:

Երբեմն մարդիկ կարծում են, թե ես տարօրինակ եմ, երբ հմտային ամերիկյան ֆուտբոլի խաղերի գեղեցկության մասին եմ խոսում: Ինչպե՞ս է հնարավոր այդքան նախանական և վայրագ մի բան իր մեջ գեղեցկություն պարունակի: Գերազանց մարզված մարզիկներին դիտելիս, ովքեր իրենց մարզական ասպարեզի գագաթնակետին են հասել ու միասին մեկ խաղ են գործադրում, հաճույք եմ ստանում: Գնդակի մի կողմում տասնմեկ մարդիկ կան, որոնցից յուրաքանչյուրը խաղի մեջ իր հատուկ դերն ունի: Նրանց խաղը ծրագրված է այնպես, որ գնդակը մի քանի ոտք առաջ տանեն, մինչ գնդակի մյուս կողմի տասնմեկ մարդիկ, միասին համագործակցելով, այդ առաջխաղացումը արգելել են ջանում: Խաղը մի տեսակ խմբային գործակցություն է պահանջում, ոչ թե անմիաբանություն: Երբ ներդաշնակությունը կորչում է, գնդակը գլորվում կամ խաղի ծրագիրը շեղվում է:

Այս բոլորի մեջ, լինի դա գեղարվեստ կամ մարզական, մի

տեսակ գեղեցկություն է բացահայտվում, որը աստվածաբանական իմաստ ունի: Հին Կտակարանը հաճախ Աստծո գեղեցկությունն է ակնարկում: Նույնիսկ այն զգեստները, որոնք Աստված Ահարոնի ու քահանաների հագնելու համար էր ծրագրել, «փառքի և գեղեցկության» համար էին պատրաստվել (Ելից 28:2): Այս համարները սրբության ու գեղեցկության միջև մի իմաստալի հարաբերություն են մատնանշում: Մենք վարժված ենք բարության ու սրբության, ճշմարտության ու սրբության հարաբերությունների մասին մտածել: Սակայն ճշմարտությունն ու բարությունը պարզապես մի եռանկյունու երկու ոտքերն են, որի երրորդ ոտքը գեղեցկությունն է:

Աստվածաշնչյան հանգամանքով, արժանիքների եռյակ գոյություն ունի, որոնցից յուրաքանչյուրը, իրենցից դուրս, Աստծո սրբությանն է մատնանշում: Այս եռյակը բարությունից, ճշմարտությունից ու գեղեցկությունից է բաղկացած: Սրանցից յուրաքանչյուրը քննարկենք:

Վաղեմի փիլիսոփաները, օրինակ՝ Պղատիոսը և Արիստոտելը մի բան էին որոնում, որին «Բարձրագույն Բարիք» summum bonum կոչեցին: Այս խնդիրն էր, որ նրանց Աստծո գոյությանը հանգեց: Իրենց անձնական ձևով, նրանք վկայում էին այն բանը, որ Աստվածաշնչի հավատքի նկատմամբ սկզբնական է, թե գերագույն բարիքը Աստծո մեջ է: Նա է օրինակների Օրինակը, և Նա առանց օրինակի է: Ամբողջ բարությունը իր արմատները Նրա մեջ ու Նրա նկարագրի մեջ է գտնում: Նա ամբողջ բարության ակն է, ու ամեն ինչ որ բարի է, Նրան է մատնանշում: Միայն, երբ մարդկային մտքից Աստված աքսորվում է, այն պարագայում է հարաբերապաշտության բարոյագիտությունը ողջագուրվում: Բայց հարաբերապաշտությունը բարոյագիտություն չէ, այլ հակաբարոյագիտություն է, ինչ որ անաստվածության հիմունքն է կազմում: Դոստոյևսկին էր, ով հայտարարեց. «Եթե Աստված չկա, ապա ամեն բան հնարավոր է»: Նա հասկացել էր, թե առանց գերագույն բարության, երբևէ որևէ բարություն չի կարող լինել: Բոլոր «բարությունները» Աստծո բարության գերագույն նժարով են չափվում:

Ճիշտ ինչպես բոլոր բարությունները իրենց սահմանումը Աստծո բարության ենթահողում են գնում, այսպես էլ ամբողջ ճշմարտությունը Աստծո ճշմարտության չափանիշով է քննվում: Նա ճշմարտության գերագույն Հեղինակն է: Ամենը, ինչ որ ճշմարիտ է, ոչ թե միայն Նրանից է բխում, այլ նաև Նրա նկարագիրն է արտացոլում: Հին աստվածաբանները հասկացել էին, որ ամբողջ ճշմարտությունը Աստծո ճշմարտությունն է, և ամբողջ ճշմարտությունը «գագաթում է միանում»: Այս նախադասությունը նշանակում է, որ Աստծուց անկախ ճշմարտություն կամ այն, ինչ Նա որպես ճշմարտություն է կոչում, դրան որևէ մի հակադրող ճշմարտություն չկա: Փիլիսոփաները ճշմարտության նկատմամբ զանազան մտքեր են առաջարկել: Դրանցից ամենահարատևողը «Ճշմարտությանը համապաասխանող մտքեր» կոչվածն է: Այս գաղափարը ճշմարտությունը սահմանում է որպես այն, ինչ իրականությանն է համապատասխանում: Այս մերկ սահմանման դժվարությունն այն է, որ մարդիկ ճշմարտության մասին զանազան կարծիքներ ունեն: Ուստի ծագող վեճն այս է. «Ո՞ւմ կողմից է տպավորված ճշմարտությունը»: Այս դժվարությունից անցնելու համար, այս նախնական սահմանման բառերի վրա պետք է «Աստծուց տպավորված» բառերը ավելացնենք: Այս հավելումով լրիվ սահմանումը այսպիսին է դառնում՝ «Ճշմարտությունը այն է, ինչ-որ Աստծո տպավորությամբ իրականությանն է համապատասխանում»: Աստծո ճշմարտության նկատմամբ տպավորությունը կատարյալ է: Նա ամեն ինչը հավիտենականության դիտանկյունից է տեսնում: Նա ամբողջ ճշմարտության կառույցը՝ մեծ և փոքր, գիտի: Այն ամենը, ինչ-որ Նա Աստվածաշնչում է հայտնաբերում, միշտ բնության մեջ Նրա ինքնահայտնության հետ համապատասխան է: Բնությունն ուսումնասիրելիս ինչ որ սովորում ենք, պետք է շնորհքի սերտողության սովորածի հետ համապատասխանի: Երկու մարզերն էլ Աստծուն են պատկանում: Աստված չի կարող խառնաշփոթության հեղինակը լինել: Նա չի կարող ստեր կամ հակադրություններ խոսել: Այս է ամբողջ ճշմարտությունը՝ գագաթում միանալու գաղափարի իմաստը: Դա չի նշանակում, որ Աստված կարող է մի ձևով բոլոր իրական հակադրությունները հաշտեցնել, այլ թե ոչ մի իրական հակադրություն չի կարող Նրա ճշմարտության հստակությունը վարակել: Աստծո ճշմարտությունը սուրբ ճշմարտություն է: Այսինքն, Նրա ճշմարտությունը Նրա նկարագիրն է արտահայտում: Այնչափ, որ Նա է ամբողջ ճշմարտության ակը, բոլոր ճշմարտությունը ետ դեպի Նրան է ուղղվում: Քանի որ ամբողջ ճշմարտությունը դեպի Նրան է ուղղված, ուրեմն ամբողջ ճշմարտությունը սուրբ է: Ճշմարտության սրբությունն է, որ սուտը այնչափ դիվային է դարձնում, որով դա Աստծո իսկ նկարագրի հանդեպ մեր ունեցած տպավորությունն է աղավաղում:

Ճիշտ ինչպես ճշմարտությունն ու բարությունն Աստծո նկարագրի մեջ են արմատացած, նմանապես նաև գեղեցկությունն է: Աստված Ինքը ամբողջ միաբանության և բազմազանության, ինչպես նաև պարզության և բարդության հիմնավորումն է: Նրա իսկ էությունը ներքուստ համադիր, ներդաշնակ և համաբաշխ է: Նրա մեջ որևէ խեղաթյուրում, որևէ անկանոնություն, որևէ տգեղություն չկա: Նրա ձայնը որևէ վատ հնչողություն թույլ չի տալիս: Նրա ձեռքի գործը տիեզերքն է, քաոսը չէ: Քաոսը անկանոնությամբ ու խառնաշփոթությամբ է նշանակված, դա անտրամաբանություն է բացահայտում: Աստծո գեղեցկությունը մի առողջամիտ ու տրամաբանական գեղեցկություն է, այնպես որ,

Նրա էությունը կատարյալ ողջամիտ և կանոնավոր էություն է: Այս հատկությունները վկայող գեղեցկությունը Նրան է վկայում: Էդգար Ալեն Փոն հասկացել էր, որ գեղեցկության մեջ մեկը վսեմության ծավալին է հանդիպում, մի ծավալ, որ անտրամաբանական չէ, այլ գերտրամաբանակն է: Այսինքն դա այն գեղեցկությունն է, որ միտքը գրավում է, բայց հասկացողության սահմաններից անց է կենում: Երբ արվեստի հռչակավոր գործերից հուզվում ենք, մի այնպիսի զգացողությամբ ենք բռնվում, որ մեր հոգին ու մեր միտքը խառնվում է: Գեղեցկության գնահատությունը մշակելու համար պետք է մենք մեր միտքը ամբողջ գեղեցկության Հեղինակին հետևելու ուղղենք:

Միջնադարյան աստվածաբանները Աստծուն ակնարկելու համար լատիներեն ens perfectissimus բառերն էին գործածում: Այս բառերը կարելի է որպես «Ամենակատարյալ էակ» թարգմանել: Այստեղ աստվածաբանները մի այնպիսի նախադասություն են գործածում, որ կարելի է մի քիչ մոլորեցնող լինի: Մի բան կամ մի էակ, ամենակատարյալ էակ ասելը իր մեջ կրկնություն է պարունակում: Իրական կատարելությունը որևէ աստիճանավորություն չի թույլատրում: Մի բան, որ իրապես ամեն կերպով կատարյալ է, չի կարող ավելի կատարյալ կամ ամենակատարյալը լինել: Մենք այսպես ենք խոսում, որովհետև մենք վարժված ենք անկատար բաների հետ բանուգործ ունենալ: Անկատար բաները կարող են բարելավվել, բայց կատարյալը չի կարող: Աստծո նկատմամբ բավարար է ասել, թե Նա կատարյալ է: Ուրեմն ինչո՞ւ են աստվածաբանները Աստծո կատարելության իրականությունը ընդգծելու համար գերադրական աստիճան գործածում: Պատասխանը Աստծո կատարելության իրականությունը ընդգծելու նրանց փափագի մեջ է գտնվում.այնպես որ, նրանք Աստծո նկարագրի նկատամամբ ամենաչնչին պակասության թելադրանքն իսկ պիտի ցանկանային չքացնել:

Ամենակատարյալի մասին խոսելը օրինավոր չափազանցություն է:

Աստծո կատարելությունը Նրա բոլոր ստորոգելիներին է վերագրվում: Նրա զորությունը կատարյալ է, դա ոչ մի տկարություն կամ տկարության հնարավորություն չունի: Նա ոչ միայն ամենագետ է, այլ կատարյալ ամենագիտություն ցոլացնող է: Որևէ բան չկա, որ Աստված չգիտենա կամ միգուցե նոր սովորի: Որոշ արդի աստվածաբաններ ջանացել են տարածել, թե Աստված ամենագետ է, բայց թե Նրա ամենագիտությունը սահմանափակ ամենագիտություն է: Նրանք պնդում են, որ Աստված ամեն ինչ որ կարող էր գիտենալ, գիտի, բայց Նա որոշ բաներ՝ հատկապես ազատ գործակալների ապագայի որոշումները, չգիտի ու ոչ էլ կարող է գիտենալ: Սակայն մի սահմանափակ ամենագիտություն պարզապես ամենագիտություն չէ, և դա կատարյալ չէ: Աստծո սահմանափակ ամենագիտության տեսանկյունը Աստծուն Նրա սուրբ ամենագիտությունից զրկում է, այն ինչ որ կատարյալ է, ամենագիտություն է: Աստծո սերը, Նրա զայրույթը, Նրա ողորմությունը, ու բոլոր այն, ինչ որ Նա է, կատարյալ է: Ոչ թե միայն Նա կատարյալ է, այլ Նա հավիտենապես ու անփոփոխ կատարյալ է: Երբեք չկար մի պահ, երբ Աստծո կատարելությունը թերի էր, ու որևէ կարելիություն չկա, որ Նա ապագայում որևէ մի տեսակ անկատարելության մեջ սահի: Ինչ որ Աստծո նկատմամբ եղել է,հավիտենապես կլինի: Նրա կատարելությունը անփոփոխ է: Դա չի կարող փոխվել:

Քարայրում շվաքները փոփոխության են ենթարկվում: Պայծառության մշտափոփոխ ձևերով ու պայծառությամբ դրանք պարում ու պլպլում են: Իսկական սրբության մասին մտածելու ու արարածային բաների մակերեսից անցնելու համար հարկավոր է մեր ինքնաշեն քարայրից դուրս գալ ու Աստծո սրբության փառավոր լույսի մեջ քայլել:

Թու՛յլ Տանք Աստծո Սրբությունը Դիպչի Մեր Կյանքին

Մինչ դու Աստծո սրբության մասին քո սովորածին ես անդրադառնում ու վերհիշում, պատասխանի՛ր հետևյալ հարցերին: Մի տետրի մեջ Աստծո սրբության մասին քո պատասխանները գրի՛ր կամ դրանք ընկերոջդ հետ բաժնեկցի՛ր:

1. Քո վերջին փորձառություններից պատմիր, որում Աստված, բնության միջոցով, Իր անձը քեզ հայտնեց:
2. Ինչպե՞ս ենք Ստեղծողի փոխարեն ստեղծագործությունը պաշտում:
3. Ինչպե՞ս են բարի, ճշմարիտ և գեղեցիկ բաները Աստծո սրբությունը արտացոլում: Ինչպե՞ս է այս ճշմարտությունը օգնում քեզ նախապատվություններդ կազմելու մեջ:
4. Դու ինչպե՞ս պիտի պաշտես Աստծուն Իր սրբության համար:

ԳԼՈՒԽ 11

ՍՈՒՐԲ ՎԱՅՐ ՈՒ ՍՈՒՐԲ ԺԱՄԱՆԱԿ

Որտե՞ղ, բացի ներկայում կարող է Հավիտենականը հանդիպել:

Մի Էս Լյուիս

Ոչ մի ելք: Ֆրանսիացի գոյապաշտ փիլիսոփա Ժան-Փոլ Սարթրի այս հռչակավոր թատերգությունը դժոխքի նկատմամբ նրա տեսանկյունն է ներկայացնում, թե դժոխքը մի ուրիշ ժողովուրդ է, մի պետություն, որից ոչ մի ելք չկա: Այս նույն վերնագիրը կարող ենք գործածել մեր աշխարհի նկատմամբ արդի մշակույթի տեսանկյունը բացատրելու համար: Մենք մարդկային մի սերունդ ենք, ովքեր հիմա ու այստեղ թակարդված ենք զգում: Մենք երկնայինին կամ վերացականին որևէ հասանելիություն չենք զգում: Այնպես է թվում, թե մի անկամրջելի խոռոչ կա, որ մեզ սրբության ասպարեզից բաժանում է: Թվում է, թե դատապարտված ենք մեր օրերը պղծությանը շղթայված ապրելու:

Այս բառերը գրելիս, մի տիեզերանավ դուրս՝ դեպի անջրպետն է թնդում: Դրա մեջ գտնվող տիեզերագնացները Հաբլ հեռադիտակի նորոգության և թարմացման նպատակով են ճամփորդում, ինչ որ տիեզերքի ծայրերից աննախընթաց լուսանկարներ և տեղեկություններ է փոխացնում: Այսպիսով, տիեզերագնացները իրենց տիեզերաբանության օրինակները բարեկարգելու համար փորձեր են կատարում: Մեզ վրա բյուրավոր նոր տեղեկություններ են պարտադրվում ու դրանց բացատրությունը մեզանից է պահանջվում: Հազվագյուտ գիտնականներ դեռ հին, անշարժ տիեզերքի մտքին կառչած են մնացել, մի այնպիսի մտաբանություն, որը հավետ ընդլայնվող տիեզերքի փաստերից մի կողմ է գցվել:

Տասնութերորդ դարը դեիզմ կոչված մի նոր կրոնի ականատեսը եղավ: Այս կրոնը դասական քրիստոնեական աստվածաբանության և անաստվածության բնապաշտության միջև մի զիջողականություն էր: Դեիզմի ամենասիրված նմանությունը Աստվածային ժամագործի օրինակն էր: Աստված առաջին պատճառն էր դիտվում, ով աշխարհին էր ստեղծել, այնպես, ինչպես մի ժամագործ մի ժամացույց է գծագրում ու հետո էլ շինում: Դեիստները երևակայում էին, որ ճիշտ ինչպես մի ժամագործ ժամացույցի զսպանակներն ու անիվներն էր միմյանց միացնում ու հետո էլ ժամացույցը լարում, այնպես որ այնուհետև ժամացույցը իր ներքին ուժով կարողանում է աշխատել, նմանապես էլ՝ տիզերքի մեծ գծագրողն ու շինարարը աշխարհը ստեղծեց ու, հետո ետ նստելով, թողեց, որ աշխարհը իր մեքենայական կանոններով աշխատի: Նրանք հավատում էին, որ Աստված աշխարհը մի փակ համակարգի պես է ստեղծել և Ինքը դրա գործընթացից հավիտենապես անջատված է: Դեիստները ոչ մի առօրյա նախախնամք, ոչ մի վերին սուրբ միջամտություն, ու ոչ մի ներքևից բաձրացած իմաստալի հաղորդակցության իրական հնարավորություն չեն տեսնում:

Դեիզմը՝ որպես կենսունակ կրոն, երկար չդիմացավ: Դա ոչ դասական աստվածապաշտին ու ոչ էլ պնդամիտ բնապաշտին էր հագեցնում: Ուստի շուտով տեսարանից անցավ: Սակայն դրա շարունակվող նշանավորությունը գոնե երկու ձևերով տեսանելի է: Առաջինն այն է, որ թեպետ դեիզմը պատմության պաստառի վրա մի փոքրիկ նշույլ է, սակայն այդ փոքրիկ նշույլը ճիշտ Ամերիկայի Միացյալ Նահանգների կազմության շրջանում տեղի ունեցավ: Անկախության հայտարարության և սահմանադրության գրության ընթացքում դեիզմը օրվա վերջին նորույթն էր, ու որոշ չափով, նույնիսկ ժամանակակից ավանդական քրիստոնյաներն էլ բնական օրենքի նկատմամբ դեիզմի տեսանկյունն ընդունեցին:

Դեիզմի ազդեցության երկրորդ կետն այն էր, որ դա մի փակ և մեքենայական տիեզերքի տեսանկյուն էր ընդգրկում: Թեպետ դեիստական կրոնը վաղուց անցել գնացել է, սակայն աշխարհի նկատմամբ դրա տեսանկյունը մնացել է: Շատերը մեր մշակույթում աշխարհի մասին այն կարծիքն ունեն, կարծես թե դա մի լարված ժամացույցի նմանությամբ, իր անշարժ բնական օրենքներով է աշխատում: Բոլոր եղելությունների պատաճառները, առանց բացառության, բնության մեջ են գտնվում, ու Աստծո համար որևէ անելիք չի մնացել, այլ Նա լոկ մարդկային եղելության մի հեռանիստ ու առնչազուրկ դիտորդ է մնում: Մեր ընկերության մեջ կրոնը կյանքի դժվարությունների հետ մարտնչելու անկարողների համար մի սահմանափակ ու մի տեսակ անձնական բուժամիջոց է: Մեր գոյությունը սրբության ներկայությունը չզգացող ու պիղծ է:

Բայց մարդիկ միշտ վերացականին մի պատուհանի կամ դռան ետևից են վերաբերվել: Մենք պղծությունից դեպի սրբությունը առաջնորդող մի սեմ ենք որոնում: Դա սուրբ տարածքի մի ձգտում է ու գետինը սուրբ գետին է: Քսաներորդ դարի կրոնի առաջնակարգ պատմաբաններից Միրքիա Էլիեյդը իր «Սրբությունն ու պղծությունը» խորագրով գրքի մեջ մարդու այս փափգի մասին է գրել: Էլիեյդը պնդում է, որ մենք երբեք չենք կարողացել զուտ և բացարձակ պղծության գոյություն ստեղծել: Նա ասում է. «Որ աստիճանի էլ ,որ նա կարողացել է աշխարհը անսրբացնել, մարդը, ով իր ընտրանքը դեպի պիղծ կյանքն է տարել, կրոնական վարքագիծը կատարելապես բնաջինջ անելու մեջ երբեք չի հաջողել»: Թվում է, թե մարդկությունը անդարմանելիորեն կրոնամիտ է: Նույնիսկ փակ տիեզերքի սահմանափակումներում, մարդիկ մի տեղ են որոնում, որ վերացականին հասանելության կետ ծառայի: Մենք մի ցավոտ դատարկություն ենք զգում, որ սրբությամբ լցվելու համար է ճչում: Մենք սուրբ որևէ տարածք ենք տենչում:

Անապատում՝ Աստծո հետ Մովսեսի հանդիպման ընթացքում, նա սուրբ տարածքի սեմի փորձառությունն ունեցավ:

«Եւ Մովսեսը Մադիամի քուրմի՝ իր աներոջ Հոթորի հոտն էր արածեցնում, և հոտը քշելով Աստծո Քորեբ սարը եկավ: Եւ Տիրոջ հրեշտակը կրակի բոցով երևաց նրան մորենու միջից, և նա տեսավ, որ ահա մորենին կրակով վառվում էր, բայց չէր սպառվում»: Եւ Մովսեսն ասաց. «Մեկ դառնամ ու տեսնեմ այս մեծ տեսարանը, թե ինչո՞ւ մորենին չի այրվում: Եւ Տերը տեսավ, որ նա դարձավ տեսնելու և Աստված մորենու միջից կանչեց նրան և ասաց. Մովսե՛ս, Մովսե՛ս: Եվ նա ասաց. «Ահա ես»:

Եւ ասաց. «Այս տեղին մի՛ մոտնա, կոշիկներդ հանի՛ր ոտքերիցդ, որովհետև այն տեղը, որի վրա դու կանգնել ես, սուրբ տեղ է»: Նաև ասաց. «Ես եմ քո հոր Աստվածը՝ Աբրահամի Աստվածը, Իսահակի Աստվածը և Հակոբի Աստվածը». և Մովսեսն իր երեսը ծածկեց, որովհետև վախեցավ Աստծուն նայել»: (Ելից 3:1-6):

Այս աստվածհայտնության փորձառությամբ, Աստված Մովսեսին հրամայեց, որ նա Աստծո անմիջական ներկայությունից հեռավորության վրա մնար: Ապա Աստված հրամայեց, որ նա իր կոշիկները հաներ: Եսայիա մարգարեի տեսիլիքը բացատրելիս, սերովբեի ոտքերի ծածկելու ու այս պարագայում Մովսեսի ոտքերի անծածկության միջև եղած կապը տեսանք: Երկու պարագաներում էլ ոտքերը արարած լինելու վիճակն են մատնանշում: Համենայն դեպս, Մովսեսին պատվիրվեց իր կոշիկները հանել, որովհետև նա սուրբ գետնի վրա էր կանգնել: Մովսեսը սուրբ տարածք էր մտել: Դեպի վառվող մորենին քայլած ընթացքի մի կետում նա սրբության ու պղծության միջև եղող սահմանագիծն էր հատել: Որպես այս աշխարհից եղող մի ընկած արարած, Մովսեսը պիղծ էր: Բայց և այնպես, նա այժմ հանդգնեց սուրբ երկրի վրա քայլել:

Մովսեսի գտնված սուրբ տարածքը Աստծո ներկայությամբ էր սրբացել: Այդ վայրում հողի բաղադրությունը երկրի անապատային հատակի ուրիշ մասերից տարբեր չէր: Այս վայրի սուրբ յուրահատկությունը ներքին չէր, այլ՝ արտաքին: Այսինքն, դա մի գերհավելացող ներկայությամբ սուրբ էր դարձել: Այնտեղ կատարվածը սովորականին մի արտասովոր ծավալ էր տվել: Այդ հասարակ տարածքը, Աստծո այն վայրում հայտնվելու արժանիքով, հատուկ էր դարձել:

Մովսեսի ունեցած վառվող մորենու փորձառությունը ոչ թե միայն աստվածհայտնություն էր, բայց նաև մի սրբահայտնություն էր: Ճիշտ ինչպես աստվածհայտնությունը Աստծո տեսանելի հայտնաբերմանն է ակնարկում, սրբահայտնություն բառը սրբության արտաքին հայտնաբերումն է նշում: Էլիեյդն ասում է. «Յուրաքանչյուր սուրբ տարածք սրբահայտնության է ակնարկում, սրբության մի ներխուժում, որ մի տարածք իր տիեզերական միջավայրից անջատում է ու դրան որակավորապես տարբեր է դարձնում»:

Սուրբ տարածքի մի երկրորդ աստվածաշնչյան օրինակը Բեթելում Հակոբի ունեցած փորձառության մեջ ենք տեսնում: Այս հինկտակարանյան պատմության մասին ակնարկելով՝ Էլիեյդ պատմաբանը նշում է.

> «Երբ որ Խառանում Հակոբը երազի մեջ երկինք հասնող ելարանը ու դրա վրա բարձրացող ու իջնող հրեշտակները տեսավ ու դրեց վերևում Տիրոջը խոսելիս լսեց, որ ասում էր. «Ես եմ Տերը՝ Աբրահամի Աստվածը», նա զարթնեց ու վախեցավ և բղավեց. «Այս տեղը որքա՜ն ահավոր է, սա ուրիշ բան չէ, բացի Աստծո տունը, և սա երկնքի դուռն է»: Ապա նա

առավ այն քարը, որ իր գլխի տակ էր դրել, և դա արձան կանգնեցրեց և դրա գլխին յուղ լցրեց, և այն տեղի անունը Բեթել դրեց, այսինքն Աստծո տունը: (Ծննդոց 28:12-19)

Այս եղելության հետ առնչվող մի քանի պատկերներ կան: Առաջինը բարձրացող ու իջնող հրեշտակներով սանդուղքի պատկերն է: Նորից տեսնում ենք, թե սանդուղքը ծառայում է որպես երկնքի ու երկրի՝ սրբության ու պղծության միջև կապակցություն: Սանդուղքը փակ թվացող տիեզերքից դուրս փախչելու մի ճանապարհ է բացատրում: Երկրորդ, սուրբ տարածքը մի նոր անուն է ստանում՝ Բեթել, ճշտգրտաբար ոչ միայն որպես «Աստծո Տուն», այլ նաև միգուցե և ավելի կարևոր մի էական դուռ: Տունը պարզապես միայն մուտք չունի, այլ դա ինքը մուտք է, մի դուռ է, որ երկնքի ձեռնհասությունն է հայթայթում:

Այս պատկերի երրորդ նշանակալի ծավալը (ու այստեղ ես նշանակալի բառը իր տառացի իմաստով եմ ընտրել, որովհետև դա «նշան կրող» է նշանակում) քարի պատկերն է: Հիմնականաբար հին օրերում քարը սովորական նպատակների համար գործածվող մի սովորական ժայռի կտոր էր, որ գիշերը քնելուց Հակոբի գլխի տակին որպես բարձ ծառայեց: Սրբահայտնությունից հետո, քարը մի ուրիշ նպատակի ծառայեց: Դա իր սովորական նպատակից դեպի մի արտասովոր նպատակի փոխադրվեց: Պարզ սրբահատկացման արարողությամբ դա յուղով օծվեց, որպեսզի դա մի սուրբ տարածքի համար սուրբ նշան դառնա: Դա նշում է այն, ինչ որ Էլիեյդը երկնքի ու երկրի միջև անցավայր է կոչում:

Աստվածաշնչյան ժամանակաշրջանում հաճախ սուրբ տարածքը որպես մի ճննապարհ էր նշանակվում: Սա ջրհեղեղից ազատվող Նոյի և նրա ընտանիքի պատմության մեջ ենք տեսնում:

«Եւ երկրորդ ամսում, ամսի քսանյոթերորդ օրը երկիրը չորացավ: Եւ Աստված խոսեց Նոյի հետ և ասաց.«Դու՛րս եկ տապանիցը դու և քո կինը և քո որդիքը և քո որդկանց կանայքը քեզ հետ: Քեզ հետ լինող բոլոր կենդանին ամեն մարմնից՝ թե՛ թռչուն, թե՛ անասուն, և թե՛ երկրի վրա սողացող բոլոր սողունները քեզ հետ հանիր, որ երկրի վրա բազմանան և երկրի վրա աճեն և շատանան: Եւ դուրս եկավ Նոյը և իր որդիքը և իր կինը և իր որդկանց կանայքն իր հետ: Ամեն կենդանի, ամեն սողուն, և ամեն թռչուն, երկրի վրա ամեն շարժվողներն իրենց ցեղերով դուրս եկան տապանից: Եւ Նոյը մի սեղան շինեց Տիրոջ համար և առավ բոլոր մաքուր անասուններից և բոլոր մաքուր թռչուններից, և սեղանի վրա ողջակեզներ մատուցեց»:

Հենց որ ջրերը ետ քաշվեցին ու Նոյն ու իր ընտանիքը կարողացան տապանը թողնել, նրանք մի զոհասեղան շինեցին: Զոհասեղանի անմիջական նպատակը Աստծուն զոհ մատուցելու հարթակ հայթայթելն էր: Բայց դա զոհասեղանի միակ գործառությունը չէր: Զոհասեղանը նաև նոր սկզբնավորության տեղի նշանակման համար էր ծառայում՝ ընդգծելու այն տեղը, ուր կործանումից փրկության անցավայրն էր գտնվում:

Հին Կտակարանում նման դրվագներ ենք տեսնում.

> «Եւ Տերը երևաց Աբրամին և ասաց. «Քո սերնդին պիտի տամ այս երկիրը»: Եւ նա այնտեղ սեղան շինեց Տիրոջ համար, որ իրեն երևաց: Եւ այն տեղից չվեց Բեթելի դիմացի սարը, և իր վրանը բացեց Բեթելի ծովի կողմիցը և Գային արևելյան կողմից, և այնտեղ Տիրոջ համար սեղան շինեց»: (Ծննդոց 12:7-8)

> «Եւ այն տեղից ելավ Բերսաբէ: Եւ Տերը երևաց նրան այն գիշեր և ասաց. «Ես եմ քո հոր՝ Աբրահամի Աստվածը, մի՛ վախեցիր, որովհետև ես քեզ հետ եմ և կօրհնեմ և կշատացնեմ քո սերունդը իմ ծառա Աբրահամի պատճառով»:Եւ այնտեղ սեղան շինեց և

Տիրոջ անունը կանչեց, և այնտեղ բացեց իր վրանը, և այնտեղ Իսահակի ծառաները ջրհոր քանդեցին»: (Ծննդոց 26:23-25)

«Եւ Մովսեսը եկավ և Տիրոջ բոլոր խոսքերը և բոլոր դատաստանները պատմեց ժողովրդին. և ամբողջ ժողովուրդը միաձայն պատասխան տվեց և ասաց. Տիրոջ բոլոր խոսքերը, որ խոսել է, կանենք: Եւ Մովսեսը Տիրոջ բոլոր խոսքերը գրեց, և առավոտը վեր կացավ և սարի տակին սեղան շինեց. և Իսրայելի տասներկու ցեղերի համեմատ տասներկու արձան կանգնեցրեց»: (Ելից 24:3-4)

Այս հատվածները խիստ կարևոր այն օրինակներն են ներկայացնում, ուր զոհասեղանը սուրբ տարածքն է նշում: Յուրաքանչյուր հատված պարզ պղծությունից դեպի սրբություն մի կամուրջ է ցույց տալիս, որը կամ ժողովրդին Աստծո հայնտությամբ կամ նշանակալի որոշումներով է, որոնք ժողովրդին որպես սրբեր առանձին են կանգնեցնում:

Սրբությանը մեր հպումը լոկ իրականության մի տարբեր ծավալի հետ հանդիպում չէ, դա Բացարձակն իրականության հետ տեսակցություն է: Քրիստոնեությունը կրոնական փորձառության հետ շոշափվող ներակցում չէ: Դա սուրբ Աստծո հետ մի հանդիպում է ներառնում, ով մարդու գոյության կենտրոնն ու ծուծն է կազմում: Քրիստոնեական հավատքը աստվածակենտրոն է: Աստված քրիստոնյաների կյանքի եզրում չէ, այլ ճիշտ կենտրոնում: Մեր ողջ կյանքն ու աշխարհայացքը Աստված է սահմանում:

Մեր արդի փորձառությամբ, մենք սուրբ տարածքների փորձառությունը եկեղեցիների տաճարներում ենք ունենում:

Աստվածաշնչյան «եկեղեցի» բառը մարդկանց է վերագրվում ու ոչ թե շենքերին: Բայց, երբ մարդիկ պաշտամունքի համար են հավաքվում, նրանք մի ֆիզիկական հանդիպավայրի կարիք ունեն: Որովհետև եկեղեցաշենքը պաշտամունքի վայր լինելու համար է ծրագրվել, մենք եկեղեցաշենքը կրճատելով՝ պարզապես եկեղեցի ենք կոչում: Այս առումով, եկեղեցիները որպես սուրբ տարածք ծառայելու համար են ծրագրվել, կառուցվել ու սրբության հետ հանդիպման համար են ապահովվել:

Եկեղեցու ճարտարապետությունը բազմազան է: Յուրաքանչյուր եկեղեցաշենք մի տեսակ անխոս պատգամ է հաղորդում: Անցյալում գոթական տաճարները ուշադրությունը Աստծո վերացականության վրա կենտրոնացնելու նպատակով էին ստեղծվում: Բարձր առաստաղների, կամարաձև տարածքների, աշտարակների ու զանգատների գործածությունը բոլորն էլ այն պատգամը փոխանցելուն էին ծառայում, որ այս շենքում մարդիկ սրբության հետ են տեսակցում: Մինչ որոշ արդի եկեղեցաշենքեր Աստծո ահարկու սրբությունը թելադրելու համար տակավին զանգատներ ու կամարաձև առաստաղներ են գործածում, ուրիշ եկեղեցաշենքեր հաղորդակցական սրահներ կառուցելու համար են ծրագրվել: Այս եկեղեցիները ավելի քաղաքի դահլիճներին ու նույնիսկ շարժապատկերասրահներին են նմանվում: Այսպիսի մի քանի եկեղեցիներում տաճարը բեմի է վերածվում ու ժողովուրդը հանդիսատեսներ են դառնում: Այս ուղղությունը, որ մեր սուրբ Աստծո ներկայությունից ու ահավորությունից եղած անհանգստությունը հեռացնել է թելադրում, կարելի է որպես սուրբ տարածքի պղծագործություն նկատել: Այդ դրույթներում ժողովուրդը ուրիշ մարդկանց հետ հանգիստ է զգում ու միմյանց հետ հաղորդակցություն է վայելում:

Այսպիսի գործնական եկեղեցիների ծրագրության մեջ կորածը սեմի խոր զգացումն է: Սեմը փոխանցման մի տեղ է: Դա մի տարածքից մյուսին փոխանցվելու նշան է: Վերջերս մի ընկեր իր ու իր ընտանքի ունեցած սեմի փորձառությունն ինձ պատմեց: Սեյնթ Լուի քաղաքում իրենց ազգականի տանը օթևանելիս իմ ընկերը, նրա ամուսինն ու նրանց երկու երեխաները Սեյնթ Լուիի մայր տաճարը այցելեցին: Ընտանիք ամդամները կանգառից դեպի տաճարի մուտքը քայլելիս կատակում էին ու ջերմ կլիմայի, կոկոններով ծաղիկների և ուրիշ սովորական բաների մասին էին զրուցում: Հենց որ արևացող տարածքից տաճար մտան, խոսակցությունը հանկարծակի դադարեց: Նրանք լռությամբ ապշեցին իրենցից բարձր տաճարի նախամուտքում կամարված հիասքանչ քանդակագործություններից: Ընկերս հատկապես իր դստեր վերաբերմունքից էր հիացել, ով երբեք որևէ տաճարում չէր գտնվել: Երիտասարդուհին ոտքի մատների ծայրով էր քայլում, իբրև թե նրա ոտնաձայնը կամ նրա կոշիկի գետնին հարվածը որևէ բանի պիտի խանգարեր: Մինչ մայր ու աղջիկ տաճարում քայլում էին, ուր 43 միլիոն խճաքարեր իրենց ութ հազար տարբեր գույներով Աստվածաշնչի ու Սեյնթ Լուիում կյանքի պատմություններ էին նկարագրում, դուստրը տասը րոպեներից ավելի կամարվող առաստաղին վեր նայելով, երկյուղածության հառաչանքներ էր արտահայտում: Ապա նա նստարաններից մեկի վրա նստեց, կամաց իր գլուխը պտտեցնելով՝ իր շուրջը եղող պատերին նայեց: Այս ամենի ընթացքում, բնականաբար այս շատախոս աղջիկը ոչ մի բան չասաց: Նա սուրբ տարածքի գեղեցկությունից ու դրա կանգ առած վիճակից հաղթահարվել էր: Տաճարի խաչաթև տարածքը ու դրա առջևում շարված մատուռները մտնելու փափագովլցված՝ դուստրը թողեց նստարանը ու գնաց դրանք ավելի մոտիկից նայելու: Բայց հազիվ թե մի քանի քայլ կատարած, նա ետ նստարանին վերադառնալով՝ իր մայրիկին հարցրեց. «Արդյո՞ք այդ տեղ քայլելը պատշա՞ճ է»: Մայրը բացատրեց,թե որտեղ կարող էր քայլել և թե որտեղ էր նրան արգելված քայլելը:

Մինչ ընկերս իր աղջկան տաճարի մնացած մասերն էր ցույց տալիս, մայրը անդրադարձավ, թե առանց նրան որևէ բան ասելու, երիտասարդուհին զգացել էր, որ ինքը մի սուրբ տարածքում էր գտնվում: Նաև, առանց որևէ խոսակցության, այս երիտասարդուհին զգացել էր, թե նա իր մարդեղությամբ պիղծ էր: Իր ձայնի հնչումը, իր քայլվածքի ձայնը ու գետնին դիպչող կոշիկների հպումը այս տեղում բացահայտված սրբության նկատմամբ մի տեսակ վիրավորիչ էր: Նա սուրբ գետնի վրա էր:

Կարելի է վիճել, թե այսպիսի սեմի տեսանկյունը աստվածաշնչյան այն ճշմարտությունն է խախտում է, թե Աստված ամենուրեք է, և թե ամբողջ ստեղծագործությունը՝ որպես Աստծո գործունեության բեմ, սուրբ է: Բայց Աստվածաշունչը այս տարածքի գաղափարի առնչությամբ շատ ավելի դրական է, քան թե բացասական: Սուրբ տարածքի օծումը Հին Կտակարանի փակումով չի վերջանում: Դա արարչական գործի մեջ արմատացած ու հիմնավորված է ու մի շատ հիմնականաբար կարևոր բան է կորչում, երբ դա անտեսվում է:

Մեր կյանքի յուրաքանչյուր դեպք հիշողության մեջ սիրված սուրբ վայրերից տպավորված է: Ես այն սենյակի հանդեպ, ուր Քրիստոսին դարձա, մի յուրահատուկ հարգանք ունեմ: Շատ լավ եմ գիտակցում, թե այդ սենյակը ինքնուրույն ոչ մի հատուկ զորություն չունի, և թե այդ սենյակը չէր, որ ինձ դարձի բերեց: Սակայն դա այն վայրն էր , ուր ես առաջին անգամ Քրիստոսին հանդիպեցի: Այս սուրբ տարածքը մի կյանքում հատուկ տեղ կմնա:

1996- ին Մարտին Լյութերի կյանքում նշանակալի վայրերը էքսկուրսիա առաջնորդեցի: Վիտտենբերգի եկեղեցին այցելեցի, որի դռան վրա Լյութերը իր Իննսունիհինգ ճառն էր մեխել: Էրֆուրթում գտնվեցի, որտեղ նա ձեռնադրվել էր, ու Ուարբերգ պալատը, ուր նա «Աստվածաշունչն» էր թարգմանել: Այս վայրերում քրիստոնեական պատմությունն է կերտվել: Դրանք ինձ համար հատուկ սուրբ նշանակություն ունեն: Նման զգացումներ ունեցա, երբ Ժնևում Կալվինի եկեղեցին ու Սքոթլանդում Նոքսի եկեղեցին այցելեցի: Սակայն համեմատելով Սուրբ երկրի (Իսրայել) այցելությանը, սրանց նշանակությունը թույլ են: Այնտեղ Ձիթենյաց լեռան վրա կանգնած կամ Գողգոթայի Վիա Դոլորոսա ճանապարհից քայլելիս զգացի, թե այդ վայրերը գրեթե ոգեբնակված էին: Աշխարհի բոլոր տեղերից ուխտավորները նույն արտասովոր զգացումն են զգում, երբ նրանք Մարմնացած Աստծո այցելությամբ սրբացված տեղեր են այցելում: Այս վայրերը սուրբ են, որովհետև դրանք Նրա ներկայությամբ են հպվել:

Աստծո սրբությունը ոչ թե միայն վայրերին է դիպչում, այլ նաև ժամանակին: Նոր Կտակարանի հունարեն լեզվում երկու բառեր կան, որոնց կարելի է ժամանակ թարգմանել: Առաջինը՝ քրոնոս բառն է, որը ընդհանրապես սովորական պահ առ պահ ժամանակի սլացքն է նշանակում: Անգլերեն լեզվում chronicle, chronology, chronometer բառերը այս հունարեն բառից են սերված: Ժամանակի նկատմամբ երկրորդ հունարեն բառը քայիրոս բառն է: Քայիրոսը յուրահատուկ նշանակություն ունեցող յուրահատուկ պահերն է նշանակում: Անգլերեն լեզվով այս բառի ճշտգրիտ թարգմանված բառը թերի է: Սրան ամենամոտ բառը historic (պատմական) բառն է: Անդրադառնալու ենք, թե բոլոր պատմական (historic) եղելությունները նաև հնագույն (historical) են, բայց ոչ ամեն հնագույն իրադարձություններն են պատմական: Որևէ եղելություն ,որ պատմության ընթացքում տեղի է ունենում, դա հնագույն է: Սակայն մենք պատմական բառը յուրահատուկ կարևորություն ունեցող եղելությունների համար ենք վերապահում: Պատմական եղելությունները անկյունադարձային պահեր են, որոնք այդ կետից ի վեր պատմությունն են կերտում:

Աստվածաշնչային պատմության մեջ՝ քրոնոսական

ենթահողում, քայիրոսական եղելություններ են տեղի ունեցել: Քրիստոնեությունը լոկ ուղղահայաց ու պատմության ենթահողից դուրս պոկված եղելությունների վրա հիմնված կրոն չէ: Աստվածաշնչյան հավատքն իրական պատմության հողատարածքի վրա է արմատացած ու հիմնված: Թեպետ Աստվածաշունչը մի հատուկ տեսակի պատմություն է բացահայտում, որին աստվածաբանները Փրկության պատմություն են անվանում, բայց և այնպես, դա այն գաղափարին է նվիրված, թե բացահայտված փրկարարությունը փրկարար պատմության մեջ է բացահայտված:

Քայիրոսական եղելությունները վճռական պահեր են ներառնում: Օրինակ՝ ստեղծագործությունը, անկումը, ելքը, գերությունը, մարդեղացումը, խաչը, հարությունը, համբարձումը, և պենտեկոստեն: Այս եղելությունները պատմության ընթացքում Աստծո գործի վիթխարի պահեր են: Դրանք փրկարար նշանակությամբ լի են:

Աստվածաշնչում այս քայիրոսական եղելությունները հաճախ սուրբ ժամանակի տարրերով են նշանագրվել: Մեր մշակույթի մեջ մենք որոշ օրերին արձակուրդ նշելու սովորությունն ունենք: Անգլերեն լեզվով արձակուրդ բառը holiday բառն է, որը երկու holy և day բառերից է կազմված, որոնք հայերեն լեզվի թարգմանությամբ սուրբ և օր բառերն են: Մեր երկրում ոչ ամեն արձակուրդային օրն է իր մեջ կրոնական իմաստ կրում: Արձակուրդների մեծամասնությունը Աստծո սրբության հետ շատ քիչ կապակցություն ունի: Սակայն որովհետև դրանք որպես հատուկ հիշատակների կենտրոնական կետեր, կարևոր են համարվում, դրանք տարեկան օրացույցի սովորական օրերից «առանձնացված» են:

Մենք մշակույթի մեջ կյանքի տարբեր կերևոր դեպքերից մեկից մյուսին փոխանցվելու «անցնելու ծես»երին ծանոթ ենք:

Այս ծեսերը միշտ չէ, որ կրոնական պահերին կապակցություն ունեն: Բայց այս ծեսերը կարևոր են համարվում, որովհետև դրանք մի դեպքից, մի վիճակից մեկ ուրիշին փոխանցման պահ կամ սեմ են համարվում: Հանրածանոթ «Ծրջանավարտության օր» երգը Ամանորի, ֆուտբոլի խաղի հաղթության ու նման հիշատակելի պահերի փորձառությունն է գովաբանում: Այսպիսի պահերը խրախճանքով, տոնակատարությամբ, շնորհավորական խոսքերով, և ուրիշ մշակութային խորհրդապատկերներով ենք նշում:

Քրիստոնեական հավատքը սուրբ ժամանակի նշանակալի ծավալ է ընդգրկում: Սակայն սուրբ ժամանակը իրական պատմության մեջ է արմատացած, ոչ թե դյուցազներգության մեջ: Սուրբ ժամանակի առաջին դեպքը Աստծո կողմից Նրա արարչության գործով կատարվեց: «Եւ կատարվեցին երկինքն ու երկիրը և դրանց բոլոր զարդերը: Եւ Աստված կատարեց յոթերորդ օրումը իր գործերը, որ արեց և յոթերորդ օրը հանգստացավ իր բոլոր գործերիցը, որ արեց: Եւ Աստված օրհնեց յոթերորդ օրը և սրբագործեց այն, որովհետև նրանում հանգստացավ իր բոլոր գործերիցը, որ Աստված ստեղծեց և արեց»: (Ծննդոց 2:1-3)

Աստված յոթերորդ օրը որպես սուրբ ժամանակ առանձնացրեց: Երբ Աստված Սինա լեռան վրա Տասը պատվիրանները տվեց, Նա դարձյալ այս յոթերորդ օրը՝ Շաբաթը, որպես սուրբ ու սրբված ժամանակ կոչեց, որը Իսրայելի կյանքի ու հավատքի մեջ պիտի ձուլվեր: Քրիստոնեական պատմության մեջ Շաբաթի սուրբ ժամանակը երեք հստակ ուղղություն ունի: Առաջինը՝ Աստծո ստեղծագործության գործի հիշատակումն է: Երկրորդը՝ Աստծո փրկարար գործի տոնակատարությունն է: Երրորդը՝ փրկությունը ամբողջացնելու ապագայի խոստման տոնակատարությունն է, երբ մենք երկնային հանգստյան Շաբաթը պիտի մտնենք: Այսպիսով, ամբողջ փրկության պատմության շրջանակը՝ իր սկզբից մինչև ավարտը, Շաբաթը պահելով սրբացվում է:

Նույնիսկ պիղծ մարդիկ ջանում են իրենց ժամանակի առօրյա համաչափի միանմանությունից դուրս փախչել: Նրանք աշխատանքի հոգնությունից դադար են որոնում: Նույնիսկ նրանք կարող է ասեն. «Փա՜ռք Աստծուն, այսօր ուրբաթ է»: Շաբաթավերջը աշխատանքի վազքը դադարեցնելու համար է «առանձնացվել»: Մարդիկ հավաքույթների կամ ուրախության ժամերի հատուկ պահեր են որոնում: Նրանք իրենց ծննդյան օրերն ու ամուսնության տարեդարձները որպես հատուկ օրեր են տոնում: Նրանք այստեղ ու այժմ հանգիստ են որոնում: Բայց այս տոնակատարությունները քրիստոնյաների սուրբ ժամանակի տոնակատարությունից նկատելի տարբեր է: Էլիեյդը սրա մասին երկար է ակնարկում.

«Կրոնավոր մարդու համար, հակառակը, պիղծ ժամանակավոր տևողությունը կարող է պարբերաբար դադարել, որովհետև որոշ ծիսակատարություններ դրան սուրբ ժամանակամիջոցով ընդհատելու զորություն ունեն, որը ոչ պատմական է (այն իմաստով, որ դա պատմական ներկային չի պատկանում): Այնպես ինչպես մի եկեղեցի մի ժամանակակից քաղաքի մեղավոր տարածքին է խանգարում, դրա ներսում տոնված արարողությունը պիղծ ժամանակավոր ժամանակամիջոցն է ընդհատում: Այլևս այսօրվա պատմական ժամանակը չէ, որ ներկա է, այլ այն ժամանակը, որի ընթացքում Հիսուս Քրիստոսի պատմական գոյությունը տեղի ունեցավ, այն ժամանակը, որ նրա քարոզչությամբ, նրա չարչարանքով, մահով ու հարությամբ սրբվեց:

Յուրաքանչյուր հանգստյան օր հավատացյալները պաշտամունքի ենթահողում սուրբ ժամանակ են նշում: Հանգստյան օրվա սուրբ պահելն է, որ քրիստոնյաների համար կանոնավոր սուրբ ժամանակ է նշում: Պաշտամունքի արարողությունը հատուկ ծիսակատարության ժամանակ է: Մարդեղացման իրականության պատճառով, քրիստոնյայի համար պատմությունը սուրբ է դառնում: Մենք մեր օրացույցները ժամանակին ակնարկելով Ք.ա. (Քրիստոսից առաջ) և Ք.հ. (Քրիստոսից հետո) ենք նշում: Մենք պատմության աստվածաբանություն ունենք, որովհետև մենք անդրադառնում ենք, որ պատմության ու մեր փրկության նկատմամբ սուրբ նպատակ գոյություն ունի:

Հին Կտակարանում սուրբ ժամանակի ամենագլխավորը Եգիպտոսից ելքի հիշատակությունը և Անցումը (Passover) նշող պահն է: Այս փրկության արարքը տոնելու համար Աստված հիմնեց տարեկան տոնակատարություն:

> Եւ այն օրը թող ձեզ համար հիշարժան լինի, և ձեր բոլոր սերունդների մեջ տոնեցե՛ք այն, որպես Տիրոջ տոնը. հավիտենական կանոնով տոնեցե՛ք այն: Յոթ օր բաղարջ կերեք. հենց առաջին օրը ձեր տներիցը դուրս գցեք խմորը, որովհետև առաջին օրվանիցը մինչև յոթերորդ օրը խմորված հաց ուտող անձը Իսրայելից պետք է կորչի: Եւ առաջին օրը սուրբ ժողով լինի, և յոթերորդ օրն էլ ձեզ համար սուրբ ժողով լինի. այն օրերին ոչ մի գործ չարվի, բացի ամեն մեկի ուտելիքը. այն միայն պատրաստեք: Եւ բաղարջների տոնը պահեք, որովհետև հենց նույն օրվա մեջ ձեր զորքերը Եգիպտոսի երկրից հանեցի. ուրեմն ձեր սերունդների մեջ հավիտենական կանոնով այն օրը պահեք:
> (Ելից 12:14-17)

Նմանապես Նոր Կտակարանը Զատկի տոնակատարությունը Տիրոջ Ընթրիքի հիշատակման փոխանակումն է տեսնում: Տիրոջ Ընթրիքի սուրբ արարքը առաջին անգամ Քրիստոսի կողմից Զատկի տոնակատարության ենթահողում հաստատվեց: Զատկի ընթրիքի ընթացքում, Հիսուսը որպես Նոր ուխտի հիմնադիր այդ ծիսակատարության մի մասի իմաստը փոխեց, որով այն տարրերը, որոնք նախկինում Եգիպտոսից բացահայտելու...

Եւ նրանք դեռ ուտում էին, Հիսուսը հացն առավ և օրհնելով կտրեց և աշակերտներին տվեց և ասաց. Առե՛ք, կերե՛ք, այս է իմ մարմինը: Եւ բաժակն առավ, գոհացավ, նրանց տվեց և ասաց. Խմեցե՛ք դրանից ամենքդ: Որովհետև այդ է իմ արյունը նոր ուխտի, որ թափվում է շատերի համար՝ մեղքերի թողության համար: Միայն ասում եմ ձեզ, թե այսուհետև որթի բերքից էլ չեմ խմի մինչև այն օրը, երբ ձեզ հետ նորը կխմեմ իմ Հոր արքայության մեջ: (Մատթեոս 26:26-29)

Տիրոջ Ընթրիքի տոնակատարությունը երեք հստակ կերպերով սուրբ ժամանակ է ներառնում: Առաջինը՝ դա անցյալին է նայում, հավատացյալներին ուսուցանում է, որ այս արարքով Քրիստոսի մահը հիշեն ու ցուցաբերեն: Երկրորդ՝ դա ներկայում կատարվող տոնակատարության պահի վրա է կենտրոնանում, որի ընթացքում Քրիստոսը Իր ժողովրդին սնուցելու և սրբագործության մեջ զորակցելու համար է նրանց հանդիպում: Երրորդ՝ դա ապագային է նայում, նրանց՝ Քրիստոսի հետ երկնքում վերամիանալու ստույգ հույսին, ուր նրանք Գառան ու Նրա Հարսի տոնակատարության խրախճանքին պիտի մասնակցեն:

Սուրբ տարածքում ու սուրբ ժամանակին քրիստոնյաները

սրբության ներկայությունն են գտնում: Վերացականը դուրս պահող ձողերը ջարդվում են, ու ներկա ժամանակը սրբության ընդհատումով է սահմանվում: Երբ այս ընդհատումների դեմ արգելակներ, պատնեշներ կառուցենք, որ մեր հոգիները չհեղեղեն, մենք սրբությունը պղծության հետ ենք կփոխանակենք ու թե՛ Աստծուն Իր փառքից ու թե՛ մեզ Նրա շնորհքից կզրկենք:

Միայն Աստծուն փառք:

Թո՛ւյլ Տանք Աստծո Սրբությունը Դիպչի Մեր Կյանքին

Մինչ դու Աստծո սրբության մասին քո սովորածին ես անդրադառնում ու վերհիշում, պատասխանիր հետևյալ հարցերին: Մի տետրի մեջ Աստծո սրբության մասին քո պատասխանները գրիր կամ դրանք ընկերոջդ հետ կիսվիր:

1. Սուրբ տարածքի սեմի փորձառությունը որտե՞ղ ես ունեցել:
2. Ինչպե՞ս ես սուրբ տարածքի դռներ որոնել:
3. Կյանքումդ ինչպիսի՞ սուրբ ժամանակներ կարող ես մատնանշել:
4. Ինչպե՞ս կարո՞ղ ես կյանքումդ Աստծո ներկայության և սրբության զգացում մշակել:

ՀԵՂԻՆԱԿԻ ՄԱՍԻՆ

Դոկտոր ԱՐ. ՍԻ. Սփրոլը Լեյք Մերի, Ֆլորիդա, ԱՄՆ-ում գտնվող Լիգընիըր Ծառայության հիմնադիրն ու ատենապետն էր, որը մի միջազգային ուսուցողա-կան ծառայություն է: «Մտքիդ Նորոգությունը» (Renewing Your Mind) խորագրով Նրա ուսուցմունքները կարելի է Միացյալ Նահանգներում ու արտասահմանյան երկրներում ռադիոյով լսել: Նա նաև Ֆլորիդա նահանգի Սանֆորդ քաղաքում գտնվող Սբ. Անդրեաս եկեղեցում որպես ուսուցանության և քարոզչության ավագ հովիվ, ինչպես նաև Լիգընիըր Աստվածաշնչյան Վարժարանի ու Աստվածաբանական Կրթության դիվանապետ է ծառայել:

Նրա հռչակավոր ակադեմիական ասպարեզում, Դոկտ. Սփրոլը զանազան աստվածաբանական ճեմարաններում որպես դասախոս մարդկանց հոգևոր ծառայության պատրաստմանն է նպաստել:

Նա յոթանասունից ավելի գրքերի հեղինակն է, ներառյալ՝ «Աստծո Սրբությունը», «Աստծուց Ընտրված», «Աներևույթ Ձեռքը», «Միայն Հավատք», «Երկնքից մի Համ», «Մեր դավանած ճշմարտությունները», «Խաչի ճշմարտությունը», և «Վերակազմ աստվածաբանությունը Ի՞նչ է»: Նա նաև որպես «Վերակազմության սերտողության Աստվածաշունչ» ի ընդհանուր խմբագրող է ծառայել ու բազմաթիվ երեխաների գրքեր է հեղինակել, որի ամենավերջինը «Իշխանուհու թույնի բաժակը» խորագրով գիրքն է:

Կարող եք ձեռք բերել մեր կողմից տպագրած հետևյալ գրքերը

- «Գաղատացիս մեկնություն» Ջոն ՄակԱրթուր
- «Միայն Հիսուս» Ջոն ՄակԱրթուր
- «Գտնված է Աստծո կամքը» Ջոն ՄակԱրթուր
- «Հավատքի հիմքեր» Ջոն ՄակԱրթուր
- «Հինգ կետեր» Ջոն Փայփեր
- «Ծննդոց մեկնություն» Ալեքսեյ Պրոկոպենկո
- «Աստվածաշնչյան ապաշխարություն» Սաղմոս 51 Ալեքսեյ Պրոկոպենկո
- «Ի՞նչ է առողջ եկեղեցին» Մարկ Դեվըր
- «Ինչպես սերտել Աստվածաշունչը» Ռիչարդ Մեհյու
- «Երկրպագություն խավարում» մտորումներ Հոբի գրքի շուրջ Թիմուր Ռասուլով
- «Սով երկրի վրա» բացատրական քարոզի կրակոտ կոչ Սթիվեն Ջ. Լոուսան
- «Քրիստոնեական հավատալիքներ» Ուեյն Ա. Գրուդեմ
- «Օգնեք, Ես անվանական եմ» Ալեքսանդր Գուրտաև
- «Հավատքի աճ» Ջերի Բրիջիս
- «Թանկագին Քրիստոսը» Ալեքսեյ Կոլոմիցև
- «Աստծո գերակայությունը քարոզի մեջ» Ջոն Փայփեր
- «Աստծով Սքանչացած» Ջոն Փայփեր

Հեռ. 095 165085
Email: ArthurRafaelyan@gmail.com
Fb: The.Word.of.Truth.Armenia
Web: Patgam.com

Այստեղ կարող եք նայել տարբեր քարոզներ, ծանոթանալ գալիք Կոնֆերանսների և տպագրվող գրքերի մասին: